相似美论

On Esthetics of Similarity

金 泉 著

上海三联书店

图书在版编目（CIP）数据

相似美论 / 金泉著. — 上海：上海三联书店，
2019.8
ISBN 978-7-5426-6733-5

Ⅰ.①相… Ⅱ.①金… Ⅲ.①美学—研究 Ⅳ.
①B83

中国版本图书馆CIP数据核字（2019）第163821号

相似美论

著　　者 / 金　泉

责任编辑 / 程　力　陆雅敏
特约编辑 / 长　岛
装帧设计 / 长　岛
监　　制 / 姚　军
责任校对 / 朱　嬿

出版发行 / 上海三联书店
　　　　　（200030）中国上海市徐汇区漕溪北路 331 号 A 座 6 楼
邮购电话 / 021-22895540
印　　刷 / 苏州市越洋印刷有限公司

版　　次 / 2019 年 8 月第 1 版
印　　次 / 2019 年 8 月第 1 次印刷
开　　本 / 787×1092 毫米　1/16
字　　数 / 276 千字
印　　张 / 20
书　　号 / ISBN　978-7-5426-6733-5/B·641
定　　价 / 45.00 元

敬启读者，如发现本书有质量问题，请与印刷厂联系：电话 0512-68180638

目　录
contents

上　卷

前　言　众里寻他千百度 ……………………………………………… 3

第一章　相似美原理 ………………………………………………… 6

第二章　审美原理 …………………………………………………… 27

第三章　审美方法 …………………………………………………… 37

第四章　美苑群芳 …………………………………………………… 44

第五章　美感之性 …………………………………………………… 56

第六章　美难言说 …………………………………………………… 65

第七章　双美异彩 …………………………………………………… 71

第八章　悲剧美感 …………………………………………………… 82

第九章　性感美 ……………………………………………………… 93

第十章　谐趣美 …………………………………………………… 101

第十一章　艺术美 ………………………………………………… 115

第十二章　音乐美 ………………………………………………… 121

第十三章　美与心理 ……………………………………………… 132

第十四章　美的本质 ………………………………………………… 144

第十五章　美由心生 ………………………………………………… 151

第十六章　美的嬗变 ………………………………………………… 158

下　卷

前　言 ……………………………………………………………… 169

一、"距离"与"美"论 …………………………………………… 169

二、"移情"与"美"论 …………………………………………… 172

三、"内模仿"与"美"与"快感"论 …………………………… 174

四、"美是理念的感性显现"疑论与另说 ………………………… 177

五、艺术起源无关模仿与游戏 …………………………………… 179

六、那样子的"美本身"是不存在的 …………………………… 183

七、"生气的机械化"非为谐趣之笑的根本原因 ……………… 185

八、西人崇高论与吾人崇高论之龃龉 …………………………… 188

九、对"自然的人化"是美的根源的质疑 ……………………… 189

十、劳动与"美"论 ……………………………………………… 190

十一、"美的"恒美与"恰当"无关 …………………………… 192

十二、"和谐"不是"美"及其推论 …………………………… 193

十三、"气韵生动之美"是永恒不变之美 ……………………… 194

十四、丑 …………………………………………………………… 195

十五、动物界审美现象的非"偶然性"与相似美原理 ………… 196

十六、"美物无用"与相似美原理 ……………………………… 198

十七、"美的程度"与"美类量""美素相似度"成正比 …… 199

十八、"美感程度"与"美的程度"成正比 …………………… 201

十九、"直觉式美象"与"编辑式美象"及其关系 ………… 201

二十、两类奇美感及其诞生时点推论 ………………………… 202

二十一、美是主观的还是客观的四个观点摘录与评述 203

二十二、对"物象""生态""性质"的主客观论及推论 205

二十三、唐肥晋瘦与美论 209

二十四、三类审美疲劳及其不同原因与同一结果 211

二十五、"美素""玩味""鉴赏""浸淫" 213

二十六、"点石成金"的奥秘 215

二十七、"病态美""残缺美""柔弱美"成因论 215

二十八、夸张型浪漫美及其归类于"壮美"的理由 220

二十九、夸张型浪漫美感与一般壮美感的区别及原因 221

三十、狞厉美与壮美与图腾 222

三十一、自然美与艺术美何者更美的最终判断标准 223

三十二、物甲与物乙的区别与主客观定性 226

三十三、论人类诉求的主客观性及与美的关系 227

三十四、论真善美相互关系及其与形式的关系 230

三十五、"美与形式"与"纯艺术" 232

三十六、从《伊尼特》到《拉奥孔》见相似美原理作用 235

三十七、"摹状词"是一切好诗之要素与相似美原理 238

三十八、美人与鲜花与布袋与相似美原理 239

三十九、快乐素态与美感与"情感门槛"及原因 240

四十、"高峰体验"与"迷醉美感"及"快慰感" 243

四十一、人类各类美感产生始点前后之推测 245

四十二、狗屎之"美"与粪气如"兰" 249

四十三、"物理公式之美"与相似美原理 251

四十四、个人特殊美感与人类共同美感的异同 252

四十五、以"实际满足""虚拟满足"定义美感快感论 253

四十六、闻香归类于快感的理由与推论 254

四十七、"性灵说"与"美感之性" 257

四十八、性感美两源因与男女性感美差异 258

四十九、“文字排偶”之快感与相似美及惯性定律 259

五十、“优美”与“壮美”始点推测再论 261

五十一、从“焦大不爱林妹妹”说起 264

五十二、“心弦的共鸣”与“酥到骨头里” 266

五十三、“击鼓鸣金”与“音乐相似美”渊源之探 268

五十四、同一音乐可唤起有边界的不同意象及其原因 270

五十五、文艺作品价值评价标准及经典作品要素论 271

五十六、“痛苦的甜蜜回忆”形成原因与凄美感 273

五十七、“闲愁”与“凄美”的共同点 275

五十八、丑石之美 276

五十九、音乐起源“性欲说”与最早之音乐推测 277

六十、“风光之美”疏义 278

六十一、橡树与小树之殇与相似美 279

六十二、“物我两忘”与“美感之性”及“习惯之性” 280

六十三、眼睛是美形成的“中介”与美的成因无关 281

六十四、真实情感与虚拟情感与美感的关系 282

六十五、以“移植法”解读李白《望天门山》诗 283

六十六、宜用“列象法”解“晨钟云外湿”诗意 284

六十七、不同性质的疲劳与恢复方式及审美 286

六十八、工笔画少见凄美之画与“景情相耦”及推论 287

六十九、同类艺术作品有趋于雷同的必然根源 288

七十、快感与美感始点推测及其对人类生活的影响 289

七十一、快感对象可成美感对象 290

七十二、性感之美与仪态之美 291

七十三、人类美感丰富性是在独立进化过程中形成的 292

七十四、性感美的代价与潜意识与内引力 292

七十五、同一景象悲者见凄美乐者见优美之奥秘 293

七十六、唤醒美感之性三途径 294

七十七、相似美原理中的"相似性"与一般相似性的不同 295

七十八、五象论 296

附论：易象与艺象之异同 306

主要参考书目 308

上　卷

众里寻他千百度

那伊惜斯（Isis 自然母亲）庙上写着这样一句话："我，一切存在的，曾经存在的，将存在的总体，没一个有死的人曾揭开过我的面幕。"①

欧阳修《蝶恋花》："庭院深深深几许，杨柳堆烟，帘幕无重数。"

苏轼《题西林壁》："不识庐山真面目，只缘身在此山中。"

"美"，就是这样一个隐身于深深庭院之后，迄今为止未有人识得其"真面目"的存在。

美是什么？

美因何而生？

美如何而生？

这是三个最根本的美学问题。今日之美学界所有一切说不清道不明的问题，都与此有关。如果我们连"美"是什么都不知道，如何可论"美的本质"？如何可论"美是主观的还是客观的"？如同不揭开新娘的盖头来，如何可做西施耶嫫母耶之审美判断？

仓央嘉措《情诗其七》写道："竟日冥思绝妙相，碧落黄泉两茫茫。"两

---

① 选自《判断力批判》上卷，［德］康德著，宗白华译，商务印书馆，1963.12，第158页。

千多年来，多少中外先哲上下求索，试图揭开"美"的面纱，一睹其芳容……

柏拉图在《大希庇阿斯篇·论美》中，先是假设"有用""有益""快感"……是"美"，随即又予以否定。但仅仅是做了否定，终篇没有说出"美"是什么，留下千古悬念，让人心痒难受。最后柏拉图借苏格拉底之口，用一句谚语结束了全文："美是难的。"

亚里士多德认为，美的主要形式是"秩序、匀称与明确"[①]。说的是美的形式，而非美本身。

康德认为，"美是不依赖概念而作为一个普遍愉快的对象被表现出来的"。[②]说的是"美"是如何被表现出来的，也不是说美的本身。

黑格尔的回答是最直接的，且是斩钉截铁的，没有一丁点儿的离题与迟疑："美是理念的感性显现。"[③]但笔者以为，这个"美的定义"有多处令人莫名其妙，且事实上说的也不是美本身。

以《人性论》著名的休谟，突兀地说了一句很长的令我这个被中国古文之短语沉浸过的人读着十分吃力且又不得要令的话："美是一些部分的一个秩序和结构，它们由于我们本性的原始组织，或者因为习惯、或者因为爱好而适于让灵魂产生快乐与满意。"[④]

维特根斯坦则认为"美是什么"如同感叹词"啊"一样没有确定性，是不可分析的。讨论"美是什么"是"可笑的"。[⑤]

车尔尼雪夫斯基口号式地喊了一句："美在生活。"话语简短，意思也很明白，但如何美在生活，却缺少了下文。

中国古贤与美学理论有关的，以笔者之陋见，主要着眼于诗书画乐的具

---

① 选自《形而上学》，[古希腊]亚里士多德著，吴寿彭译，商务印书馆，1959.12，第295页。
② 选自《判断力批判》上卷，[德]康德著，宗白华译，商务印书馆，1963.12，第42页。
③ 选自《美学》第一卷，[德]黑格尔著，朱光潜译，商务印书馆，1979.1，第142页。
④ 选自《人性论》上下册，休谟著，贾广来译，陕西师范大学出版社，2008.11，第251页。
⑤ 选自《西方美学史纲》，邓晓芒著，商务印书馆，2018.8，第200页。

体理论,惜对"美是什么?"这个根本问题少有关注,说的大都是什么是"美的",以及如何可以使之成为"美的"方法,如南齐谢赫《画品》之"六法"。被誉为中国古代文学理论高峰的《文心雕龙》,说的是如何作好文章,也无关乎"美"的根本问题。

李泽厚先生的《美的历程》,是影响笔者的第一本美学著作,读时之激动,至今记忆犹新。但以今日之我看来,李先生在此书中如博物馆的一个知识渊博激情澎湃的优秀导游,领我们"对中国古典文艺"做了一次"匆匆巡礼",但此"美的历程"尚未进入美苑深处,包括近见李先生之《华夏美学·美学四讲》。李先生"积淀说"是灼见,惜未见有深入的阐发论证。

朱光潜先生以平和、简洁、亲切的语言,作《谈美》与《诗论》,影响笔者最大的是《文艺心理学》与《悲剧心理学》。惜在美学的根本问题上,先生并无创见。先生是西方美学中国化的最卓越者。先生对"美是什么"肯定是研究过的,但大概不得其解,所以也不作妄语。且在年过八十的暮年,对一些拼凑一大堆抽象概念以砌成"美的定义"者,"带一点火气"说:"我敢说他们会永远抓不着所谓的美的本质。"①

笔者因研究"人性"而旁及美学,因旁及美学而被拖入美苑深处,竟至流连忘返,迷失很久……

某日上午,阳光从南窗中照进我的办公室,茶几上有一盆文竹,老枝丛中,一枝新芽脱颖而出,秀于老枝之上,映着一窗光亮,生机盎然,在我眼前微微摇动。当我的目光与文竹新芽触及的一瞬间,一阵美感油然而生,顿如醍醐灌顶,一个有关"美是什么"的核心思想,冒了出来……

"众里寻他千百度,蓦然回首,那人却在灯火阑珊处。"

---

① 选自《谈美书简》,朱光潜著,中华书局,2012.5,第10页,第17页。

第一章

相似美原理

以"美"与"功利"有无关系，可分两派。

其一，美与功利无关派，笔者以康德为代表。"对于美的欣赏是唯一无利害关系的和自由的愉快，因为既没有官能方面的利害感，也没有理性方面的利害感来强迫人们去赞许。"[1]

其二，美与功利有关派，笔者以提出"美在生活"的车尔尼雪夫斯基为代表。"任何事物，凡是我们在那里面可以看得见依照我们的理解应当如此地生活，那就是美的；任何东西，凡是显示出生活或使我们想起生活的，那就是美的。"[2]

美与功利无关论，因符合人们的日常审美经验，成为美学界的主流观点。

笔者就是对"美与功利无关论"的怀疑，而被拖入美学研究的深渊，几乎遭到灭顶之灾：既不能想透，又不甘放弃。最后自己与自己较上了劲，一个问题一个问题地逼问自己……

---

[1] 选自《判断力批判》上卷，［德］康德著，宗白华译，商务印书馆，1963.12，第41页。

[2] 选自《艺术与现实的审美关系》，［俄罗斯］车尔尼雪夫斯基著，周扬译，人民文学出版社，1979年第2版，第6页。

如果说，美与功利有关，那么，为什么我们欣赏美时，不是因功利而欣赏美，而是仅仅因其美而欣赏，且只有在没有功利干扰的情景中，才能欣赏美？

如果说，美与功利无关，那么，美就成为空中楼阁、无根之木。因为，笔者在研究人性时，形成了这样一个认识：生命体是一个彻底的"实用主义"者，它维持生存的能量来之不易，绝不会浪费能量去进化出与生存利益无关的"华而不实"的美来。从达尔文的进化原理而言，如果"美"与生存利害无关，也就无缘进化出一个"美"来。"美"的进化形成，一定与生命体的生存利益有关！

问题在于，如何思考与论说清楚"美因生存利益而生"？

而此"美因何生"是比"美是什么"更为上游的一个问题。因为，只有生出了美，才有"美是什么"的问题。

也还有一个迟于"美因何生"，早于"美是什么"的"美如何而生"的问题……

这些问题的答案在哪里？

"掀起你的盖头来，让我来看看你的脸儿……"

一、相似见美

致使美产生出来的那个"前因"，不在迄今为止美学界所界定的美学范畴内，它的源头远在自然演化形成的生命体的天性里……

只有跳出今日之美学范畴，追溯到生命诞生的最初源头之处，再顺流而下，循着生命体进化的轨迹，才能揭开深藏于历史迷雾中的美的"庐山真面目"。

何为天性？生命体与生俱来的之所以为生命体的特性，谓之天性。"天性"中有数个区别于非生命体的特性。其中之一是：生命体有"需要从外部世界摄取能量以维持自身生存”的最原始“诉求”。非生命体存在，如一块石头，则无此“诉求”，因为宇宙自然演化出一块“石头”时，并没有演化出生命体那样有维持自身存在的“诉求”。一块“石头”对自身的存在与不存在是无所谓的。

“诉求”源于“需要”，“诉求”其所“需要”的。

致使“美”产生的那个前因，就是天性之“诉求”。

出于生命体天性的原始诉求仅有两个：生存与生殖。

有“诉求”，就有“诉求对象”。“诉求”与“诉求对象”是组成“美”产生原因的两个因素。

而在这两个因素中，笔者将生命体之诉求，谓之“源因”，诉求对象谓之“附因”，因为诉求对象是因诉求而成为诉求对象的。如果没有诉求，诉求对象的存在是作为自身存在而存在着，并非作为诉求对象而存在着。例如，一株深谷之幽兰，因人迹不至而不成为人们的欣赏对象，但其作为康德所言的“自在之物”依然存在着。

具体而言，生命体需要从外部世界摄取能量，则必须有提供能量的对象。当生命体摄取“诉求对象”后满足了自身之诉求时，生命体内会产生与此相应的生理反应。如饥饿者进食达到一定量值后，会产生“吃饱了”的满足感。与此同理，一切诉求之满足会产生与之相应的生理反应，且不同的诉求满足会产生不同的生理反应，如生存所需之饮食诉求满足与生殖所需之性交诉求满足相应的生理反应是不同的。这种与诉求满足相应的生理反应，被今日之人类名之为“快乐感”。反之，诉求之需要得不到满足，同样会产生与之相应的生理反应。这种与诉求得不到满足相应的生理反应，被今日之人类名之为“痛苦感”。

快乐感与痛苦感，是人类最原始最基本的情感，其他一切情感都由此而衍生。其中，经视觉与听觉引发的部分快乐感，又被今人以“美感”名之。

美感是快乐感之一种。

因而当我们心中生出美感之时，引发此美感的对象，在我们看来就是"美的"，如美女，如骏马，如春色。

那么，美女、骏马、春色为什么会引发我们的美感？

答曰：是由于人类所见"美女""骏马""春色"，与人类理想诉求对象印象（简称"理想印象"）具有"相似性"后，进而又由自然进化形成了笔者名之为"美感之性"的特定的生理反应而所致。

"所见对象"与"理想印象"相似就成为"美的"。——此为"相似美原理"的核心思想。

"理想诉求对象印象"的形成，根源于人类之诉求。因此，"相似美原理"核心思想又可表述为：与人类诉求相似之对象是为"美的"。

此处语境中之"对象"，当其指自然美时，则是"物象"，如苏轼《记承天寺夜游》所记："庭下如积水空明，水中藻荇交横，盖竹柏影也。"当其指社会美时，则是"人事"，如《孟子·梁惠王上》："老吾老以及人之老，幼吾幼以及人之幼。"

二、美本身

"相似性"至少需要涉及两个对象，才可见之相似性。

在相似美原理核心思想的表述中，相似性两侧的对象分别是：一边是人类"理想印象"，一边是与人类"理想印象"具有相似性的"所见对象"。

按照苏格拉底的论敌对美本身——"美本身把它的特质传递给一件东西，才使那件东西成其为美"[1]—— 的定义，因为"所见对象"是与"理想印象"

---

[1] 选自《柏拉图文艺对话集》，［古希腊］柏拉图著，朱光潜译，商务印书馆，2013，第170页。

相似而成为"美的"，也即是说，是"理想印象"使"所见对象"成为"美的"，所以，"理想印象"即为苏格拉底论敌所谓的"美本身"。

那么，"理想印象"也即"美本身"是从哪里来的？是否与人类天性诉求一样是由自然演化形成的，也即是说是先验的？

回答是否定的。"理想印象"是由人类先祖的生活经验形成的。

源于天性诉求的"理想印象"有，且仅有三个：笔者分别以"优美理想印象""性感美理想印象""壮美理想印象"名之。①那么，三个"理想印象"是如何生成的？分别论之：

1. 优美理想印象

包括人类在内的一切生命体，要获得生存需要的满足，就必须有一个宜居的环境。在这个宜居环境中，具有满足生命体生存需要的各种客观条件。但是，人类先祖并不先验地知道什么样的环境是宜居的，什么样的环境是不宜居的……

是人类先祖经过无数快乐与痛苦的亲身体验——其中或有似《庄子·秋水》中井底之蛙那样的怡然自得之"跨跱埳井之乐"、或有柳宗元《三戒·黔之驴》中的那头驴子那样在遇见老虎时做出过"黔驴技穷"式的抵抗、或有入沼泽地时遇到《周易·大过》所言之"过涉灭顶"那样的惨痛教训——才"认识"了什么样的环境是宜居的，什么样的环境是不宜居的，最终形成了对宜居环境的"理想印象"，也即形成了"优美本身"。

对宜居环境的"理想印象"形成之后，此"理想印象"就成为人类先祖行动的指南：与此"理想印象"相似的环境，在人类先祖的眼中就不再是一般的环境，而被视为"优美"的环境，而趋求之，而安居之……又不知经过

---

① 从"与'美本身'名称区别"以及"方便论述"等多方面因素考虑，笔者将"美本身"别名之为"美素"。"美本身""理想印象""美素"三者异名而实同。视不同语境而用之。

多少漫长之岁月，由自然进化形成了一个包含着"理想印象"等在内的笔者名之为"美感之性"的遗传基因。

当此遗传基因形成之后，人类先祖的后代如今日之我们，对"优美"环境的感知不再是经验的，而是先验的、直觉的，并有油然而生之美感与之相伴随。

2. 性感美理想印象

人类在漫长的生存与繁衍后代的实践中，在潜意识里认识了男性与女性什么样子的"人体形态"是具有良好遗传基因的。良好遗传基因包含着三个信息：一是生理健康，二是生存竞争优势，三是生殖优势。由此"认识"分别生成了男性"人体形态的理想印象"与女性"人体形态的理想印象"，并进化成为遗传基因。这两个包含着良好遗传基因信息的"人体形态理想印象"，就是"性感美素"。

与女性"人体形态理想印象"相似者，就是美女；与男性"人体形态理想印象"相似者，就是帅哥。

男性与女性"人体形态理想印象"有明显的不同，但是有许多共性之处。因为，除了不同性别由自然进化形成了不同的形体特征与差异化的诉求外，共同诉求如对健康的诉求是永远一致的。因此，透露着生命力之健康信息的性感美是共性的，如秀发，如明眸，如肤色之光洁红润……

3. 壮美理想印象

壮美素实质上是性感美素的一部分，也即"性感美理想印象"中的一部分印象——有关生存竞争优势的那部分印象——单独划出来名之为"壮美理想印象"。此一部分印象主要是指男性体态的"高大"与"强壮"。"高大与强壮"在性感美中，大致上与今人所誉之"阳刚美"或"健美"内涵相近。

随着自然进化的行程，人类对自身"高大强壮"的诉求，"移情"

到了"体积巨大""力量强劲"的物理存在之上，并将由之引发的美感，名之为壮美。

因此，对于今人而言，源于生存竞争诉求形成的壮美素，业已分解成两个美素：一是包含于性感美中的以男性人体形态为对象的阳刚之美，二是以体积巨大力量强劲的物理存在为对象的"壮美"。

而今人所言之壮美，特指"体积巨大力量强劲"的物理存在，已与壮美生成原因中的"附因"即"人体形态"无关。

与"人体形态"有关的壮美，则以"阳刚美"或"健美"仍于"性感美"中见之。

为什么说"壮美素"之附因是"人体形态"，而不是"物理存在形态"？这是因为，进化出美素之时的生命体不会脱离自身去进化出什么东西来，只有对自身生存和生殖有利的才会进化出来。而生命体自身之外的物理存在的体积巨大与力量强劲，因其处于不是生命体可以应付的状态，故其对生命体的生存与生殖而言不仅不是有利的，而且是有害的，故而是生命体所"恐惧"的；而对有害而生恐惧的物理存在是不可能成为生命体"理想印象"的一部分的。

物理存在的体积巨大与力量强劲之所以能够成为壮美对象的原因是：随着人类理性的持续进化……具有了"移情"能力而使之然。

三、美素倩影

宜居环境是由多方面的具体的宜居环境组成的。如食物充足被今人以"丰盛"名之的环境是宜居的；如无狮吼虎啸安全无扰被今人以"宁静"名之的环境是宜居的；如春意盎然、万物争荣被今人以"生机勃勃"名之的环境是宜居的……

而每一个方面的宜居环境又是由许多不同的具体环境组成的。以"宁静"为例。其一，无狮吼虎啸安全无扰的环境，是"宁静"的；其二，"月出惊山鸟，时鸣春涧中"是宁静的；其三，"木末芙蓉花，山中发红萼。涧户寂无人，纷纷开且落"是宁静的……

由此可见，不论上述"其一""其二""其三"这些具体环境呈现出多么不同的景象，都是与人类先祖"宜居理想印象"相似的具体景象。经过漫长岁月的自然进化，这个被今人以"宁静"名之的"宜居理想印象"，在人类先祖的体内转化成了一个"生理组织"——遗传基因。此遗传基因即是笔者所言之"宁静美素"。

因为"宁静美素"是抽象印象，所以，没有一个与之对应的人类可见的特定对象。换言之，"宁静美素"是人们不能见之的，我们只能见到与"宁静美素"相似的具体景象。此与公孙龙的"白马非马"同理：我们只能见到"具体的马"，而不能见到"抽象的马"。

推而广之，一切"理想印象"，也即一切"美素"均是"抽象印象"。抽象印象，无以描绘之，无以名状之，似乎唯可借用老子对"道"的形象的描绘而言之："道之为物，唯恍唯惚。惚兮恍兮，其中有象；恍兮惚兮，其中有物。窈兮冥兮，其中有精，其精甚真，其中有信。"

四、八美图

苏格拉底的论敌追问了"美本身"是什么，但是，并没有追问美本身有"几个"，也没有区分"自然美"与"社会美"。

从《柏拉图文艺对话集》中的观点来看，"美本身"只有一个，而非有多个："这种美……它只是永恒地自存自在，以形式的整一与它自身同一；一切美的事物都以它为泉源，有了它那一切美的事物成其为美，但是那些美的事物时而生时而灭，而它却毫不因之有所增，有所减。"①

笔者以为，美本身并非只有一个，而是有 N 多个，且是有增有减的，并需分为两大类：自然美素与社会美素。

产生自然美素之源因是人类天性诉求。人类天性诉求种类是有限的，与之相应，自然美素种类是屈指可数的，如前所述，有且仅有"优美素""性感美素""壮美素"三类。

天性诉求不是并列的，而是有先后序位的。

处于第一序位的天性诉求是"生存"。生存诉求有两个层次：第一层次是诉求"活着"，即"生存着"；第二层次是诉求"快乐地活着"。"快乐地活着"即是生命体对于生存状态的理想诉求。如若能够"快乐地活着"，需要两大条件：

一是自身之外的客观条件：需要一个"理想的宜居环境"；

二是自身条件：需要"健康"与具有"生存竞争优势"。"健康"仅仅有关自身内部生理状态，而与自身之外的生命体无关，也即是说只要自己健康地活着，就能获得快乐；"生存竞争优势"则不仅仅需要自身的健康，而且还要有与"同类比较"中的更健康，更强壮。

处于第二序位的天性诉求是"生殖"。生殖诉求亦有两个层次：第一层次是诉求"生殖"，第二层次是诉求"生殖优势"。

处于第一层次的"生存"与"生殖"诉求，不能成为生成美素的源因，生成美素的源因是高一层次的诉求，即是理想诉求。因为病态地活着也是活着，但给人的是痛苦而不是快乐；恶劣的生存环境也是环境，但其不能给生命体提供可"快乐地活着"的客观条件。自身不健康，环境不宜居，这样

---

① 选自《柏拉图文艺对话集》，[古希腊] 柏拉图著，朱光潜译，商务印书馆，2013，第249–250页。

的活着是不可能会有美感的。同样地，凑合在一起的婚姻也可以生殖，但也只有"性"而没有"美感"。

因此说，能够成为美素生成源因的是："宜居环境"诉求、"健康"与"生存竞争优势"诉求、"生殖优势"诉求。与之相应，生成了三个"原始美素"。

其一：以"宜居环境"诉求为源因的美素，以"优美素"名之；与此优美素相似的一切物象，以"优美美象"名之；相应的一切美感，以"优美感"名之。

其二：以"生存竞争优势"诉求为源因的美素，以"壮美素"名之；与此壮美素相似的一切物象，以"壮美美象"名之；相应的一切美感，以"壮美感"名之。

其三：以"健康强壮""生殖优势"诉求为源因的美素，以"性感美素"名之；与此性感美素相似的人体形态，以"性感美象"名之；相应的一切美感，以"性感美感"名之。

而事实上，最初的性感美素包含着"健康强壮""生存竞争优势"与"生殖优势"三个方面的信息，后因自然进化与人类主观因素，才将性感美素与壮美素分列。

随着人类的进化，衍生出了许多新的诉求。衍生诉求在人类的天性诉求中是没有的，其与人类天性诉求的联系，并非是直接的，而是通过曲折的途径联系起来。以衍生诉求为源因的自然美有：凄美（其四）、奇美（其五）、谐趣美（其六）、音乐美（其七）。

凄美、奇美、谐趣美、音乐美，并非是有"美素"使之成为美的，而是另有复杂的原因的。

最后一个产生的美，是社会美（其八）。

社会美是有美素的。也即是说，某一"人事"之所以是"美的"，是由社会美素使之成为社会"美的"。

社会美素的产生源因，不是人类天性诉求，是人类源于"应是理念"的诉求。大约在一万年前后，人类社会因农牧业的出现与发展而有了财富积累之后，人类产生了"应是理念"，以此形成了财富分配准则与人的行为规范，从此脱离了"丛林法则"的自然生活状态，也由此产生了"社会美"。

天性诉求是无意识的诉求，"应是理念"是有意识的诉求。且"应是理念"诉求的主体不是人类个体，而是人类群体。如卢梭站在弱势群体的立场上，在1753年的一篇应征论文中，提出了影响人类社会至今且将继续影响下去的"人与人之间，生来是平等的"的理念。①

当"应是理念"成为社会主流意识形态后，且当见之与此应是理念"相似"之人事时，这个"人事"就被视为是社会美德，如"平等待人""尊老爱幼""救死扶伤"。

"应是理念"诉求不像天性诉求一样是屈指可数的，而如"头上灿烂的星空"中的星星，不胜枚举。"应是理念"有多少，以此为源因生成的"社会美素"就有多少。不同的时代、不同的国家与民族，"应是理念"是不同的，且有些是根本不同的。

但是，总有一些"应是理念"是相同的，因为人类有共同的基本诉求与情感。随着人类社会文明的冲突、交流与融合，"应是理念"之趋同，是人类社会发展的总趋势……

归纳言之，美有八大类，其中优美的、性感美的、壮美的、社会美的，是由相应的美素使它们成为美的；凄美的、奇美的、谐趣美的、音乐美的，则并非是有相应的"美素"使它们成为美的，而是因为在生理反应上有类似的且同样是经过视听器官引发的快乐感，而被归类于美的。

---

① 选自《论人与人之间不平等的起因和基础》，[法]卢梭著，李平沤译，商务印书馆，2007，第34页。

五、美的家族

"八美图"中的每一类美，都有一个大家族。

以优美家族例言之。

由于宜居环境是由多方面的宜人景象组成的，因此说，人类对宜居环境的诉求亦是多方面的，这些多方面的诉求，形成多方面的优美素。这些同类又不同的优美素，组成优美素家族。优美素家族成员大致有:丰盛、宁静、空灵、艳丽、生机勃勃、气韵生动等。

有一些美素不单独属于某一美素家族，如"艳丽美素"，如"气韵生动美素"，它们既属于优美素家族，亦属于性感美素家族。因为，"艳丽之美"既可见之春花烂漫之色彩，亦可见之美女靓丽之风采。

同一美素所成之美象，因事物的不同而所成之美象各不相同。如"气韵生动美素"所成之"气韵生动之美"，可以在文竹新芽上见之，可以在"巧笑倩兮，美目盼兮"上见之，可以在书法绘画上见之，可以在阿拉伯纹饰上见之……推而广之，可以在一切事物的流转无碍自由状态上见之。

如性感美，可以在埃及艳后克里奥佩特拉的鼻子上见之，可以在杨贵妃"回眸一笑"上见之，亦可以在"潘安貌"上见之……

如壮美，可以在洞庭湖波涛上见之，"气蒸云梦泽，波撼岳阳城"；可以在泰山峰巅上见之，"会当凌绝顶，一览众山小"；可以在庐山瀑布上见之:"飞流直下三千尺，疑是银河落九天"。

推而广之，每一个美素均可生成无限多个不同的美象……唯因如此，千百年来，即使描绘同一美素如"空灵美素"之诗词，虽有汗牛充栋之多，也无法穷尽"空灵之美":"明月松间照，清泉石上流"是之，"芳树无人花自落，春山一路鸟空啼"是之，"……曲径通幽处，禅房花木深……万籁此皆寂，但余钟磬音"是之……

因为同一美素，可使无数不同的物象成为美象，所以，美象家族又要比美素家族庞大得多。但是，美象家族是美素家族的附庸——没有美素家族，就不会有美象家族。

相应地，亦有庞大的美感家族。

凄美、奇美、谐趣美、音乐美，因为没有美素，所以没有美素家族，但各自有庞大的美象与美感家族。

以凄美感为例：李煜《虞美人》"……古国不堪回首明月中，雕栏玉砌应犹在，只是朱颜改。问君能有几多愁,恰如一江春水向东流"是凄美的，李叔同《送别》"长亭外，古道边，芳草碧连天。晚风拂柳笛声残，夕阳山外山……"是凄美的,庾信的《枯树赋》是凄美的，归有光的《项脊轩志》是凄美的……俞丽娜的小提琴独奏《梁祝》是凄美的，瞎子阿炳的二胡曲《二泉映月》是凄美的……

与凄美相应的凄美感家族，成员同样是庞大的。

奇美、谐趣美、音乐美、社会美之家族成员，亦复如是。

六、美的诞生

自然美

（一）优美

卡西尔在《人论》中说:"我可以在一处景点漫步并感受到其宜人的景致,享受着温润的空气、清新的草地、令人愉悦的各种色彩,以及芬芳的鲜花。"[1]这是一幅"优美"的景色。这幅景色中的"优美"，人人都是可以感受到的。

那么，我们为什么会感到它是优美的? 因为，生命体总是诉求适合生存

---

[1] 选自《人论》，［德］卡西尔著，李琛译，光明日报出版社，2009.1，第142页。

的自然环境，这种诉求是永恒不变的。因为只有在适宜的生存环境中生存，生命体才能"活得快活"。人类是生命体之一种，当然也不例外。且人类进化出了一种看到与此诉求相似的生存环境时的独特的生理反应。这个独特的生理反应是：伴随着看到与诉求相似的生存环境时，人类大脑中的一种名为"多巴胺"的神经传导物质会超常分泌。据生物心理学研究，多巴胺主要负责人的情欲与感觉，将兴奋及开心的信息传递。简言之，多巴胺的超常分泌使人产生快乐感。由视觉所见的宜人景色引发出的快乐感，被今人名之为"优美感"。引发"优美感"的环境，被人视为是"优美"的。

某日上午笔者之所以见到"文竹之新芽"会感知其美，就在于因见"新芽破土而出，拔萃于老枝之上，沐浴于射入南窗的柔和的一片光亮之中，一派生机勃勃，茁壮成长"的样子，而直觉其处于良好的生存状态。良好的生存状态，正是人类诉求的。

（二）壮美

生存竞争是部分生命体的"宿命"，是绝大部分动物生命体的宿命。人类是由动物进化形成的，人类不幸落在这个"宿命"的群体之中。何谓之宿命？因为人类之间的生存竞争，不是源于人类自由意志的选择，而是由自然进化形成的生存方式使之然的。在人类最初的生存竞争中，既没有冷兵器，也没有热兵器，更没有原子弹，完全是面对面的身体与身体直接冲撞的肉搏战。在这种主要以"牙齿""爪子"为武器的打斗中，自身健康强壮与比他人更健康强壮——"体形高大，力量强劲"，是制胜的关键因素。因此，动物在正式打斗之前，总是会竭力使自己的形体比平时显得高大些、强有力些，以吓唬对手。比如说我家的老猫碰到陌生的小狗，就会吹胡子瞪眼，弓腰耸毛，显得比平时"膨胀"了许多。美国爱德华·O·威尔逊在其代表作《社会生物学——新的综合》中，对动物身形变化的社会性意义，有许多精彩的描述。

人类在漫长的原始肉搏战中，形成了对"体形高大，力量强劲"的诉求，以及相应的生理反应。

当引发生理反应的对象是人类自身时，此"自身"则被视为具有"阳刚之美"。《水浒传》对武松的外貌描写："胸脯横阔，有万夫难敌之威风；骨健筋强，如摇地貔貅临座上。"《世说新语·容止》："嵇叔夜的为人，高大威武像孤松昂然独立，喝醉酒时，如高峻的玉山将要崩塌。" [1]

当引发此类生理反应的对象是物理存在时，则被今人以"壮美感"名之。

以人类自身为对象的"阳刚之美"引发的是纯粹的美感，归属于性感美；由物理存在引发的"壮美感"则还有其他诸多情感参与其中。"壮美感"是一种复合型情感。

司空图《二十四诗品》还将"壮美"分解为"雄浑"与"劲健"两类。康德将壮美的对象分为解为"体积巨大"与"力量强劲"。司空图与康德所谓之壮美对象，表述不同，所指则相当。

（三）凄美

趋利避害是一切生命体的共同诉求。人类进化形成了见之与人类诉求相反之物象时，如见之"春尽花落"，如见之"老树枯枝"，如见之"秋风落叶"，会产生一种特定的生理反应。此特定的生理反应，被今人以"凄美感"名之。

红楼梦《黛玉葬花词》："……侬今葬花人笑痴，他年葬侬知是谁。试看春残花渐落，便是红颜老死时。一朝春尽红颜老，花落人亡两不知。"李清照词："寻寻觅觅，冷冷清清，凄凄惨惨戚戚。""风住尘香花已尽，日晚倦梳头。物是人非事事休，欲语泪先流。"读曹、李两词，令人备感凄凉，然而心中却有一丝忧伤的"甜蜜"在。

为什么读《黛玉葬花词》会生凄美感？是因为"春尽红颜老"，是与人类

---

[1] 选自《世说新语》，沈海波译注，中华书局，2016.1，第153页。

诉求之"青春年华"相反的；为什么读李清照词会生凄美感？是因为"冷清凄惨悲戚"的生存状态，是人类避之唯恐不及的。

优美感是纯粹的快乐感，凄美感则不是纯粹的快乐感。凄美感有不同于优美感的特征：甜蜜与忧伤"同在。

生成凄美感的根本源因是人类"趋利避害"之诉求，直接原因则另有所在。

（"奇美""性感美""谐趣美""音乐美"，另列章节。）

社会美

社会美可分为三个部分：其一，源于"应是理念"的社会美，简称"理念之美"；其二，经过曲折途径与人类诉求相联系的"习俗之美"；其三，同情之美。

（一）理念之美

与"应是理念"相符合的，即被视为"美的"。

例一：文天祥《过零丁洋》："人生自古谁无死，留取丹心照汗青。"这是一首永垂千古、充满爱国主义的述志诗，诗人"人格之美"感动了无数国人。这是因诗人慷慨赴死之举，践行了"舍生取义"的道德理念。

例二：几年前，据媒体报道，杭州一个2岁女童从10楼坠落，一位名叫吴菊萍的路人见之，奋不顾身冲上去接住，儿童脱险，吴菊萍左臂骨折。事后被誉为"最美妈妈"。为什么被誉为"最美妈妈"？因为她的行为是与道德理念相符的。

例三：《论语·子罕第九》："子曰：岁寒，然后知松柏之后凋也。"孔子以松柏所具有的特征，喻意君子坚韧不拔的品德。君子要有坚韧不拔的品德，是孔子之处世理念。孔子见松柏之特征，与其理念相似，因此，松柏在孔子心中，就有了"坚韧不拔"的品德。

例四：宋朝儒家理学思想的开山鼻祖周敦颐《爱莲说》："……予独爱莲之出淤泥而不染，濯清涟而不妖，中通外直，不蔓不枝，香远益清，亭亭净植，可远观而不可亵玩焉。"莲花"出淤泥而不染"的特征，与理学家周敦颐"不慕名利，洁身自好"的处世理念是相似的。

上述松柏与荷花，是自然之物，它们"坚韧不拔""香远高洁"之美，是人类赋予其身的。那么，为什么孔子不赋于蒲柳"坚韧不拔"之品格，周先生不赋予浮萍"香远高洁"之美德？因为"蒲柳"与"浮萍"在人类的认识中，未见其有与"坚韧不拔""洁身自好"之理念相似的特征。

（二）习俗之美

有些"习俗之美"是很奇葩的，原先笔者总不能明白为什么这些奇葩的东西，会被人认为是美的？现用"相似美原理"烛照之，则见"条条道路通罗马"：不论多么奇葩，均可见之于"相似美"，不过是通向罗马的道路曲曲折折而已。

北美印地安种族有以"白熊的爪子"装饰为美的习俗，而在他们生活圈子之外的旁人看来，却是怪模怪样的。为什么"北美印第安种族以白熊的爪子装饰为美"？这是因为在由他们的生活经验形成的文化中，白熊是勇气与力量的象征。此习俗通向"相似美"的曲折路线图："白熊"是勇气与力量的象征——白熊爪子是白熊的象征——装饰白熊爪子象征勇气和力量——勇气和力量是人类诉求的。普列汉诺夫《没有地址的信》中有段话，对此可做佐证："狩猎最初是为了吃肉，用来作为装饰的羽毛、野兽的皮肤、脊骨、牙齿和脚爪等等——是不能吃的。或是不能够用来满足其他需要的，但是这部分可以作为他的力量、勇气或灵巧的证明和标记。"[①]

还有骇人的自残式的习俗：巴德卡人以敲掉好端端的门牙为美。人类诉

---

① 选自《从动物快感到人的美感》，刘骁纯著，山东文艺出版社，1988.10，第200页。

求有一口好的牙齿，以利咀嚼。那么，为什么有以无门牙者为美的习俗？原因在于：巴德卡人生存主要依赖于牛，由此而形成了对牛的崇拜。被崇拜者没有门牙，巴德卡人也模仿其没有门牙。但门牙是不会自动掉落的，于是只能人为将其敲掉。此习俗与"相似美"衔接的路径更为曲折些：牛为生存资源——牛崇拜——没有门牙象征牛——牛象征生存资源——生存资源是人类诉求的。

这种对崇拜者的模仿，在所谓的现代文明人中其实也是屡见不鲜的：当崇拜某个明星时会模仿其穿着举止，甚至因为明星的下巴尖，也去整容把自己的原先不够尖的下巴削成很尖的下巴，但因为削成了很尖的下巴与整个面部不和谐而并不见好看，是现代版的"东施效颦"。过去也有不少人把好端端的牙齿拔掉，装上一颗或者多颗金牙。有时并没有什么好笑的，金牙者也笑，目的就是有意无意地露出其金灿灿的金牙来。

有些习俗之美，笔者至今还想不明白其是如何与"相似美"衔接的：如用木板将头夹扁，如用铜圈将脖子拉长，如将脚骨折断做成"三寸金莲"。但笔者相信，其最终一定与行为者所在人类群体的某种诉求是相似的。只因其路径太过曲折，才使人莫名其妙而已。普列汉诺夫有段话又可为此佐证："人类最初为精神或物质的用途而创造了某种造型，积以时日，原来的用途在新的情况下已经完全被人们遗忘或者根本不再关心，但形式却以永久的魅力保留下来。"①

但笔者以为，过时的"造型"不会"以永久的魅力保留下来"，它终将被淘汰，此与无用的生理器官终将会退化掉的原理是相同的。

（三）同情之美

同情谓之人类美德。但同情之美，是具有特殊性质的社会美。

---

① 选自《从动物快感到人的美感》，刘骁纯著，山东文艺出版社，1988.10，第201页。

为何说"同情之美"是具有特殊性质的社会美？

答曰：有三个特殊点。

特殊之一：原始美素的源因在于人类天性之诉求，但在人类的天性诉求中，不可能有"同情"的诉求。因为，同情的对象是同类生命体，而在生命体诞生之时，在笔者的理论模型中，只有一个生命体在偌大的宇宙之中，茕茕孑立，形影相吊，连同情的对象也没有，何来"同情"之有？也即是说，同情的产生，不是源于天性之诉求。"同情"也不是原始美素的衍生之美，因为"同情"与个人的"宜居环境"诉求、"生存优势"诉求、"生殖优势"诉求均无关系。

特殊之二：同情之美与自然美有一个根本的区别，即同情之美体现在对自身之外的同类的关心之上。

在纪录片《动物世界》中，曾经见过这样一个镜头：一群非洲水牛面对狮子的攻击，拼命奔逃……一头落单了的非洲水牛，被几头狮子团团围住，不得脱身。忽然从前面奔逃中的水牛群中，有一头水牛竟然折回头来，冲入狮群之中，帮助被困的水牛冲出重围，重新汇入水牛群中，脱离险境。

笔者以为，那头折回头的水牛，就是在同情心的冲动驱使之下，成为笔者眼中的"孤胆英雄"的。

不过，非洲水牛中出现的如此这般的同情行为，是个体性的偶尔迸发出的"闪光点"，并非具有人类那样的普遍性。但是，我想人类也一定经过这样的"孤胆英雄"阶段，进而进化形成今日人类之同情之性，并被"应是理念"追认为社会美德。

特殊之三：一切社会美都源于"应是理念"。"应是理念"是人类理性发展到一定高度的有意识产物。但是，同情心非是由有意识的"应是理念"产生的，不是因为有了"人应有同情心"的理念，才具有同情心的。同情心源于自然进化形成的同情之性，其先验地存在于今日之人类的心中。诚如孟子所言：“恻隐之心，人皆有之。”

既然“同情心”不是由“应是理念”产生的，是由自然进化形成的，那么为什么不归之于自然美，而归之于社会美？

答曰：据以三个理由。

理由之一：“社会”的根本特性是人与人之间的相互联系与影响。假设人与人都毫无关系地孤立地生活着，就不成为社会。既然都毫无关系地孤立地生活着，去同情谁，或被谁同情？既然连同情的对象也没有，就不可能进化出同情心来。因此，“同情心”本身就具有社会性质。

理由之二：同情心虽然是由自然进化形成的，但其成为“美德”，是因为有了“人要有同情心”这个“应是理念”，才成为美的。假设人类的应是理念是“人不应有同情心”，那么，同情心不仅不是美的，而是丑恶的了。如同因为有了“人不应有贪婪之心”的“应是理念”而使同样是由自然进化形成的“贪婪之心”成为丑恶的一样。

那头救援落单同伴的非洲水牛中的“孤胆英雄”，是否会被拼命逃命的其他非洲水牛视为具有同情美德的英雄之牛？窃以为，并不会的，理由是：非洲水牛们的“理性程度”以及“社会形态”，尚未达到产生“应是理念”的高度，迄今为止也还没有。

理由之三：从生理反应角度说，其与自然美不同，而与社会美相同。同情之美与其他社会美一样，没有快乐素的超常分泌与之相伴随，也就是说，当同情之心油然而生之时，不会伴有自然美那样令人陶醉的美感。

七、“美”的定义

“美”包含三个内涵：美素、美的、美感。

自然美的定义

"美素"的定义：理想印象，谓之"美素"。

"美的"定义：与理想印象相似者，谓之"美的"。

"美感"定义：由"美的"引发的快乐感，谓之"美感"。

社会美的定义

"美素"定义：应是理念，谓之"美素"。

"美的"定义：与应是理念相似者，谓之"美的"。

社会"美感"定义与自然美感定义相同。

第二章

审美原理

何谓"审美"？对美的发现与欣赏，谓之"审美"。

何谓"审美原理"？为何能发现与欣赏美的道理，谓之审美原理。

审美原理有六个：

其一：先验之美。今人一切自然美感都源于自然进化形成的"美感之性"，是先验的、本能的。

其二：学识之美。一切社会美感，与对包括自然美在内的美的表达，都源于学识。

其三：审美味蕾。审美味蕾由人生史态决定。审美味蕾决定审美者的审美范畴。

其四：审美取向。审美取向决定审美者审美当时的审美关注方向。审美取向由人生时态决定。

其五：审美闲情。"审美闲情"的内涵是："审美"时必处于"闲情"状态，非闲情无以审美。为何我们对同一物象有时能够感其美，有时则不能？由此原理决定。

其六：邂逅至美。为何我们有时并不在闲情与审美状态，却会被拉入审美状态？由此原理决定。

一、先验之美

我的童年和少年时代，在乡村度过，从没有受过美育，也不知道什么是美育。离我家院门数十米处，有一座小桥。夏天的傍晚，村民们劳累一天之后，在此桥上纳凉，"闲话桑麻"。我在桥上每每望见天空中横亘着的银河，与如此辽阔无垠的天空，总有一种莫名的情感盘桓于心中……又看到月光下的稻田之上，薄雾如轻烟，有萤火虫一闪一闪地飞过；低垂的星星，又大又亮，似乎近在眼前……心中又有一种莫名的情感……蛙声鼓噪，此起彼伏，偶尔有一两声狗吠声；有一位读过小学的村干部，有一把二胡，会避开众人在自家的院子里拉上一会儿，二胡声翻出院子，穿过墙边的瓜棚，传到桥边来……我根本听不懂那声音是什么意思，平时也奇怪那两根竖着的弦线，被称作"弓"的另一根横着的弦线拉拉扯扯后发出的声音，会使我心中升起莫名其妙的欢乐或者忧伤……

其中的奥秘，至今才算明白：对"乡村夏夜景色"之情感，"优美感"也；对无穷无尽辽阔深邃横亘着银河与无数星星的天空之情感，"壮美感"也；对二胡声音之情感，音乐之美感也。

谁也没有告诉我，这样子的"乡村夏夜"之景色是美的。那么，我之所以能够感到它是美的，唯一的解释就是：我对此"乡村夏夜之美"，具有先天的感知能力。此种非由美学教育所能成的先天具有的美感能力，源于人性中的"美感之性"。

"美感之性"是得之于遗传的，如同我一出生谁也没有教我如何吃奶，我一张口就会吃奶一样。再如，一个儿童吃"糖果感到甜，被打屁股感到痛"，不是因为通过学习才会感到那是"甜"的，那是"痛"的。那么，唯一的答案亦是：人体中本能地存在着感受"糖果甜""打屁股痛"的能力。

"美感"如同"糖果的甜蜜""屁股的疼痛"一样是自我的本能感受，所不同的是：前者是由"舌头"和"肌肤"引起的，后者是由"眼睛"和"耳朵"引起的。

先验之"美感之性"，是人类祖先馈赠给我们的一份美丽遗产。

二、学识之美

"学识"是由包括学习在内的人生经验获得的。

相对于自然美，"学识"的作用有三个：一是唤醒美感之性，二是获得表达美的能力，三是提高欣赏美的水平。

以《秋声赋》例言之。

欧阳修老先生为何能作《秋声赋》？除了欧阳老先生具有先验的凄美之性，能感秋声之悲外，更在于老先生具有"才高八斗"之学识。假设老先生在遗传基因上有缺陷，并没有继承到人类祖先的凄美之性，则老先生不能感知秋声之悲，自然不能作《秋声赋》；又假设老先生并无基因缺陷，但"不学无术"，则老先生虽能感秋声之悲，也不能作《秋声赋》。因为《秋声赋》之所言，如秋声之"凄切"、秋色之"惨淡"、秋意之"萧条"……再如，说之"兵象"，说之"宫商角徵羽"五声，说之"金木水火土"五行，说之"东南西北中"五方位，说之"十二律"，说之"十二月"，说之"天地春夏秋冬"六官，说之"天人合一"……又如：从所见"草木至秋既老，必然凋零"之景物，生出"无金石之质，有情思之人生，必然之老去"之感叹……《秋声赋》中这些所用之词与遣词造句，以及谋篇布局之能力，绝不可能是得之于遗传的、先验的，必由学识所致。

《秋声赋》中的"童子"为何会"童子莫对，垂头而睡"？答曰：懵懂无知所致也。但并不能就此认定童子体内没有得之于遗传的"凄美之性"，如同童子此时尚没有"性欲"表现而不能就此认定其没有得之于遗传的"生殖之性"一样。仅仅是此时可能存在其体内的美感之性处于"隐性"状态而已。假设"垂头而睡的童子"是继承了人类祖先的凄美之性的；再假设童子长相可爱天资聪颖，获欧阳修老先生青睐而资助其读书成才甚至致仕；又假设童子经历了人生之磨难与悲凉。那么，暮年的童子，是否可感秋声之悲？是否可作类似《秋声赋》之华章？我的回答是：可能的。因为，"暮年的童子"，在其学识积累与人生的磨难经历中，凄美之性有可能被唤醒而能感秋声之悲，又因其具有了欣赏与表达凄美感的学识，或许能作出纪念其恩公的《秋声赋续》也不可知。

但是，学识可成人之美，有时也可败人之兴。李白《把酒问月》："青天有月来几时，我今停杯一问之。……白兔捣药秋复春，嫦娥孤栖与谁邻？……"读此诗后，如有一较真之科学家告知李白：月亮上没有大气层，没有氧气，没有生命，何来白兔与嫦娥？科学家之话是对的，但一定使醉眼蒙眬飘飘欲仙的李白听了，诗兴顿失。当我们在欣赏花朵的美丽时，边上的一个植物学家向你介绍"花是植物的生殖器官"[1]，一定会使你大倒胃口。

相对于社会美，则"学识"的意义更为深广，其作用不仅仅在于对社会美的欣赏与表达，更在于"社会美素"的获得——因为社会美素是"应是理念"。应是理念的获得，必定不可能是得之于遗传，而必定是得之于学识的。

三、审美味蕾

审美味蕾由人生史态决定。

何谓人生史态？由包括先天禀性在内的全部个人历史形成的包括心理模式在内的某一时间点的总的人生状态，谓之人生史态。由人生史态决定的"心

---

[1] 选自《从动物快感到人的美感》，刘骁纯著，山东文艺出版社，1986.10，第16页。

理模式"包括一个人的世界观、人生观、价值观等在内。审美味蕾的形成，有先天的因素，如有人出于禀性偏爱于忧郁之美，有人则反之，但主要是由后天的心理模式决定的。心理模式处于潜意识领域，它下意识地规定着一个人的审美范畴与审美时的总的"关注方向"。

关注方向，决定审美者在同一物象上见之"什么"，而不见之"什么"。

19世纪德国美学家与心理学家费希纳曾经叙述过，一个著名的医生在观看《西斯廷圣母》时宣称："婴儿瞳孔放大，他有肠胃病，应该给他开药丸。"医生的关注方向是病情。

治美学者最熟悉的一个例子是：面对一棵古松，可能：1. 木材商想这树可卖多少钱；2. 植物学家思考它应该归入某类某科；3. 只有画家观赏"它的盘曲如龙蛇的线纹以及它昂然高举、不受屈挠的气概"。[1]

审美范畴决定审美者喜欢欣赏其审美范畴内的美，不喜欢欣赏其审美范畴外的美。如同因笔者的饮食历史培育而成的味蕾，决定了笔者喜欢吃苏邦菜而不喜欢吃川菜一样。笔者曾认识一位川妹子，其则反之，说其初来苏州时难受死了，因为苏邦菜又甜又腻，吃了会使她反胃。此川妹子食必有辣味方觉畅快。

"三寸弓弦自古无，观音大士亦双脚。不知裹足从何起，起自人间贱丈夫。"对于天足鼓吹者而言，必定在那"畸形的小脚"上见之于"丑"。而冯骥才《三寸金莲》小说中的那些"品莲者"，却对小脚玩得有滋有味，美其名曰"玉足"，有"灵、瘦、弯、小、软、正、香"七美，还煞有介事地举办"赛脚会"。在今人看来，真正是低级趣味，庸俗不堪。

同是写风花雪月的艳情之词，柳永吟出的是"衣带渐宽终不悔，为伊消得人憔悴"，似乎死心塌地，痴情不改；苏轼则是"枝上柳绵吹又少，天涯何

---

[1] 选自《谈美》，朱光潜著，中国青年出版社，2011.10，第10页。

处无芳草"，一脸满不在乎"此处不留爷，自有留爷处"的样子。

一样是酒后之诗词，柳永是"今宵酒醒何处？杨柳岸，晓风残月"，一副落泊无依的样子；苏轼则是"我醉拍于狂歌，举杯邀月，对影成三客。起舞徘徊风露下，今夕不知何处"，显得疏狂不拘。

审美味蕾是可随人生史态的变化而变化的，如同川菜现于苏州很有市场，笔者对其"辣味"也有了相当的喜爱。

一个人的人生史态，与社会史态紧密相连。换言之，一个人的审美味蕾的建立与改变，与时代息息相关。姜昆与李文华先生有一段相声《如此照相》，模仿"文革"中照相的"标准着装"与"标准姿势"：女孩子身穿黄军装，臂戴红袖章，昂首挺胸，手持红宝书贴于胸口，眼望前方……两人辛辣讽刺的"捧逗哏"使全场观众乐不可支，感到"如此照相"可笑极了。但在"文革"当年，这样的照片曾经放得很大地展示在照相馆的橱窗中。笔者当年正值青春发育期，见到橱窗中的红卫兵照片时，感到美极了，至今记忆犹新。今日再见"如此照相"，则一定会感到怪怪的。

四、审美取向

人生时态，决定当时之心态；当时之心态，决定审美取向。

何谓人生时态？某一时点与当时"生境"有关的特定的人生态，谓之人生时态。

何谓"生境"？审美者审美当时特定的身心状态与所处环境，谓之生境。审美者当时的身体健康与否和处于何种心理状态，都会对审美者当时的审美产生直接的影响：决定其在当时所处环境中的同一物象上，"取"什么样的"美象"而见之。

同一物象，可见之于优美，亦可见之于凄美。那么，是取优美见之，还是取凄美见之，决定于审美取向。

有一个"人生时态决定审美取向"的绝好例子："清光绪二十四年，杨度与同乡挚友夏午贻同赴京师礼部应部试，夏午贻以第一甲第二名及第，杨度则名落孙山。两人之人生时态迥然不同：同年同学，如今一人青云直上，一人落第南归，离京前两人同游陶然亭，依百字令题词亭壁。杨度吟道："西山王气但黯然，极目斜阳衰草。"而夏午贻和之曰："万顷孤薄新雨照，碧水明霞相照。" ①

同时同地同一陶然亭，因杨度与夏午贻审美当时的心理状态不同，所感完全相反。杨度看到的是与人生诉求相反的景象，其感，归之于"凄美感"；夏午贻看到的是与人生诉求相似之景象，其感，归之于"优美感"。

人生时态，决定当时之心境。当时之心境，往往是容易变化的。心境一变，则审美取向立变。

一代天骄成吉思汗，在进军欧洲途中，立马高冈，望着广漠中蜿蜒前进不见尽头的几十万将士，为"大漠与将士"合成之壮美景象而豪情满怀。俄尔，天空落下一声雁叫，成吉思汗引颈而望，见一群大雁飞过头顶，渐行渐远，消失于远处迷蒙的天空之中……顿时悲从中来：思想百年之后，眼前所见将士，都将不复存在！成吉思汗此时所见同为"大漠与将士"，前见之壮美，后见之凄美，心态转换使然。前者的心态是世界的征服者，后者的心态是时间的淘汰者。

五、审美闲情

审美可分"主动审美"与"被动审美"两类。主动审美必处闲暇之中。

---

① 选自《知识窗》2015 年 9 月下，总第 524 期，"境由心造"。

何谓主动审美？我思考写作累了，说走就走，随时去不远处的石湖公园散步小憩，或去苏州西郊山中乱走半天。这就是"主动"去"审美"。

苏轼《记承天寺夜游》全文很短，抄录于下："元丰六年十月十二日夜，解衣欲睡，月色入户，欣然起行。念无与为乐者，遂至承天寺，寻张怀民，怀民亦未寝，相与步于中庭。庭下如积水空明，水中藻荇交横，盖竹柏影也。何夜无月，何处无竹柏，但少闲人如吾两人者耳。"我此刻引入此文的注意力全在于最后一句："何夜无月，何处无竹柏，但少闲人如吾两人者耳。"此句即隐含着这样的意思：美景处处有，少有闲人而无以欣赏。

据刘盼遂、郭预衡主编，北京出版社1980年12月第一版《中国历代散文选》对此文的注释而知，其时苏轼被贬官黄州团练副使，是一种挂名的官，官衔前还加有"本州安置"字样，几近于流放，无一定职守，实为闲人。苏轼所寻之张怀民，既然住在承天寺内，想来更是闲人一个。两个闲人，才能成月夜赏"庭下竹柏影如水中藻荇交横"者。设若苏轼此时是一个于官场中蝇营狗苟汲汲于名利者，则在中国历史上将多一个对历史无足轻重的"路人甲"，中国文学史将失去这样一篇虽短小而将永远流传的不朽美文。

不处闲暇状态，即使全身充满艺术细胞的艺术大家，也无以审美。北宋山水画家郭熙在其画论《林泉高致·画意》中，以其自身正反经验言之："余因暇日，阅晋、唐古今诗什，其中诗句，有道尽人腹中事，有装出目前之景。然不因静居燕坐，明窗净几，一炷炉香，万虑消沉，则佳句好意，亦看不出，幽情美趣，亦想不成。"

"马克·吐温在1883年出版的《密西西比河上的生活》一书中也给我们提供了一个非常有趣的例子。马克·吐温谈到他对密西西比河的前后两种不同的感受。当他作为一个普通的旅行者时，密西西比河日落的辉煌景色使他酪酊大醉，狂喜不已：'宽阔的江面变得血红，在中等距离的地方，红色亮闪闪的变成了金色……另一处江面则被沸腾的、翻滚的漩涡所打破，就像闪耀着无数色彩的猫眼石一样……优美的曲线，倒映的图像，长满树木的高地，柔和的远景，在整个景观中，从远到近，溶解的光线有规则地漂流着，每一个消失的片刻，都富有奇异的色彩。'但是，当他成为汽船驾驶员后，这一切在他的眼中都消失了。"①

前者之马克·吐温的人生时态处于闲情之中，后者之马克·吐温则在为防止触上暗礁或其他意外翻船而专注地驾驶着轮船。

无闲情无以审美，有闲情也并非一定会做审美。世人总有闲情之时，但有闲情而不审美者毕竟居多数：聚餐者有之，玩牌者有之，闲聊者有之，无所事事游荡者亦有之。

六、邂逅至美

何谓邂逅至美？与极美者不期而遇，谓之邂逅至美。

邂逅至美有两类。

其一：不在审美状态时，因不期而遇之物象的异常美丽，而不由自主地进入审美状态。此即上节"被动审美"之谓也。

赵国邯郸养蚕美女秦罗敷，沐着晨光去城南陌上采摘桑叶，一路上引起人们的围观。《陌上桑》诗云："……头上倭堕髻，耳中明月珠。缃绮为下裙，紫绮为上襦。行者见罗敷，下担捋髭须。少年见罗敷，脱帽著帩头。耕者忘其犁，锄者忘其锄；来归相怨怒，但坐观罗敷。"

不说诗中"少年"可能是游手好闲的嬉皮士，但此时的"耕者"与"锄者"，则一定不是闲人，由于被秦罗敷之美丽所吸引，不由自主地"忘其犁""忘其锄"，欣赏起秦姑娘来……以致最后误了农活，在回家的路上相互抱怨。

---

① 选自《美学原理》，叶朗著，北京大学出版社，2009.4，第99-100页。

其二：审美者本来就处于审美闲情之中，但与不在审美关注方向上的异常之美丽者不期而遇，美感油然而生。

崔护《题都城南庄》："去年今日此门中，人面桃花相映红；人面不知何处去，桃花依旧笑春风。"据传就是缘于一次美丽的邂逅：崔护苦读了一上午圣贤书，去郊外游春观赏桃花。崔护审美的关注方向是春色桃花，却因游春走得腰酸口渴，去附近村中讨口水喝时，与一位倚门而立的美丽姑娘不期而遇……由此而使崔护念念不忘。来年的春天，崔护再去寻访，只见桃花不见姑娘，由此而惆怅不已。

本人亦曾有类似之邂逅。一次游苏州园林藕园，见一姑娘静静地坐于假山之上，神态娴静，斜阳正好照在她的身上，她的鼻梁的弧线有些微微上翘，特别好看，看人时的眼睛有意无意地那么晃动一下……《诗经》中所描绘的"美目盼兮"大概就是如此样子的。当时我正在酝酿写一个中篇小说，主人公的原型是我小学六年级时的一个男老师。在小说中准备换成女老师，由此竟然长时间无法动笔。因为那个女老师的神情笑貌，想不真切。当我看见那个坐于假山石上的女孩的一瞬间，女老师的形象顿时在我心中栩栩如生起来。——至今难忘那女孩。我老了，但她在我心中的印象不会老，永远是那个美丽的样子。

邂逅美丽，怦然心动，虽然可遇而不可求，但却是我们生活中经常会碰到的，且往往令人印象深刻，难以忘怀。

为什么会令人印象深刻，难以忘怀？因为由邂逅之美引发的美感，往往异常强烈。为什么会异常强烈？因所见物象"至美"而使见者强烈地感知其美：如果崔护邂逅的是普通美女，我们今天就见不到"人面桃花相映红"这样美丽的诗篇了。

第三章

审美方法

何谓审美方法？使物象成为"美象"的方法，谓之审美方法。

一切审美方法，都是为了使物象成为美象。

为了使物象成为美象，则不必拘泥于原始物象，且绝大部分不能拘泥于原始物象。

为何说"不必拘泥于原始物象，且绝大部分不能拘泥于原始物象"？因为完全与"美素"相似的原始物象，几乎是世无所见的。换言之，能够成为美象的原始物象，并非处处与"美素"是相似的，有些地方与美素是不相似的，甚至还有可能是相悖的。因此，需要对与美素不相似的那一部分物象"整容"，使之与美素更为相似。如同治玉者，必须对不符合设计图案的那部分磨之琢之，而使其与设计图案相似。按设计图案磨之琢之而成之玉器，必已非原始之玉。

美象从何而来？从美素与物象而来。我们不可能凭空想象出一个美象来。如同治玉者，手中无玉，无以磨之琢之；心中无"玉器图案"，又不知如何磨之琢之。手中之"玉"，喻之"物象"；心中"玉器图案"，喻之"美素"，也即"理想印象"。

得之于遗传的处于潜意识中的理想印象，无以见之，必借助于现见之物象而使之显现为心中之美象。

这个"借助于现见之物象而使之显现为心中之美象"的过程，就是审美过程。

审美过程中可用的审美方法，有五法：一曰裁剪法；二曰移植法；三曰虚构法；四曰列象法；五曰联想法。

一、裁剪法

第一裁剪法：将同一个视角下所见物象裁剪成美象，名之为"一次成像裁剪法"，如王维"大漠孤烟直，长河落日圆""渡头余落日，墟里上孤烟"。

第二裁剪法：将不同视角下所见物象裁剪成美象，名之为"二次成像裁剪法"。此法又可分两小法：一是将同一时空不同视角下的物象裁剪成美象，名之为"移步裁剪法"。如苏轼，"横看成岭侧成峰，远近高低各不同"，二是将不同时空下物象裁剪成美象，名之为"移时裁剪法"。如白居易："离离原上草，一岁一枯荣。野火烧不尽，春风吹又生。"秋草枯，春草荣，不可能在同一时空中见之。

裁剪法，常人也常常使用。每每有景区导游指点着一块岩石，说"这是望夫石，看，那是她的发髻，那是她手搭凉棚在眺望她远去未归的丈夫……"接着讲出一个动人的爱情故事来……不经导游指点，你见到的可能仅仅是耸立于高冈上的一块普通岩石，导游一介绍，你就可能见到一位"痴情女"。导游的指点，即是裁剪。

有次我写作累了，独去西郊山中无人迹处乱窜。见一块绝壁，斑斑驳驳，有无数裂纹，从中可勾勒出许多动物、人形、文字的图案来……其实岩壁裂缝是自然风化而成的网格状图案，并无什么动物、人形与文字在，是由观者眼睛如笔似的从网格状裂缝中裁剪出来的。

"裁剪法"也是人体美容常用之法：削去一些骨头使面颊清瘦或下巴尖秀些。曾见一位著名女主持人，某年出镜时脸形与往年镜头比较，有了明显的不同，一定是削去了一些颧骨，使脸形显得狭长清秀了些，确实比之前漂亮多了。

二、移植法

同一视图中不同部位之间的移动，谓之"移"；裁取视图甲中的部分图像，移至视图乙中，谓之"植"。移植法与裁剪法不同之处主要在于：裁剪法视图中的各景物是出于同一视觉所见物象，尽管其可能已经变化了，如"春草之荣"变成了"秋草之枯"，但仍然是同一棵草。植入的景物与本图中的景物，则是异物。

鲁迅先生说："人物的模特儿，没有专用于一个人，往往嘴在浙江，脸在北京，衣服在山西，是一个拼凑起来的角色。"此即小说创作中人物塑像时的移植法。

移植法不仅仅是文艺创作中的必用之方法，还是人体整容必用之大法：填胸隆鼻，必植异物。

三、虚构法

裁剪法与移植法，都不过是或将本来就在一起的真实景象裁剪成美象，或将本来并非在一起的真实景象移植在一起组合成美象。虚构法则与此有一个根本的不同：将不可能真实存在的物象，与真实存在的物象，组合在一起，形成美象。

据传，东坡先生任杭州通判时，一日坐于堂上，无所事事，当时又没有报纸可看，手机可玩，于是画兴勃发。见案上有盖公章用的朱砂印泥，因地制宜，就用朱砂画了几枝竹子。且其所画之竹，一笔到顶，中间没有结节。画毕，比常见之墨竹，别有一番风韵。有一俗人见之曰：世间只有绿竹，哪来朱竹？东坡先生不减其诙谐本色，答曰："世间也无墨竹，何可用墨画竹？"又有一俗人见之曰："何不逐节分画？"东坡先生仍然不减其诙谐本色，答曰："竹生时何尝是逐节生的？"东坡先生的"朱竹"与"一笔画竹"，就是虚构之竹。

　　东坡先生还不是作"假画"的顶尖高手，因为其朱竹之"假"，一眼就能被人看出。荷兰画家吕邦斯才是"作假"大师。歌德之"巨眼"，也"看了多次"，才看出了其中的"虚构"之处。歌德发现：画面中，照着"羊群""干草车""马""农夫"的光线是同一个方向上照来的，而从画中树木阴影看，照射树木的光线是从相反方向照射过来的。同一时刻有两个方向的光线照射，这是虚构的，因为"天无二日"。吕邦斯为何要违反自然如此虚构？歌德揭示了其原因：是为突出"农夫形象的明亮"，只有使其站在树影"昏暗的地面上"，才能产生如此的效果。而要使农夫"站在树影昏暗的地面上"，就必须如此光照。[①]如同"文革"时的样板戏，当英雄人物一上场，就专门用一束光芒罩着他或她，使他或她这个英雄形象显得异常突出。

　　中国的东坡先生说的是可以"朱砂画竹"与"一笔画竹"的理由，非关画理。外国的歌德先生所谈的，显然比东坡先生更接近美学正题。但歌德也只是说了"为使画面美"而如此虚构，并没有涉及"为何如此虚构而成美"这个更深层的美学问题。

　　《楚辞·离骚》："驷玉虬以乘鹥兮，溘埃风余上征。朝发轫于苍梧兮，夕余至乎县圃……吾令羲和弭节兮，望崦嵫而勿迫。"——"驾驶着白龙啊乘着凤凰，忽然一阵大风把我送上征程。早晨从南方的苍梧出发，傍晚就到达了

---

① 选自《歌德谈话录》，［德］爱克曼辑录，朱光潜译，人民文学出版社，2001.12，第132-133页。

昆仑山上；我命令羲和停鞭慢行，让太阳在崦嵫山旁徘徊徜徉……"①屈原想象浪漫瑰丽，堪称虚构之大师。

四、列象法

前人有"诗画同理"之说。此"理"指的是什么？是道理之"理"吗？如果是指道理之"理"，那么，"歌咏言""诗言志""乐以教和""文以载道"，从道理上岂非都相通，为何单单而言"诗画同理"？显然此理非指"道理"之"理"，而是另有所指。指的是什么？笔者以为，诗画同理之"理"，指的是："列象法"。

何谓列象法？物象并列而成美象，谓之列象法。

《歌德谈话录》的辑录者爱克曼，应歌德的故意问之，详细地向歌德介绍他所看到的荷兰画家吕邦斯的上述那幅风景画："如果先从远景看，最外层的背景是一片很明亮的天光，仿佛是太阳刚落的时候，在这最外层远景里还有一个村庄和一座城镇，由夕阳照射着。画的中部有一条路，路上有一群羊忙着走回村庄。画的右方有几堆干草和一辆已装满干草的大车。几匹还未套上车的马在附近吃草。稍远一点，散布在小树丛中的有几匹骡子带着小骡子吃草，看来要在那里过夜。接近前景的有几棵大树。最后，在前景的左方有一农夫在下工回家。"②在爱克曼介绍的这个画面中，我们看到了这些物象：天空、夕阳、村镇、道路、草地、树木、干草、大车、羊、马、骡子、小骡子、农夫。还有在上节中我们看到的歌德借以评价的另外三个物象：两束不同方向的光照与树木的阴影。

---

① 选自《楚辞》，王承略、李笑岩译注，山东画报出版社，2014.2，第16—17页。
② 选自《歌德谈话录》，［德］爱克曼辑录，朱光潜译，人民文学出版社，2001.12，第133页。

这幅风景画就是由这些物象并列于画板上组成的。列象以成画面，这是不言而喻的。

许多诗词，用的同样是列象法。以笔者陋见，用得最好的是唐诗。唐诗中用得最好的是王维。苏轼《书摩诘蓝田烟雨图》评论王维时曾言："味摩诘之诗，诗中有画；观摩诘之画，画中有诗。"

"明月松间照，清泉石上流"，十个字，十个物象。"月""松""泉""石"四个字，一字一象，是不会有异议的，其他六个字"明""间""照""清""上""流"，如何可言象？答曰："明"与"清"是"色"象，"上"与"间"是"空间方位"象，"流"是清泉动态象，"照"是明月光照象。"大漠孤烟直，长河落日圆""渡头余落日，墟里上孤烟"，几乎也都是一字一象。各个独立物象并列于诗中，就形成极强的画面感。

"列象法"最典型的一句诗应是张若虚的"春江花月夜"。为何说其最典型？因言"春""江""花""月""夜"为一字一象，是绝不会有异议的。

五、联想法

联想法，是一切审美方法的通用大法。换言之，一切审美方法都要用到联想法。

何谓联想？由此物想到彼物，或从此物想到彼理，谓之联想。主要有五类联想，其中四类是有意识联想，一类是潜意识联想。

其一：形态相似联想。李白《望天门山》："天门中断楚江开，碧水东流至此回。两岸青山相对出，孤帆一片日边来。"因"两岸青山夹江峙"形状如"门"而联想到"门"，又由于"两面青山夹江峙"所成之门"高大"而联想到"天门"。因为天空如此高大，想来其门势必高大。

其二：性质相似联想。如在《爱莲说》的作者周敦颐的眼中，"莲"

与高洁之士具有相似的性质。

其三：情理相似联想。"离离原上草，一岁一枯荣。野火烧不尽，春风吹又生。"野草具有劫后重生的"顽强生命力"，此乃自然之物"理"。而对"顽强生命力"的诉求是人类之"情"。诗人以对"野草具有劫后重生顽强生命力"的歌颂，隐喻人们要有野草一样不屈的精神。

其四：曲折转换联想。何谓曲折转换联想？物甲与物丁本无由联想起来，通过物乙，甚至再通过物丙而使物甲与物丁联想起来。王昌龄诗："闺中少妇不知愁，春日凝妆上翠楼。忽见陌上杨柳色，悔教夫婿觅封侯。"此诗中"各物象及其联想关系"可简化成：柳色—春日—思春—夫婿。"柳色"与"夫婿"本无由联想，通过"柳色与春"的联想，又将"春"字的含义从"自然之春"，转换成"少妇怀春"的含义，从而与思念"夫婿"联想起来。

郑板桥题画诗："衙斋卧听萧萧竹，疑是民间疾苦声，些小吾曹州县吏，一枝一叶总关情。""萧萧竹声"与"民间疾苦声"，可以说是风马牛不相及的两类事。但通过"曲折转换法"而将两者联想起来："竹声"与"疾苦声"在意义上毫无关系，但两者都是"声"因此可做相似联想；做出相似联想后，再将"竹声"的意义，转换成"疾苦声"的意义。

其五：心理相似"联想"。此联想是在潜意识领域完成的。以《诗经·桃夭》为例："桃之夭夭，灼灼其华。之子于归，宜其室家。"在姑娘出嫁的春天里，与"桃之夭夭"一起，有许多别的景色可见，如"杨柳依依"，如"野有蔓草"。那么，为什么选择以"桃花"起"兴"？是因为：见之"桃之夭夭"之景色，与见之"姑娘出嫁"之场面，由此两者引发的人的心理反应是相似的，这种相似的心理反应难以找到恰切的表达语言，勉强以"亢奋""热烈""喜庆"指代之。而见之"杨柳依依"或"野有蔓草"，是不会有此种心理反应的。

第四章

美苑群芳

一群娇鸟共啼花，碧树银台万种色。

独有南山桂花发，飞来飞去袭人裙。

——唐·卢照邻《长安古意》

优美、性感美、壮美、凄美、奇美、谐趣美、音乐美、崇高美，是为美苑之群芳、啼花之娇鸟、袭人之花蕊。

本章分述"优美、凄美、壮美、奇美、崇高美"族。

"性感美、谐趣美、音乐美"另立专章。

一、优美族

优美是美苑中之最大类。为何说其是最大类？因为从根本上说，优美的生存状态是人类最原始之诉求者，也是最终之诉求者。从人性角度说，优美感之性，人人有之：人皆可见之优美，亦皆可为之优美。

就与生活关系而言，优美比之其他美，是与人类相伴最贴近者。如有庭院者，可立一柱石峰，植几竿修竹，积一泓清水，种一些花草，即可营造一优美之小天地；如无庭院条件者，茶几上放一盆山水，或一瓶插花，或一缸金鱼，亦不失为优雅。壮美则少见于日常生活，凄美则避而见之，奇美则几乎是可遇而不可求的，社会美中的崇高美则可为之而不能常为之。诚如《庄子·天运》所言："仁义，先王之蘧庐也，止可以一宿而不可久处。"

优美家族主要有：丰盛、艳丽、空灵、宁静、灵动、和谐、闲情之美。

丰盛之美：司马相如《上林赋》记曰："……于是乎卢橘夏熟，黄甘橙楱，枇杷橪柿，亭奈厚朴，樗枣杨梅，樱桃蒲陶，隐夫薁棣，答沓离支，罗乎后宫，列乎北园。"如此丰盛的果子，足够让人类的祖先猴子们享用了，岂不美哉！

艳丽之美：《红楼梦》第五回"开生面梦演红楼梦，立新场情传幻境情"对仙姑的描写："……仙袂乍飘兮，闻麝兰之馥郁；荷衣欲动兮，听环佩之铿锵。靥笑春桃兮，云堆翠髻；唇绽樱颗兮，榴齿含香。纤腰之楚楚兮，回风舞雪；珠翠之辉辉兮，满额鹅黄。"

空灵之美：王维："人闲桂花落，夜静春山空，月出惊山鸟，时鸣春涧中。"韦应物《寄全椒山中道士》："落叶满空山，何处寻行迹。"李颀《题璿公山池》："远公遁迹庐山岑，开士幽居祇树林。片石孤峰窥色相，清池浩月照禅心。"

宁静之美：某年盛夏，笔者去苏州光福石篓石壁游览，到达石壁山下时，已是正午歇晌时刻。弓身翻上山岭，挺胸而立，却与湖湾中的百十艘渔船兀然相见：船舷并接，桅杆林立，却悄无人声人影。湖湾中贮满了生活气息，又贮满了宁静之美。石篓在湖湾的对岸，走陆路要绕很远的路。庙里的人说，有船可以摆渡过去的。他就对着湖湾喊了一声，片刻，也不知从何处驶来一只小船。摆渡途中湖水清澈见底，水藻飘摇，小鱼如箭。除了竹篙落水与出水的声音之外，万籁俱寂。此由直接经验对宁静之美的真切感受，非读南朝诗人王籍《入若耶溪》诗句"蝉噪林逾静，鸟鸣山更幽"之间接体会可媲美。

灵动之美：曹植《洛神赋》："……其形也，翩若惊鸿，婉若游龙。仿佛兮若轻云之蔽月，飘摇兮若流风之回雪……动无常则，若危若安。止进难期，若往若回。"

闲情之美：其有特殊之处。其他优美，是审美者见之物象之美，而闲情之美，审美者自身也是优美物象的参与者。杨万里《闲居初夏午睡起》："梅子留酸软齿牙，芭蕉分绿与窗纱。日长睡起无情思，闲看儿童捉柳花。"赵师秀《约客》："黄梅时节家家雨，青草池塘处处蛙。有约不来过夜半，闲敲棋子落灯花。"叶采《暮春即事》："双双瓦雀行书案，点点杨花入砚池。闲坐小窗读周易，不知春去几多时。"

空灵、宁静、闲情，为何能够给人以美感？因为人类在生存所需满足之后，诉求无扰而安全，放松而无紧张。空灵、宁静、闲情之物象，与此诉求之相似者也。

二、凄美族

凄美根源于人类痛苦的情感，但又与痛苦感有明显的不同，凄美感是"甜蜜之忧伤"。

"逝去的人们，光环笼罩，想念着他们，无所凭依，甜蜜之忧伤，占据我心。"[①]

那么，为什么会生出"甜蜜之忧伤"的凄美感？这是由人类进化形成的一个生理机制产生的。这个生理机制笔者名之为"凄美之性"。

人类历史充满了苦难。苦难历史郁结于心，形成一个处于潜意识领域的"东西"。这个"东西"，瑞士心理学家荣格谓之"情结"，我国古人谓之"块垒"，亦应是李泽厚先生所谓之"积淀""自然的人化"之物，笔者在此谓

---

① 选自《关于我们崇高与美观念之根源的哲学探讨》，［英］伯克著，郭飞译，大象出版社，2010.3，第 34 页。

之"定向能量"。何谓定向能量？支持特定生理活动的能量,谓之定向能量。如当所见与"避害诉求"相似之物象时引起的伤感,即是由此"定向能量"支持的。换言之,由此定向能量所支持的生理活动必定产生出伤感。再换言之,伤感生理活动所消耗的即是此定向能量……因消耗而使此定向能量趋于平复,而使伤感者的身心"松弛"一些,如悲伤时痛哭一场之后,心里就会好受一些;愤世嫉俗如竹林七贤之阮籍者,"借他人之酒杯,浇胸中之块垒"之后,就会释然一些。此即"心理宣泄"之谓也。由此心理宣泄所引起的"松弛感""释然感",是引发"凄美感"的生理根源。

凄美感的产生必须在一个前提之下:产生凄美感之时,当事者并没有真实地处于"痛苦"的生存状态之中。如林黛玉见落花伤春而吟《葬花词》之际,她事实上生活于锦衣玉食之家。是由于她丧母失怙寄人篱下的身世,即人生史态,使她形成了"心有双丝网,中有千千结"的忧伤情结。如果一个人处于真实的痛苦之中,不可能产生凄美感,只可能产生痛苦感。

非处于真实的苦难生存状态,与心理宣泄获得的"松弛感""释然感",以及由此引发的一系列的生理活动,产生出了既不等同于痛苦感,亦不等同于快乐感的一个复杂的混合情感,此即"凄美感"之谓也。

凄美,主要有五类:悲壮、悲凉、感伤、惆怅、清愁。

悲壮:杜甫《春词》:"壮志未酬身先死,常使英雄泪沾襟。"项羽:"力拔山兮气盖世。时不利兮骓不逝。骓不逝兮可奈何!虞兮虞兮奈若何!"严遂成《三垂冈》:"风云帐下奇儿在,古角灯前老泪多。"

悲凉:元稹《行宫》:"寥落古行宫,宫花寂寞红。白头宫女在,闲坐说玄宗。"李清照《声声慢·寻寻觅觅》:"寻寻觅觅,冷冷清清,凄凄惨惨戚戚。"李煜《相见欢·无言独上高楼》:"无言独上高楼,月如钩。寂寞梧桐深院清秋。剪不断,理还乱,是离愁,别是一般滋味在心头。"

感伤:纳兰性德《木兰词·拟古决绝词柬友》:"人生若只如初见,何事秋风悲画扇。等闲变却故人心，却道故人心易变。"乡贤唐伯虎《秋风纨扇歌》："秋来纨扇合收藏，何事佳人重感伤？请把世情详细看，大都谁不逐炎凉。"

惆怅：刘禹锡《春词》："新妆宜面下朱楼，深锁春光一院愁。行到中庭数落花，蜻蜓飞上玉搔头。"黄景仁《绮怀·其一》："几回花下坐吹箫，银汉红墙入望遥。似此星辰非昨夜，为谁风露立中宵。"

清愁：辛弃疾《丑奴儿·书博山道中壁》："少年不识愁滋味，爱上层楼。爱上层楼，为赋新词强说愁。"

凄美还可分为两大类："正向相似"凄美，与"反向相似"凄美。

毛泽东晚年读《枯树赋》而泪流满面，是感其英雄暮年与枯树正向相似而悲哀。归有光于《项脊轩志》中感伤其亡妻，则属于反向相似：亡妻亡矣，其所植之树，则生机勃勃，"亭亭如盖矣"。反向相似之感伤，笔者亦有亲身之体验：数年前我曾生"激越性焦虑症"，大病一场。休养散步时见湖上鸥鸟矫健飞翔之态，想自身之病躯，竟引出许多伤感来。

三、壮美族

壮美根源于生命体生存竞争制胜所需"强壮有力"之诉求。壮美，大致可分为四类：雄浑之美、劲健之美、狞厉之美、夸张型浪漫之美。

雄浑之美：李白《渡荆门送别》："渡远荆门外，来从楚国游。山随平野尽，江入大荒流。"庄子《逍遥游》："北冥有鱼，其名为鲲。鲲之大，不知其几千里也，化而为鸟，其名为鹏；鹏之背，不知其几千里也，怒而飞，其翼若垂天之云。"

劲健之美：韩愈《调张籍》："想当施手时，巨刃磨天扬。我愿生两翅，捕逐出八荒。刺手拔鲸牙，举瓢酌天浆。"岑参《轮台歌奉送封大夫出师西征》：

"上将拥旄西出征，平明吹笛大军行。四边伐鼓雪海涌，三军大呼阴山动。"

狞厉之美：岳飞《满江红》："驾长车，踏破贺兰山缺。壮志饥餐胡虏肉，笑谈渴饮匈奴血。"李泽厚《美的历程》："以饕餮为代表的青铜器纹饰，以及以它为主体的整个青铜器其他纹饰和造型，特征都在突出这种指向一种无限深渊的原始力量，突出在这种神秘威吓面前的畏怖、恐惧、残酷和凶狠。它们呈现给你的感受是一种威力和狞厉的美。"

夸张型浪漫之美：是指通过想象把物象的"体积"或者"力量"夸张到超常的尺度，而给人以美感。毛泽东《重上井冈山》："可上九天揽月，可下五洋捉鳖，谈笑凯歌还。"李白《北风行》："燕山雪花大如席，片片吹落轩辕台。"民歌："撕片白云揩揩汗，凑上太阳吃袋烟。"

但是，生命体还有一个比"强壮有力"更根本的诉求："长生"。与"长生诉求"相似的是"无限的时间"。那么，为什么在一般人的审美经验中，少有由"无限时间"引发的"壮美感"？

主要原因是：时间无象可见。无"象"可见，就难以见之相似性；难以见之相似性，就难以见之"时间无限之壮美"。且对于一般生命体而言，无由感知"时间之无限"。诚如庄子《逍遥游》所言："朝菌不知晦朔，蟪蛄不知春秋。"人生亦不过百年，原亦无由感知时间之无限。但由于人类进化出了语言与文字，在口口相传与文字记载中有了历史也即时间概念……特别是进化出了高度的理智，在哲学思辨中有了"时间无限"之认识，并相应在大脑中生成了时间无限的"印象"。由此，人类生命长度，可与"长生理想印象"比对，产生"相似性"而见其美。

庄子《逍遥游》："……上古有大椿者，以八千岁为春，八千岁为秋。"毛泽东《七言·残句》："自信人生二百年，会当水击三千里。"

但是，见之于时间印象的，绝大多数是凄美感，因为与时间之无限相比，人的生命之短暂，并不比朝菌蟪蛄长多少。

四、奇美族

奇美物象的特性是"新奇"。由"新奇"事物引发的美感,谓之新奇美感。当新奇事物同时引发其他美感,如优美感、壮美感时,与新奇美感叠加形成复合型美感。此复合型美感,称之为"奇美感"。

奇美感的特性是新奇美感。奇美感可以仅仅只有新奇美感,没有其他任何美感;其他美感如不是由引发新奇美感的物象引发的,则不成为奇美感的组成部分。

人类的新奇美感源于好奇心,好奇心又源于"好奇之性"。

那么,"好奇之性"是如何产生的? 说来话长,须远远道来:好奇之性是由自然进化形成的。

今日之人类,对新奇事物充满了好奇心。好奇心引发探索"陌生事物"真相的冲动。尤其是儿童,因为对于儿童而言,所见世界都是陌生的,小手喜欢到处乱摸乱�⋯⋯有时吓出大人一身冷汗来。

人类为什么会对新奇事物充满好奇心? 因为在今人的体内储存着一种生理反应机制,一见到新奇事物,就会引发好奇心。这个生理反应机制,笔者名之为"好奇之性"。

"好奇之性"的形成,与人类苦难历史有关。简而言之,由于自然环境变化等不可控因素,人类常常陷入生存的困境。不走出困境,等于坐以待毙;要走出困境,必然要进入陌生的领域。而在陌生领域中,有许多不可知的事物。在这些陌生的不可知的事物之中,可能存在着生机,也可能存在着危机,甚至杀机。因此必须探明真相。只有探明了真相,对事物"心中有数"了,人类才能"安下心来"。因为,对事物的可控,是人类之诉求。而可控的前提,是对事物的认识。只有认识了的事物,才可知其"可控"或者"不可控",才可能做出正确的适应性选择。人类伴随着不断走出困境寻找新的家园的步伐,进化出了"好奇之性"。由"好奇之性"生出的好奇心,反过来不可遏止地、情不自禁地推动着人类去探索未知领域。

因为好奇之性的形成,是在探索陌生事物的过程中进化形成的,因此,引发好奇心产生的对象,必然是陌生的事物。

人类之所以能够走到今天,成为"万物之灵",正是在不断走出困境,进入陌生领域寻找新的生机中"从困境走向胜利"的。据现见之人类学考古资料推测,六万年前,人类怀着忐忑不安的心情,走出不再适宜生存的非洲,走进陌生的前途未卜的领域,而才有今日之人类。也就是说,迄今为止成功的人类进化史证明:陌生事物对于人类而言,最终意味着新的生机。

再从哲学思考说,人类新的生机最终也必然处于陌生领域之中。当地球资源枯竭之时,更远地说,当太阳即将熄灭之时,如果人类不去寻找新的生存星球,那么,必将或困死于地球,或被膨胀了的太阳所烤焦。茫茫太空是多么陌生,充满着未知数,但星际移民或许是人类持续生存的必由之路。其实,今日之人类已经在做太空探索,尽管显得是那么幼稚与力不从心。

人类从困境走进陌生领域时的心情是忐忑不安的,但当最终走出困境迈向胜利之时,人类的心情,如同黑暗中迷路的人,忽然见到一缕晨光一样,一定是欣喜的——这就是人类见之新奇事物会引发新奇美感的最终根源之所在。

但是,新奇事物不是人类天性诉求的。一切原始生命体都是保守的,它们乐意待在适应了的环境之中,并不愿意环境的改变。"新奇事物"既然不是人类诉求的,如何可言与诉求之相似美?

新奇美感,是通过曲折的途径与人类诉求相似的。

生命体不乐意环境的改变,但是,环境的改变与否,是由不得生命体的,是由宇宙的物质运动决定了的,总是会不断改变的,而致使人类必然会不断地陷入新的困境之中。与此相应，人类必然要去陌生领域诉求新的生机。新奇美感，就是通过这样的曲折，与人类诉求联系了起来。

引发新奇美感的陌生事物有三类：一是稀有，二是反常，三是奇异。

稀有之美：我的家乡，"苏州园林甲天下"。中国四大名园之一的留园，内有太湖石冠云峰，相传为宋代花石纲遗物。据历史记载，北宋之灭亡，与花石纲大有瓜葛。但此非美之罪，乃是宋徽宗"搜罗天下珍宝奇花异石以供其玩赏之贪欲"之罪。冠云峰集历史传奇与"瘦漏透皱"奇石之美于一身，而成稀有之奇美。

反常之美：早年笔者乘飞机去西安。在我的想当然中，飞机在空中是可以随便开的，不像汽车必须在马路上开。但到西安近郊上空时，前方空中"空空如也"，毫无"障碍"，不知何故，飞机却开始转弯。转弯时，机身有几十度角的倾斜。我正好坐在弦窗边，见大地像一堵墙壁一样在窗前竖立起来，随着飞机的晃动而晃动……心吊到了嗓子眼儿上，而眼睛却不肯放过平常绝不可能见到的如此奇特的风景——地面像一堵墙一样竖在眼前晃动！

小时候我是一个顽皮的孩子，老是要想出新花样来玩耍……一次弯腰将自己的头塞进裤裆中，倒着看出去，忽见平常的景象，变得十分新鲜，感到诧异，直起腰来再看，仍是平常的景象。连试几次，次次如此，心中惊奇，也很快乐。五十多年过去了，从来没有想起过此事。在思考此奇美感问题时，儿时的这个情景忽然冒了出来，对笔者显示出了它的美学意义：因为反常，显得陌生；因为陌生，触发了我的好奇之性，而生出新奇美感。

奇异之美：据史书记载，汉武帝为了获得汗血宝马，贸易不成，不惜发动战争，以夺取之。其中一个原因，据传就在于汗血宝马有一个奇异之处：日行千里之时，会冒出血汗。《红楼梦》黑山村庄头乌进孝交租单子："大鹿三十只，獐子五十只，狍子五十只，暹猪二十个，汤猪二十个，龙猪二十个，野猪二十个，家腊猪二十个……各色干菜一车……外门下孝敬哥姐儿顽意：

活鹿两对，活白兔四对，黑兔四对，活锦鸡两对，西洋鸭两对。"曹雪芹在此不惜笔墨，将单子开得十分冗长，读之却并不感到单调乏味，反感好玩儿有趣。原因何在？原因就在于这份单子对于常人而言，是十分奇异的。

五、崇高美族

崇高美属于社会美。崇高美可分"纯粹崇高美"与"混合崇高美"两类。

1. 纯粹崇高美

《论语·卫灵公第十五》："子曰：志士仁人，无求生以害仁，有杀生以成仁。"《孟子·告子章句上》："生亦我所欲也，义亦我所欲也，二者不可得兼，舍生而取义者也。"杀身成仁者，舍生取义者，此人格之崇高者也。

纯粹崇高美，与崇高者的体格之魁梧、力量之强弱这些生理因素无关，只与其行为有关。据《吴越春秋》卷四《阖闾内传》记载：春秋时期吴国人要离，生得身材瘦小，仅五尺余（折算现计量长度约1.5米），腰围一束，且形容丑陋。但因如其所言"……为了吴国的安宁，让百姓能安居乐业"刺杀了欲夺取王位的被誉为"吴国第一勇士"的庆忌，而被视为千古之义士。

是否成为崇高美，取决于两个因素，第一，符合"应是理念"；第二，"常人所不能为"，缺一不可。如果没有源于孔孟思想的舍生取义之理念，那么仅仅是舍身而已，不成为崇高美；如果人人都能舍生取义，就成为普通的道德行为，亦不成为崇高美。

纯粹崇高美的核心是：为大众利益做出常人所不能做出的付出甚至牺牲。

2. 混合崇高美

混合崇高美与人类的应是理念、思想与情感以及自然物体巨大的体积与力量有关。换言之，混合崇高美的对象不单纯与人类有关，也不单纯与自然物体有关，而是人类思想外化之物，如高大耸立的教堂；或是赋予人类情感的自然之物，如梅里雪山主峰卡瓦格博山，因其被赋予了佛教保护神的意义，所以在藏民眼中成为崇高的"神山"。换言之，如果不是人类思想情感的外化之物，再高大或者有力，可形成壮美，但不能成为崇高美。

混合崇高美又可分为庄严式混合崇高美与狞厉式混合崇高美两类。就笔者的审美体验而言，此两类崇高感中，除了一般的壮美感之外，还有一种被某种思想或情感"慑住"或者"逼迫"的感觉，使人不得不感到"庄重"或者"敬畏"或者两者兼而有之，而这种感觉，在我们所有的"高山仰止""望洋兴叹"或者其他的壮美体验中，是没有的。

庄严式混合崇高美与"体积"有关，狞厉式混合崇高美与"力量"有关。

庄严式混合崇高美：笔者印象最深刻的一次是：在青海游览清真寺，当我进入一座高广无比却又空空荡荡的礼拜堂被巨大的穹顶笼罩之时，顿时感觉自己十分渺小……由不得自己不肃穆起来。平时当我们气喘吁吁步入高山之巅之庙宇，走进大雄宝殿仰视巨大的释迦牟尼佛像时，也似有一种无形的力量，要将你推倒跪拜下去……

狞厉式混合崇高美：笔者首次游览苏州角直保圣寺时，跨入一大殿，被劈面而见的一墙壁的怪模怪样的、怒目圆睁的、张牙舞爪的、降龙伏虎式的泥塑罗汉所惊悚、所震撼，许久缓不过神来……后见介绍方知此壁罗汉乃是唐朝泥塑圣手杨惠之的杰作，弥足珍贵。事后当我试图在游记中写出那时的感受时，竟无法找到表达的语言。后偶然读到郭沫若先生的观后感，言出了我之欲言而不能言出者："保圣寺的罗汉塑像，筋骨见胸，脉络在手，尽管受着宗教题材的束缚，而现实感却以无限的迫力向人逼来，使人不能不感到一种崇高的美。"

而"以无限的迫力向人逼来"的，正是隐蔽在物化形态背后的人类思想与情感。而这些思想与情感，外化为具有巨大体积或强大力量之物象时，使与之相遇者感到自己的渺小与无能，而被其慑住与逼迫，崇高感由此油然而生……

第五章

美感之性

生命体内有一个庞大的"性系统"，处于幽深的潜意识领域之中，是今人本能之源。

性可分两大类："基因之性"与"习得之性"。

绝大部分"性"是由自然进化形成的可遗传的"基因之性"。基因之性，对于今人而言是得之于遗传的、先验的；对于人类祖先而言，是由经验积淀并由自然进化形成的。"基因之性"，人类个体是不可能全部获得的，各人所得基因之性，即使是同卵双胞胎，也总是有一定差异的。

自然美感之性属于"基因之性"，是性系统的一部分。

"习得之性"，亦是性系统的一个组成部分，但其是不能遗传的。社会美感之性，是"习得之性"的一部分。

自然美是由自然进化形成的以人类个体自身生理组织为载体的人类个体生存机制：美者诉求之。

社会美是由人类"应是理念"外化形成的以人类自身之外的物体为载体——如"文以载道"之文，如"克己复礼"之礼——的人类集体生存机制：德者遵行之。

一、美感之性内涵

有两类内涵不同的美感之性。第一类，具有美素与美知的美感之性，名之为"美素美感之性"，与之相应的是"优美""性感美""壮美""社会美"；第二类，不具有美素与美知的美感之性，名之为"衍生美感之性"，与之相应的是"凄美""奇美""谐趣美"与"音乐美"。

1. 美素美感之性

美素美感之性又可分为"基因美素美感之性"与"习惯美素美感之性"两类。前者的对象是优美、性感美、壮美，后者的对象是"社会美"。

"基因美素美感之性"由四要素组成，其中三个要素处于人体之内，它们是美素、美知与美感；另一个要素"美象"，则与人体之外的物象有关。

何谓美知？对美象的认知，谓之美知。

我们为什么能够见之美象？换言之，我们为什么能够认为这个物象是"美的"？根本就在于：我们的心中已经先验地储存着"美素"，也即"理想印象"。如果我们的心中不是先验地储存着"理想印象"，我们凭什么认为这个物象是"美的"呢？换言之，如果我们的心中不是先验地储存着"理想印象"，我们就没有依据认为这个物象是"美的"。

喻论之一：识字前的儿童，心中没有"美丽"笔画印象。此时，当儿童看到"美丽"字形时，他并不能认识这两个字是"美丽"。只有通过学习在心中建立了"美丽"字形的印象后，再见"美丽"字形时，与心中已经储存着的"美丽"字形印象进行比对后，见之两者相似时，才能认识这两个字形读作"美丽"。

喻论之二：我们拿到一个人的照片，是如何"认识"这个人是谁的？就因为在我们的心中有这个人的印象存在着。"认识过程"就是将眼前所见照片与心中的印象比对，两者相似的就是认识的。如果是非常熟悉的人，就会"一眼认出"此照片上的人是谁。这个"一眼认出"是不假思索的直觉。

"美素美感之性"发生过程与此同理：将所见物象与"理想印象"进行比对而"知"美与非美。这个比对过程，即"美知"的发生过程，处于潜意识领域，是自我不能感知的，是直觉的。

"美知"与"美感"是相耦关系：何谓"相耦关系"？前者必然导致后者发生，则前后两者谓之相耦关系。美知，即"直觉认识美象"这个生理活动的终点，也是美感这个生理活动发生的始点。

美知的终点与美感的始点是紧密相连的，没有间隔。从生理活动角度看，它们属于同一个不能由意志中断的生理活动过程。

美感有两个层面的内涵：第一个层面是生理层面的，是指由美知认识美象后由美象引发的快乐素的超常分泌；第二个层面是心理层面的，是指自我对"快乐素超常分泌"的感受。日常语境中的美感，即是指对"快乐素超常分泌的感受"。

"习惯美素美感之性"：对于"社会美"的感知能力，是后天习得的。有两个层次。第一层次是认知层次。何为"认知"？对"应是理念"的认识与接受，谓之"认知"。人们为什么认为"孝敬父母""孔融让梨"是美德？是因为人们认识与接受了孔子的孝悌思想。

第二层次是"性反应"层次。如在见到媒体报道的杭州"最美妈妈"事迹的人群中，一定有一些人，即刻被她的美德所感动。这个"即刻"之当时，一定没有任何的"理念""思想"参与其中，是不由自主的"性反应"。具有"习惯美素美感之性"者，是由那部分人的人生史态形成的，即在"家教""习俗""学校"等的美德教育下，形成了对"何为美德"的认知，进而将此"认知"转化为了"生理组织"。喻言之：我们生来不可能就会开汽车。但经过学习，有了如何开车的认知与实践，最终，当我们成为老司机后，那些开车动作已经生成了相应的生理组织——如某一部分的肌肉组织增多了——与机能，这些相应的生理组织与机能，使我们在正常状态下不再需要"想"就能做出必然如此的操作：如突然遇见什么障碍，就会本能做出避让或者刹车反应。社会美感之性的形成与反应，与此同理。

就目前而言，对绝大部分社会美德的感知，是"认知"反应。如：对于"廉洁""正直""勤劳""节俭"之美感。进化为"美感之性"层次的社会美是极少的。

2. 衍生美感之性

"衍生美感之性"的内涵中，没有"美素"，没有"美知"，其内涵也甚为复杂，且凄美之性、奇美之性、谐趣美之性、音乐美之性的内涵各不相同。

凄美之性核心内涵：由人类痛苦历史形成的处于潜意识中的"心结"或谓之"块垒"所积聚的定向能量的宣泄而获得的"松弛感""释然感"。

音乐美之性核心内涵：情感反应的生理节奏与音乐节奏的相似性。

奇美之性核心内涵：探索未知领域是人类摆脱生存困境的必由之路。

谐趣美之性核心内涵：由"期待"所积聚的定向能量的突然释放而导致的身心突然放松。

二、美感之性有无

随着时间的推移，社会美是否可以如自然美一样，全部进化形成"性反应"？倘若如此，社会将是多么美好啊！

从逻辑上说，既然有的人的社会美可以形成"性反应"，没有理由说其他人就不可以。既然其他人也可以，是否可以说社会美可以全部进化成"性反应"，进而形成遗传基因，一代一代遗传下去，让我们的后代从某一代开始，一出生就具有了勤劳的美德、节俭的美德、廉洁的美德、正直的美德……

笔者以为，近期内看不到会有这种可能性。在遥远的未来是否可能，则难以推定。这主要涉及人性中的"贪婪本性"与"自然进化原理"。要而言之，"美德"大都是对"贪婪本性"的压抑。只要贪婪本性存在着，如廉洁、正直之类社会美德，就难以形成"性反应"，因为"基因之性"的形成在人之贪婪本性未形成之前，是由人之天性诉求引导的；在人之贪婪本性形成之后，是由人之贪婪本性诉求引导的，所以，不可能形成与人之贪婪本性诉求引导相反之"基因之性"。从进化原理说，某些个人已经形成的性反应层次的社会美德，如廉洁奉公，要扩散为全人类人人具有的社会美德，由于人性中贪婪本性的反抗作用，至少目前来看，是不可能的。换言之，要形成这样的进化，首先要退化掉贪婪本性。贪婪本性形成的外因是人类历史上所经历的持续的周期性食物匮乏，也即"贫困"。那么，要退化掉"人类曾经有过的尾巴"一样退化掉"贪婪本性"，人类财富必须极大丰富且持久丰富到永远没有必要再贪婪的程度。即使如此，也还存在着一个只有上帝知道的问题：地球或者人类可能存在的时间长度，是否足够人类做这样美好的进化？

　　从目前社会美现状看，有的人形成了"性反应"层次的社会美德，如助人为乐者；有的人则没有，甚至在认识层次上，也不认同助人为乐是社会美德，而是沽名钓誉的手段。

　　且作为形成社会美源因的"应是理念"，不是普世的，不同时代不同民族有不同的应是理念，因此说，即使是认识层次的社会美也不是普世的。性反应层次的社会美，更不是普世的。

　　可以肯定地说，性反应层次的社会美，也即"社会美感之性"，对于今日之人类的绝大多数而言，是缺失的。

　　那么，已经进化成遗传基因的自然美感之性，是否人人具有？即没有人会缺失自然美感之性？

这个问题的回答需要分三个层次：

第一层次：从自然美感这个大类上说，是人人具有的，无人会缺失美感。换言之，一个人不可能一点美感也没有，至少对异性之美有着天生的感知能力。

第二层次：某些自然美感之性，是人人具有的，不可能缺失的，如对异性之美的感知能力，如对优美景色的感知能力。换言之，人类具有一些共同的美感之性。

第三层次：对于一个特定的人而言，可能缺失某一自然美感能力，如有人可以欣赏优美，而难以欣赏壮美中的狞厉美，或者凄美中的悲剧美。换言之，很少有人能够具有全部美感之性，也很少有人能够具有某类美感之性的全部美感之性：如有人能够欣赏"红杏枝头春意闹"这样的优美春色，而对苏轼半夜三更去承天寺与张怀民看"庭中藻影"，会感到莫名其妙，即其缺失同属于优美家族的"空灵美感之性"。

那么，社会美感，是否也可类似地分三个层次？回答是肯定的。

第一层次：今日之个人，不可能没有一点社会美感。原因在于社会美感实质上即是对源于"应是理念"的社会规则的认同感的接续反应。符合社会规则的，就认为是美的。今人总是生活于某一社会之中，不可能对任何社会规则都不认同。

第二层次：今人有共同的社会美感，且有建立更多"共同社会美感"的趋向。原因在于今日之人类除了可能存在的不为人知的原始部落之外，不再存在地理隔绝，也即是说，分布于世界各地的人群，不再是独立进化的单元，而是发生着相互的影响。这些相互影响的总趋势，是先进文化在全人类中的扩散……由此而形成一些普世理念。而由这些普世理念形成的社会美，则成为普世之社会美。在笔者看来，今日世界普世之"应是理念"，至少有"平等待人""乐善好施""尊老爱幼"……这些理念，可见之于孔孟之道，可见之于基督教，可见之于伊斯兰教，可见之于佛教。

第三层次：不同的个人，对社会美有不同的认知。原因在于：人生史态的不同。

人类个体在美感之性上的"有无"，以及三个层次的不同与差异，就是人类个体审美异同的总根源。

三、美感之性显隐

《儒林外史》第一回中，画家王冕家境贫寒，七岁丧父，母亲做些针线活，供他到学堂里去读了些书，大概读的都是"子曰……"之类的书，想必是没有上过美育课的。十岁弃学，给人放牛。书中有这样一段描写："那日，正是黄梅时候，天气烦躁。王冕放牛倦了，在绿草地上坐着。须臾，浓云密布，一阵大雨过了。那黑云边上，镶着白云，渐渐散去，透出一派日光来，照耀得满湖通红。湖边山上，青一块，紫一块。树枝上都像水过一番的，尤其绿得可爱。湖里有十来枝荷花，苞子上清水滴滴，荷叶上水珠滚来滚去。王冕看了一回，心里想道：古人说'人在图画中'其实不错！可惜我这里没有一个画工，把这荷花画它几枝，也觉有趣。又心里想道：天下哪有学不会的事？我何不自画它几枝？"王冕从未上过美育课，能对此"雨后荷塘景色"觉得如此之美，唯一的解释就是王冕具有得之于遗传的"美感之性"。

《儒林外史》中，对王冕的父亲以"七岁丧父"一笔带过，并无任何交代，想必在世时一定不是美学家之类的有名人物；其母亲是"做些针线活"的乡村妇女，不是美学家的身份是确定的。而王冕后来自学成才，画的"没骨花卉"名震朝野，连明朝开国皇帝朱元璋也要请他出去做官。

王冕"自学成才"，说明王冕具有画家的天分。那么，王冕的"天分"从何而来？不可能来自"隔壁的张木匠"，一定受之于父，或者受之于母。假设其父母两个人，都没有"某一美感之性"，那么，王冕就不可能有此"天分"。

既然王冕的"天分"必定是得之于父，或得之于母，那么，王冕的父或母一定是有此"天分"的。但是，《儒林外史》中并无对王冕的父母有"画画"天分的描写以及在画画一事上对王冕有何影响。王冕自学成为画家，唯一的解释是：王冕父母的天分处于"沉睡"状态，他们的人生史态没有将其唤醒而表现出来。而他们的儿子王冕，上了三年学堂，又买些了旧书，边放牛边看，"心下也着实明白了"，致使那日的"雨后荷塘景色"，唤醒了他的美感之性，且有了表现其所见之美的欲望与行为。

　　人体中具有的、未见表现的，处于沉睡状态的"遗传基因"，谓之"沉睡之性"，简言为"隐性"。

　　"隐性"之性，可以遗传，如王冕父母的美感之性遗传给了王冕。

　　"隐性"可以被唤醒，如王冕得之于父母的美感之性，在其读书之前，在其那天看见"雨后荷塘景色"之前，早已在其身体之中，只是处于沉睡状态。后因其读书之因素、见之"雨后荷塘景色"之因素，以及书中未写之其他因素，甚至某一偶然因素，而被唤醒。被唤醒之性，名之为"显性"。

　　"基因之性"所具有的"隐性"与"显性"两种状态，使原先令笔者困惑的、惊诧的，包括美学在内的一些人类现象，终于有了合理的解释。

　　我有一个远房亲戚，他的母亲有些"痴嗨嗨"的，他的父亲，也是一个再老实不过的农民，而他们的儿子却非常聪明，读到了博士，成为农业专家，令乡人惊讶不已，也羡慕不已。如果齐白石后来不成为画家，至多是一个能把家具打得很好的木匠，然而，一个毫无家学渊源的木匠，却成了一代宗师。北宋宫廷御用画师《林泉高致》的作者郭熙，其子郭思对其父成名于画，也颇诧异，说："噫！先子少从道家之学，吐故纳新，本游方外，家世无画学，盖天性得之，遂游艺于此，以成名焉。"①

---

　　① 选自《林泉高致》，［北宋］郭熙著，鲁博林编著，江苏凤凰出版社，2015.11，第1页。

行文至此，忽然想到了余秋雨先生的一篇散文《门孔》：当代著名电影导演谢晋，生出的三个孩子，不仅没有一人获得乃父的艺术细胞，其中还有两个孩子的脑子倒是有问题的，令人唏嘘不已！

综上所述，"基因之性"，包括"美感之性"，有"隐性"与"显性"两种状态。"隐性"状态可以解释为什么某一个毫无渊源的家族中，会突然冒出一个杰出的艺术家来；反之，大艺术家的后代却并没有什么艺术天赋。究其原因，除了因某种原因其后代没有得到父辈的美感之性遗传基因外，还有一个原因，且概率更大的可能原因是：其后代得到了遗传基因，但因某种因素，终身处于"隐性"状态。

第六章

美难言说

"美象"是难以言说的，"美感"是更难以言说的，"美素"则是难至无法言说的。

美难言说的原因有两个。

原因之一：在人类的语言库房中，所储存的表达美的语言量是贫乏的。而"美语贫乏"的原因有关"语言产生原理"。

原因之二：与言说者本身的人生史态与时态有关。

"美难言说"可分五大类。

一、五类难言

其一：无能力言说类。《巴黎圣母院》中的敲钟人阿西莫多，见到吊在广场示众的性感漂亮的吉卜赛女郎爱丝梅拉达，口齿不清地喊："美！美！美！"并为曝晒得口渴难忍的爱丝梅拉达送上一碗凉水。阿西莫多能见爱丝梅拉达之美，但其无法说出爱丝梅拉达"如何如何的美"，原因在于阿西莫多"胸无点墨"，无能力言说之。

其二：不足以言说类。《红楼梦》香菱学诗时说："……还有'渡头余落日，墟里上孤烟'：这'余'字和'上'字，难为他怎么想得出来！我们那年上京来，那日下晚便湾住船，岸上又没有人，只有几棵树，远远的几家人家做晚饭，那个烟竟是碧青，连云直上。谁知我昨日晚上读了这两句，倒像我又到了那个地方去了。"香菱不能说出王维能说出之景象，原因在于香菱之学识以及所掌握之语言与作诗的技巧，不足以言出眼前之美景。

其三：不甘于言说类。诗仙李白登临黄鹤楼，见眼前景色无限，诗兴勃发，欲题诗于白壁以做留念。抬头见有具名"崔颢"的诗在壁上，读之"绝妙"，不觉怅然若失……遂题两句"眼前有景道不得，崔颢题诗在上头"，掷笔而去。李白自然能够道出眼前之景色，不然如何配享"诗仙"之誉？然而已有前贤之诗在上头，于是不甘言说。至今黄鹤楼景区中建有李白"搁笔亭"，以附传说。

其四：无由言说类。陶渊明《饮酒·其五》："结庐在人境，而无车马喧。问君何能尔？心远地自偏。采菊东篱下，悠然见南山，山气日夕佳，飞鸟相与还。此中有真意，欲辨已忘言。"陶先生酒后于宅边东篱下散步，无意抬头见"南山"之美景而见之，却为何"欲辨已忘言"？并非是陶先生喝酒多了，喝糊涂了，原因在于，陶先生一时间沉醉于"物我两忘"之中，无由言说。

其五：无语言言说类。这是人人可有的审美经验——心中美感汹涌，但就是无法表达出来。

二、美与语言

为什么对心中的美往往无法表达？答曰：因为缺少表达美的语言。为什么会缺少表达美的语言？答曰：这涉及语言的产生原理、人类感受的差异性与美的"相似性"。

语言的产生及其对人类进化的影响，非属美学范畴。择其与美有关者，及必要言之者言之：何谓语言？对应于特定意义的特定声音，谓之语言。语言可分两类：自然语言与人然语言。

自然语言是由自然进化形成的，特定声音与特定意义的对应关系是固定不变的，且是全人类通用的。"笑"是自然语言，其与"开心""愉快""高兴"相对应。当我们登上高山之巅，见日出东海霞光万丈心中充满喜悦之时，我们脸部的肌肉会随之不由自主地活动。视其活动幅度所呈现出的面部形态，今人以"微笑""笑"或"大笑"名之。这是自然语言对所见美景的表达，尽管我们并不知道这是在表达。

人然语言是人为创造的。特定声音与特定意义之间的关系，是人为规定的。人然语言，仅仅是意义的符号。

人然语言的创造，最根本的一个前提是：有共同的生活经验。将某一共同的生活经验，在共同生活的群体中约定以某一声音表达之后，听者才能明白说者的意思。如老农说出"牛"这个声音时，我们知道他说的是什么东西，因为"牛"这个声音所指称的是什么"东西"，是祖先创造"牛"这个语言时约定了的。但是，人类生活是错综复杂、丰富多彩的，许多语言指称的并非像"牛"或者"羊"那样一目了然的单一存在，而是无形的存在，如人类心中的感受，且即使是同类感受还有许多细腻的差异。因此，人类心中许多感受，是无法通过约定某一特定声音指称的，也即是说，许多感受是没有与之对应的表达语言的。因此，我们心中的此类感受，是说不出来的……

"美感"与一般感受一样，即使是同类美感，也是因人而异，人类无法创造出表达全部美感的语言来。因此，当我们站在高山之巅，望见无限风光，美感涌动之时，却常常是"眼前有景道不得"，只能喊叫几声："啊！啊！啊！多美啊！……"

综上所述，美感的差异性，约定语言的困难，是"美语贫乏"的原因。

而言说"美"之困难的原因，除了有"美语贫乏"这个相同的原因外，还在于与人类诉求相似之美象，事实上并非"一物"，而是"一个视觉整体物象"，包括"背景"与"媒介"。保圣寺泥塑罗汉像，如果不紧挨在一起，且以那堵墙做背景；如果不在寺院大殿的封闭空间里，而是在旷野之中，那么，与之劈面相见，就不会感受其有"无限的迫力"。换言之，保圣寺罗汉之美，不全在于罗汉本身，还在于"那堵墙"，那个"大殿封闭的空间"，以及"罗汉与罗汉之间的那些紧凑的距离"。即使是"孤零零"的一瓶插花，或放在茶几上，或放在有画壁背景的茶几上，或隔着竹帘子看那瓶插花，或不隔帘子看那瓶插花，给人的美感都是有差异的。也就是说，那瓶插花之美，还与"画壁背景"与"竹帘子"等因素有关。

而语言的意义是约定的，也即是说语言所指称的对象是特定的。用"有特定对象的语言"描写"一个视觉整体物象"之美，其"言说"美的方法，只能是拼图式的：用"语言碎片"，拼出一幅"美的图画"来。如言"黄山之美"，必说"岩间之松"如何如何，"山谷云海"如何如何，"片石山峰"又如何如何……如此一番言说后，是否满意地描绘出了你心中的美象？以笔者经验而言，是难的！如同用碎瓷片拼接复原一个打碎了的青花瓷瓶，哪怕拼接得天衣无缝，也不能尽显其原貌与神韵。

"美素"则难至无以言说的原因在于：美素是抽象的，是无形的。无形之存在，如何言说之？如两千多年前老子所言之"道"，因其无形，几千年来无人能够说清，连老子本人也无法说清，只能王顾左右而言他：言之以"惚兮恍兮，其中有象"，言之以"恍兮惚兮，其中有物"。事实上等于没说。

三、美与比喻

由于美语贫乏，对于"美"的描写，往往借助于比喻。

我读高中时，正值"文革"时期，没有什么书可读。因此，写出的文章都是干巴巴的。某次学校布置写大批判文章，有一位同学忽然写出这样一句话来，使我大吃一惊，佩服至极，至今记得一字不差："眉如一抹青山，眼似一泓秋水。"以"一抹青山""一泓秋水"形容女子眉眼之美丽，诚如香菱学诗体会所言："……诗的好处，有口里说不出来的意思，想去却是逼真的。有似乎无理的，想去竟是有理有情的。"

为何能想去却是"逼真"的、"有理有情"的？是因为读诗者与作诗者有着类同的审美经验。如果我从没有见过雨后远处的"一抹青山"与山林中的"一泓秋水"，我就无法理解我同学不知从哪里抄来的以供他批判的这句话，也就无法感受其美。

但"比喻"往往是隔靴搔痒，用得不好，甚至尽失其"美"。《诗经·卫风·硕人》第二诗节对卫庄公所娶齐国美女庄姜的描写，本人真不敢恭维："手如柔荑，肤如凝脂，领如蝤蛴，齿如瓠犀，螓首蛾眉。"初读不知所云，见注解方知："柔荑"是茅草的嫩芽；"蝤蛴"是天牛的幼虫，其色白而长；"瓠犀"是葫芦瓜子，其子又白又长，排列整齐；"螓"是一种昆虫，类似夏蝉，其额部宽广方正。

用"白色的茅草嫩芽"与"葫芦瓜子"，比喻美女之"手指"与"牙齿"，还勉强说得过去；用"天牛幼虫"与"类似夏蝉的昆虫"，形容美女之"脖子"与"额头"，实在倒人胃口。好在有最后一句"巧笑倩兮，美目盼兮"，将美女之风采刻画了出来。

对"美"好的比喻，笔者以为，需要同时满足三个条件：

其一：用于比喻之物，要与被比喻之物具有某种相似性。如"一抹青山"与"眉毛"在长条形与青黛色上有相似性，"一泓秋水"与"眼睛"在清澈上有相似性。

其二：用来比喻美的事物本身，是美的。诚如朱光潜先生所言，"称赞一个美人，你说她像一朵鲜花，像一颗明星，像一只轻燕，你决不说她像一个布袋，像一条犀牛或是像一只癞蛤蟆。"[1]

其三：比喻美之事物是大众熟知的。我相信《诗经·卫风·硕人》的作者以"蝤蛴"与"螓"比喻美人的脖子与额头，做出这样的联想一定是出于他的生活经验，但其用于比喻则非是大众熟知的，即使此昆虫本身是美的，因读者不熟悉而茫然不知。

那么，究竟如何才算得上对"美"的好的表达？笔者以为，说者说时，本人如临其境，有美感生于心中；说者之说能使他人亦如临其境而亦有美感生于心中。如若，则不论用的是什么语言，都是对"美"之好的表达。诚如林黛玉论诗所言："……词句究竟还是末事，第一立意要紧。若意趣真了，连词句不用修饰，自是好的。"

---

[1] 选自《谈美》，朱光潜著，中国青年出版社，2011.10，第 50 页。

第七章

双美异彩

双美者，自然美与社会美也；异彩者，美之不同也。

苏轼《孙莘老求墨妙亭诗》："杜陵评书遗瘦硬，此论未公吾不平。短长肥瘦各有态，玉环飞燕谁敢憎。"苏轼以杨玉环有杨玉环之美，赵飞燕有赵飞燕之美，比喻王羲之、颜真卿等人的书法各不相同，各美其美。

自然美与社会美，亦同此理，如同"环肥燕瘦"，各有异彩。主要区别有：自然美源因的主体是人类个体，社会美源因的主体则是人类集体；美素与美象的先后次序相反；自然美与社会美产生的始点不同，前者远远早于后者；审美主体的感受不同，自然美有超常快乐素分泌，后者一般而言则无。

一、美素源因主体不同

一切"美"的最终之源因，都是人类之诉求。所不同的是，自然美的源因是人类个体之诉求；社会美的源因，是人类集体之诉求。换言之，自然美与社会美源因之主体是不同的。

自然美的源因，虽然是人类个体之诉求，实即亦是人类个体共同的诉求。何谓人类个体"共同的诉求"？其内涵是：人类个体 A 有诉求 A，个体 B 同样有诉求 A，个体 C 亦复如是……以至穷尽人类所有的个体，都有这个共同的诉求 A。如果不是人类个体有"共同的诉求"，就不会进化出共同的"美"，也就不会有共同的"美感"，也就不会有共同的"美象"可见之。个体特殊的诉求，可以形成个体特有的"美感"，而不会形成人类共同的美感。这是由进化原理决定的。但是，人类共同的"诉求 A"——如对生存竞争优势的诉求——主体，仍然是个体的，而不是集体的。

而社会美的源因是"应是理念"。"应是理念"的立足点，则不是个体的，而是集体的，其基本立足点是限制人类个体"非分"之诉求，平等对待人类集体共同之诉求。

限制人类个体"非分"之诉求，平等对待人类集体共同之诉求，是"应是理念"的"总理念"，也即是产生社会美的总源因。而某一个"应是理念"，就是产生某一个社会美的具体源因。

立足人类集体的"应是理念"虽然对个体"非分"诉求是压制的，但是，对于个体的"本分"诉求是保护的，这是"应是理念"可以被人类所有个体接受的前提。且"应是理念"对人类个体的诉求不全部是压抑的，有部分"应是理念"既适用于人类个体，又适用于人类集体。如对"强大"的诉求，对"坚强"的诉求。

保障个体生存竞争优势需要"强大"与"坚强"，保障集体生存竞争优势同样需要"强大"与"坚强"。因为，迄今为止，人类社会是有不同的利益集团的，如有不同的部落、不同的民族、不同的国家。当两个不同的利益集团对立竞争时，同一个利益集团相当于一个扩大了的个体。换言之，两个集团之间的竞争，相当于两个个人之间的竞争。个人与个人生存竞争时的诉求，同样会成为集体与集体生存竞争时的诉求，如上述对"强大"对"坚强"的诉求。

因此，有些诉求是人类个体与集体共同的诉求。如古希腊哲学家讨论的四种主要社会美德是：智慧、公正、勇敢和节制。其中，智慧与勇敢是个人与集体共同诉求的。因此，智慧与勇敢既是个人品德之美，也是社会提倡的社会美德。

归纳言之，自然美的源因主体是人类个体，社会美的源因主体是人类集体。亦有部分社会美的源因，是人类个体与集体共同的诉求。

二、美素生成始点不同

自然美诞生的始点远远早于社会美。

那么，自然美诞生的始点在何时？笔者以为，有一点可以肯定，最早照入人类心灵的第一缕美的阳光，远在人类诞生之前。换言之，当人类还与动物混杂在一起生活时，就已经产生。

何以见得？

这个问题的答案，不是在美学领域可以找到的，其隐藏在人类自然进化史的迷雾之中。

人类是由动物进化而成的。因此，今日之人类，与昔日之动物，仍然有着许多共同的情感，如对危险的恐惧、对异性的爱慕。美感是情感之一种。那么，人类与动物是否有共同的美感？如果能够做出肯定的回答，那么，以此可以旁证美感诞生的始点远在动物时代。

这是一个颇有争议的问题。泾渭分明地分为两派：一派认为动物是有美感的，另一派认为动物是无美感的。

"动物美感派"对动物美感现象有许多精彩的记录。

"据《灵长类》一书提供，科特兰德教授有一次发现，一只黑猩猩花了整整十五分钟时间坐在那里默默地观看日落，它望着天边变幻的色彩，直至天色发黑才离去。该书作者说：'一味认定只有人类才能崇拜和欣赏非洲黄昏的美景，就未免有点儿太武断了。'"①

更有进一步者，认为动物还有艺术创作的冲动。"戴蒙德·毛利斯在《艺术生物学》中就提出了这个问题，32 个非人类灵长类动物在囚禁状态下创作了一些绘画。其中有 23 只黑猩猩，2 只大猩猩、3 只猩猩以及 4 只卷尾猴。哪一个也没有受过特别的培训，只是给予它们必要的工具。……在被试对象中，两只黑猩猩是很高产的。'阿尔法'画了 200 多张画，而著名的'康戈'可称为猿猴中的毕加索，几乎画了 400 张。尽管它们画作的绝大多数是胡乱潦草的，但决非是随意而为。"②

笔者认同"动物美感派"的观点，尽管他们作为论据的"所见"大都是偶然现象而并不能令人完全信服。

笔者的根本论据是"相似美原理"：动物与人都是生命体的一种，都有诉求与诉求对象。人类可由"诉求与诉求对象"的相似性而产生美感，也有同样的理由可以认为动物亦能由此而产生美感。且人类是从动物中进化出来的，从现见动物有美感现象而推论人类的美感最早诞生于动物时代应是可信的。笔者甚至相信，纪录片《动物世界》中雄狮饱食之后，蹲于高冈之上，瞭望着它的领地上草丛间时隐时现的猎物……心中也可能有类似于牧民"风吹草低见牛羊"时的美感。

"动物美"现象，在"动物美感派"的论著中有许多精彩的描绘，无须我赘述，也不是我的主旨所在，我的主旨在于，借此论证自然美的始点远远早于社会美的诞生始点。

暂且假定自然美感诞生，最早始于那只"花了整整十五分钟时间坐在那

---

① 选自《从动物快感到人的美感》，刘晓纯著，山东文艺出版社，1988.10，第 72 页。
② 选自《社会生物学——新的综合》，[美] 威尔逊著，毛盛贤等译，北京理工大学出版社，2008.5，第 529-530 页。

里默默地观看日落"的非洲黑猩猩，但也不是说人类所有的自然美感都始于"那时"。笔者认为，人类的绝大部分自然美感，是在与狭鼻猴分道扬镳后独立向人类进化的过程中形成的。因此，在今日人类如此丰富的自然美感中，绝大部分美感是动物所没有的：一只老年猴子不会因见到一棵枯树而老泪纵横，也不会因见到一块太湖石而发生奇美感。在笔者的"人性"理论模型中，人类与狭鼻猴分道扬镳后独立进化至形成今日之人类之前，都归属于动物阶段，因此说，人类全部的自然美感，都是在"人类动物时代"就已经诞生了的。

社会美源于人类"应是理念"。笔者以为，"应是理念"的产生始点，距今不会超过两万年。因为"应是理念"的诞生，是人类脱离丛林法则的标志，也是今人诞生的标志。脱离丛林法则的必要前提是人类有了财富的积累，而人类有财富积累是从农牧业开始的。据考古资料，人类步入农牧业社会的时间，距今约一万年左右。因此说，自然美的始点早于，且远远早于社会美的始点。

三、美感有无与不同

一次游泰山观日出，住宿山顶。那天傍晚，当我离群独坐岩石，如几百万年前那只"花了整整十五分钟时间坐在那里默默地观看日落"的非洲黑猩猩一样，静静地看大红的夕阳落下远处的平原时，见四周的天际连绵不断地围着一堵高大的云墙，无比壮观；云墙的顶端竟然没有一点高低，像真的围墙一样平齐，十分奇异；夕阳无声无息地落下云墙去，暮霭四起，即将悄无声息地使一切陷入黑夜里去，坐在由云墙围成的"木桶"中间的我，竟又有一种莫名的宁静的伤感；夕阳落下云墙去了，射透了云墙，使云墙变成了锦绣般的美丽帷幄了。静坐泰山之坡，在见夕阳西下的这个过程中所产生的"壮美感""奇美感""凄美感""优美感"，去今已近二十多年了，却仍然历历在目，令人回味。

那么，当我们与纯粹的社会美相见相闻时，是否会产生类似于自然美感那样的快乐素的超常分泌？一般而言，答案是否定的。杭州救人之"最美妈妈"，闻之可以令人感动，但不会引发快乐素的超常分泌；《庄子·盗跖》"尾生与女子期于梁下，女子不来，水至不去，抱梁柱而死"，我们可能被尾生的守信而感动，但不会因尾生守信之美德而生快乐。

由此可见，上述例子中的自然美有美感发生，上述例子中的社会美则无美感发生。

为什么上述自然美感可以引发快乐素的超常分泌，而上述社会美感不能？这涉及之所以"自然美感之性"会引发快乐素超常分泌的产生原因。简言之，快乐素的分泌是生命体的生存机制之一，它激励生命体去追求引发美感的对象。因为引发美感的对象，是有利于生存的。

但是，社会美感的形成源因是"应是理念"。而"应是理念"的立足点是人类集体，而非人类个体。因此，对人类集体生存有利的，不一定是对个体生存有利的，且以人类个体贪婪本性视之，大部分"应是理念"是对个体生存有碍的。因为所谓"美德"，绝大部分是对个体贪婪本性诉求的压抑。因此，出于人类个体贪婪本性反应，是会抵制"应是理念"的。由于个体贪婪本性反应的抵制，自然不会有快乐素的超常分泌。且不仅不会有快乐素的超常分泌，相反地，有时还会有痛苦素的超常分泌。这在现实生活中，可以说每一个人都有这样的体验：因种种原因，虽然做着道德的事情，但内心是不愿意的，甚至是痛苦的。

痛苦素的超常分泌同样亦是生命体的生存机制之一，促使生命体去躲避引发痛苦素超常分泌的对象。

那么，是否可以说，在人类个体中，社会美感一定不会有快乐素的超常分泌？

答案也是否定的。当对社会美的认知转化成"习惯美感之性"后，有可能会进一步引起其他生理组织与生理活动状态的相应改变，而引发快乐素的超常分泌。世有助人为乐者，即有从帮助他人中获得快乐的人，即是明证。

社会美感与自然美感虽然都是快乐素的超常分泌，但两者是不同的。一般而言，如果两者的美感都以"令人陶醉"的"酒"来形容的话，那么，自然美感是年份更长更令人陶醉的陈酿美酒。

说"社会美感一般不会有快乐素的超常分泌"，是指社会美感之常态。何谓社会美感之常态，是指在全部社会美感总量中，无快乐素超常分泌的数量占绝大多数。

四、自然美与社会美相得益彰

在我们日常的审美经验中，有社会美感与自然美感相得益彰的复合美感。读陆游《示儿》诗："死去元知万事空，但悲不见九州同。王师北定中原日，家祭无忘告乃翁。"我们一面被陆游至死不忘"北定中原"的强烈深挚的爱国情怀所感动，一面又有归属于自然美的悲壮感。

其实，此悲壮感并非因陆游强烈的爱国情怀所引发，而是由"壮志未酬身先死"引发的。

再如，我们如果与"杭州最美妈妈"相见而生美感，不会是因其救人之美德而生，而是为其美貌而生。当然，其令人感动的美德会使其显得更美。但是，使其显得更美的不是她的美德，而是我们的审美"目光"。此与"情人眼里出西施"同理。

那么，为什么社会美感与自然美感能够相得益彰？这是因为许多社会美，往往附丽于自然美，即借助于自然物象与社会美两者之间的某种相似性来表现社会美。

"岁寒然后知松柏之后凋""莲花出淤泥而不染"，即是以自然美表达社会美之例。当以自然物象表达美德时，即是传统美学中所谓之"比德"。"比德"于屈原《楚辞》中可谓"俯拾皆是"，诚如汉代王逸《离骚经序》言："《离骚》之文，依《诗》取兴，引类譬喻。故善鸟香草，以配忠贞；恶禽臭物，以比谗佞；灵修美人，以媲于君；宓妃佚女，以譬贤臣，虬龙鸾凤，以托君子；飘风云霓，以为小人。"

但是，并非全部"比德"之物都具有自然美，原因有三。

原因之一：比德之自然物，未有物象可见。《孔子集语》中子贡问曰："君子见大水必观焉，何也？"孔子曰："夫水者，君子比德焉。遍予而无私，似德；所及者生，似仁；其流卑下，句倨皆循其理，似义……"孔子以其认识中的"水的几个性质"与"德""仁""义"的相似性，而如此"比德"，但不能使人生出美感。因为在孔子所言的这段话中，说的都是人类认识中的水的某些性质，如"遍予"，如"所及者生"，如"卑下"，如"句倨皆循其理"，这些孔子认识中的"水的性质"均无物象可见。无物象可见，就无以见之相似性；无以见之相似性，就无以见之"相似美"而生自然美感。

原因之二：出于个人独特经验的"比德"，别人难以理解。骆宾王《在狱咏蝉》"……露重飞难进，风多响易沉。无人信高洁，谁为表予心。"在笔者看来，以"蝉之居高树饮洁露"喻"人品之高洁"，有些不着边际，见之"蝉"也无以生出自然美感。伟大如屈原之《橘颂》，以橘树喻人"独立不迁""秉德无私""行比伯夷"之美德，亦有牵强附会之病。骆宾王之《狱中咏蝉》为何以"蝉"喻高洁，这可能与其所处生境有关：他于狱中无由见之莲花，而可能因听见蝉声而感发；南方多橘树，橘树亦冬季不凋，屈原以橘树喻人之某些"品德"亦可。但这些都是"个人的独特感受"。个人的独特感受只有与大众感受相契合时，才能引发大众的美感。

原因之三：被誉为社会美的载体本身无以见之美，甚至见之于丑。《庄子·德充符》中赞美的六位形体残缺的道德者，有失去一足的，有瘸腿、驼背、缺唇集于一身的，有脖子上长着一个像瓮盎一样大的囊状肿瘤的……谁能见此六位道德者而会心生美感？反会使人很倒胃口。

因此，好的"比德"，必须同时具有两个相似性：在用于比德的自然物象上，可见之与人类诉求的相似性，如在"莲花"可见之于"优美"，同时其"出淤泥而不染"的形象，可见之与"洁身自好"理念的相似性。

同时具有两个相似性之时，即是自然美与社会美相得益彰之时。由此，既能给人以思想启迪或道德教化，又能给人以审美享受。

五、美素美象次序不同与意义

自然美素是经人类经验印象形成的，具体的经验印象在先，抽象的理想印象在后。也就是说：进化形成美素的人类先祖是在生活实践中先见到了种种具体美象，才在心中形成抽象理想印象的。

社会美素则与之相反。"应是理念"是一个观念，此观念实即是一个抽象理想印象。也就是说，社会美的产生途径是：先经思想生成一个应是理念，也即理想印象，然后才见之与此理念印象相似之人事，而再形成社会美的经验印象。换言之，社会美的抽象理想印象在先，具体的经验印象在后。

从现象上看，美素与美象仅仅是次序相反，而对于人类生活的意义则有着本质的区别。这种区别主要体现在两个方面：

其一，在人类改造世界与塑造人与社会意义上的不同。

自然美素的生成是被动的，是人类在适应客观世界中生成的。自然美素生成之后，才成为人类改造世界的蓝本——人类以审美的目光，改造美化生存环境。

但这种审美目光，从本源上说，不是人类意志的产物，是由客观世界规定的——人类宜居的优美环境，是由自然进化形成的人类意志不可改变的包括人类生存方式在内的需求决定的。生命体生存方式不同，则与之相应的宜居环境不同。

"有一种干燥的线虫，能在零下273度的超低温条件下生存（它还能忍耐足可以使180人致死的强X射线的轰击）。与此相反，有一种生长在热辐射矿泉水里的鞭毛虫，却能忍耐沸水的高温。高寒使前者快适而使后者不快，高温使后者快适而使前者不快。……所有的文昌鱼都无例外地在浅海、细沙中最感快适；所有的陆地蚯蚓都无例外地反感阳光曝晒；所有的草履虫都厌盐而喜弱酸；蚂蟥喜欢吸血，而它的祖先蚯蚓却喜欢吃土。"①

我小时候常常去翻乱石板玩耍。石板一翻开，见原来潜伏在石板下面的虫子们，被突然暴露于光天化日之下的那种惊慌失措的样子，十分开心。对于我们人类而言，宜居环境中有阳光是必须的，而对于那些夜生活中的虫子而言，黑暗才是它们诉求的宜居环境。

由此可见，人类宜居环境是由自然进化规定了的。因此，人类改造世界看似是出于人类意志的活动，但事实上仍然是在按自然所规定了的被人类实践所认识了的并在心中形成了"宜居理想印象"的那个样子改造的。

而社会美素是主动生成的：随着人类理性与人类社会的发展，人类的先哲们对"人与人之间应该如何相处？人类社会形态应该如何"有了思考，并形成了一系列的思想，其中有些思想形成了对"人与人类社会应该如何的设想"，这些"设想"就是"理想"，就是"应是理念"。有些与"应是理念"相符的人事现象，在"应是理念"出现之前已经存在，如同情，如爱幼，或在一定程度上已经存在，如敬老。但是，绝大部分今日所见之与"应是理念"相符的人事，也即社会美德，是在"应是理念"出现之后才被塑造出来的。

---

① 选自《从动物快感到人的美感》，刘骁纯著，山东文艺出版社，1988.10，第42-43页。

换言之，自然进化并没有规定我们人类应该成为怎样的人，也没有规定我们人类社会应该是怎样的，今天的人与社会形态在很大程度上是由我们人类按包括社会美素在内的思想观念塑造出来的。

其二，在审美意义上的不同。进化出美的人类始祖与我们今人之所以能够感知自然美的原因是根本不同的。

以优美感例言之：对于美的始祖而言，是于物象上见之经验中的"宜居环境"而感知其美。经过自然进化，无数次的经验中的"宜居环境"形成了"理想宜居环境印象"，并内化成为基因之性遗传给了今人之我们。因此，对于我们而言，包含着"理想宜居环境印象"的美感之性先验地存在于人体之中。由此，而使今人与进化出美素的始祖感知美的原因有着根本不同，产生美的始祖之所以能够感知美是经验的，今人之我们之所以能够感知美则是先验的。

而对社会美的感知能力，一律都是后天培育而成。即使是对在"应是理念"产生之前就存在着的如同情美德的感知，也是后天培育而成的。因为如果没有"人要有同情心"这个应是理念，就不会有"同情是社会美德"的那种感知。

第八章

悲剧美感

悲剧美感从属于凄美感。那么，为何要在此独立成章专论悲剧美感？因为自柏拉图以降，对悲剧美感的研究，成为西方美学中的一个重要课题。在笔者看来，这些研究，注意力大都集中于对观看"悲剧"为何会产生"快感"原因的探索。

人间悲剧，人人唯恐避之不及，但"悲剧快感"却是人人可有的审美经验，且快感的程度与悲剧之悲情程度成正比：悲剧越是悲，眼泪流得越多，快感越是强烈。"血和泪往往能给我们比欢笑更甜美的滋味。"①

挑明了这个意思，常常使人有一种难以启齿的道德负罪感：从别人的悲剧中获得快感，应该是不道德的。但是，这个"悲剧快感"是真实存在的，且是不由自主、不可遏止的。

西哲们对"悲剧快感"的原因分析，形成了许多理论。但是众说纷纭，莫衷一是。笔者以为，这些理论均未触及组成悲剧美感的核心情感"凄美感"，以及特有情感"生理快感"，因此说，西哲诸论所言之原因，都是隔靴搔痒的。

---

① 选自《文艺心理学》，朱光潜著，安徽教育出版社，2006，第222页。

一、西哲诸论

朱光潜先生在《悲剧心理学——各种悲剧快感理论的批判研究》中，梳理了自柏拉图以降的悲剧快感理论。

柏拉图派的法国批评家法格与"人性恶"联系起来，认为悲剧快感是一种幸灾乐祸恶意的满足。例证有罗马人的"人兽斗"、西班牙的"斗牛"。而令我印象最深的是这样一句话："淘气的儿童喜欢看别在针尖上的蝴蝶无力挣扎的那样子。"①

我读初一时，正值"文革"期间，有过一次独特的经历，与同伴赶了几里路，去一个名叫横山的荒山坡上围观枪毙人：人们围着以五个被枪毙者为圆心的一个圈子，涌来涌去，亢奋不已……最后却枪毙了四个人，其中一个没枪毙，说是"陪枪毙的"……此情此景，至今仍然历历在目。还有历历在目的，是我老师的一双眼睛。我的老师自然是不会去枪毙现场围观的，但我回来后听我讲述时，老师那双眼神放出了异常的光亮，还有对细节询问时的压抑不住的兴奋。

英国学者伯克则与"人性善"联系起来，认为悲剧快感源于同情心，他反驳法格说："不，恰恰相反，在悲剧中揭示出来的正是人类高尚精神。人在观看痛苦中获得快感，是因为他同情受苦的人。"②

亚里士多德认为，悲剧快感在于"怜悯与恐惧"对情绪的"净化"。

黑格尔则认为，最典型的悲剧是"以理想冲突为中心"的悲剧，悲剧快感源于"永恒公理"的终归胜利。其最推崇的悲剧是《安提戈涅》。不与黑

---

① 选自《悲剧心理学——各种悲剧快感理论的批判研究》，朱光潜著，人民文学出版社，1983.2，第44页。

② 同上，第53页。

格尔先生讨论"永恒公理"是否会终归胜利，以及如何认定终归胜利的问题。"永恒公理"胜利时能给人带来快慰，却是肯定的：当哈姆雷特在毒发身亡前，使尽最后的一点力气，用手中的毒剑击中杀父仇人克劳斯迪时，我们那一直被浓重悲情笼罩的心中，终于射入了令人畅快的一线光亮。但悲剧快感，不是由"永恒公理"的胜利引发的。

叔本华是厌世主义者，认为毁灭生存意志是人生苦难的最终解脱，生不过是死的准备，而死却胜于生："如果你敲开墓门问死人是否愿意再生，他一定向你摇头。"[①]因此，叔本华认为，悲剧中的死亡是快感的根源。这是常人难以理解的思想，动过自杀念头的人可能会有此体会；曾见资料介绍，有过濒死经验的人言其灵魂浮于空中，看着自己的躯壳，心中异常地轻松。

精神病医师、精神分析派创始人弗洛伊德，其以治疗精神病的"发散治疗法"解释悲剧快感：因受压抑而郁积于潜意识中的"情结能量"获得发泄，是产生悲剧快感的原因。

休谟则归结为辞藻富丽音调和谐之"雄辩说"。

其他还有"解闷说"；还有很奇葩很有趣的比喻，将悲剧快感的获得比喻为"搔痒"，太重则生痛感，稍轻缓些则生快感。决定搔痒轻重的则是对"舞台悲剧非生活真实"的认识。

朱先生最后认为：悲剧何以发生快感？以上所言都有一定道理，但以英国心理学家布洛的"心理距离说"最为圆满。

二、隔靴搔痒

以上西哲诸论，自有它们各自的道理与价值，但相对于悲剧快感产生之

---

① 选自《文艺心理学》，朱光潜著，安徽教育出版社，2006，第231页。

真正原因，均是隔靴搔痒之说。

说它们各自有各自的道理与价值，是因为这些理论所言的"恶意满足感""同情心""怜悯心""恐惧感""解脱感"等，在观看悲剧时，有的是必然会发生的，有的是可能会发生的。

说它们隔靴搔痒，是因为这些"情感"与"诸说"，都不是悲剧快感，也不是引发悲剧快感的真正原因。

以下逐一论之：

恶意满足感，是否是快感？回答是肯定的。当我们幸灾乐祸之时，自然是畅快的。鲁迅《风波》中有如此描写："……赵七爷的这件竹布长衫，轻易是不常穿的，三年以来，只穿过两次：一次是和他怄气的麻子阿四病了的时候，一次是曾经砸烂他酒店的鲁大爷死了的时候；现在是第三次了，这一定又是于他有庆，于他的仇家有殃了。"赵七爷穿竹布长衫时是什么心情，鲁迅没有说破，但我们知道赵七爷此时的心情是愉快的。

那么，这种幸灾乐祸式的快感，是否等同于悲剧快感？回答是否定的。虽然观看悲剧时，有观众对剧中的反角人物出洋相时，或受到惩罚时，会产生幸灾乐祸感，但是，这种幸灾乐祸感非为观看悲剧所特有，在任何场景都可以发生。且不特是对反面人物会产生幸灾乐祸感，对正面人物，特别是对大人物的出洋相，更会引得常人开心。因此说，观看悲剧时虽然会有观众发生幸灾乐祸的快感，但此不是悲剧快感。

同情与怜悯心，是否是快感？肯定不是。只要想一想就知道，同情心怜悯心与快感是根本不同的两种情感。既然同情心与怜悯心不是快感，自然就成不了悲剧快感。

恐惧感呢？说恐惧感就是快感，谁也不信。但恐惧感与快感确有联系。笔者小时候夏夜乘凉时，听大人讲鬼故事，听着害怕，心里却是异常快乐的。有一次深夜读到福尔摩斯侦探小说中的一个情节：黑夜里，回头见窗户玻璃上贴着一张因贴得很紧而扭曲的脸……禁不住回头去看自家黑乎乎的窗户，心中既害怕，却又是快乐的。读恐怖小说时那种由恐惧感带来的快感，与读《哈姆雷特》时的那种悲剧快感，有相同之处，但又有不同之处。

濒死经验是否有？肯定有。何以见得？从逻辑上说，只要是死去后又活过来的人，肯定是有的。我的外婆活到九十多岁，六十多岁时曾经病倒在床上死过去几天，后来醒过来了。她告诉我们说，她看见前面有一条很深很黑的沟，刚要想跨过去，不知被谁拉了一把，就回了头，惊醒了。至于濒死经验中是否有如有人说的"灵魂浮在空中，异常轻松地看着自己的躯壳"那样的快感，那是很可疑的。至少说，在我亲耳听到的外婆所言的濒死经验中，并没有听她说她是愉快的。但我相信自杀者在想到自己将要脱离苦海之际，会有一丝行将解脱的轻松感，这是我曾经有过的亲身体验：在我犯有严重的焦虑症期间，几次痛不欲生，就有过这样常人难以会有的体验。但是，这种自杀前曾经有过的解脱感，与我观看《哈姆雷特》的悲剧快感，是根本不同的两类情感。

以上西哲所言的这些情感，均不同于悲剧快感，也均不是悲剧快感的产生原因。那么西哲们的"发泄说""雄辩说""解闷说""搔痒说""心理距离说"，是否是悲剧快感的引发原因？答案同样是否定的。

弗洛伊德的"发泄说"是产生凄美感的因素之一，由于郁积于胸中的"情结"获得释放，也即发泄，形成快感，但它不是悲剧快感，如同魏晋名士"借他人之酒杯，浇胸中之块垒"所获得的快感不是悲剧快感，是一样的道理。

休谟之"雄辩说"所言之快感，确是快感，但不是悲剧快感。因为我们读到不是悲剧台词中的雄辩，同样可以引起我们的快感。行文至此，忽然想起了梁启超的《少年中国说》，具体内容已经基本上忘得一干二净了，但所读当时被文章之排山倒海式的雄辩所引发的"快哉！快哉！"感，至今不忘。

"解闷说"所言之快感，是由于悲剧情节大不同于我们平凡的日常生活而引发的新奇感。这种由新奇感给我们带来的兴奋、快乐，在我们闷闷不乐之时，去看一场喜剧，听一场相声，或者去看一场杂技、一场魔术，同样可以解闷，且比看悲剧更可以解闷。因此说，看悲剧而解闷而获得的快感，不是悲剧快感。

"搔痒说"与"心理距离说"说法不一，内涵类同，都是指由于观众知道"悲剧中的悲惨事实"与自己没有关系，所以可超然于外，处于审美状态，使痛感转化为快感。如果观众本身是悲剧中的角色，正在经历其中的人间惨剧，是不可能将痛感转化为快感的。但不能就此认为心理距离是悲剧快感的产生原因。心理距离仅仅是悲剧快感产生的前提条件，而非其原因。

三、悲剧快感

《老子》有言："天地不仁，以万物为刍狗。"无知无觉的宇宙独自运行着，并不会顾及人类的死活，尽管人类是它演化出来的，它对什么都没有"爱心"，它不会因为某处土地上面有村庄，而不发生陷落式地震；也不会因为旁边有着意大利庞贝城而不爆发火山将其毁灭。此类悲剧笔者谓之"自然悲剧"。当我们面对这些悲剧遗址时，会对不幸的遇难者生出同情与怜悯，或者想象到那时的惨状而恐惧战栗。但是，决不会发生观看舞台悲剧时那样的快感。2000 年我去九寨沟旅游，途经岷江上的一个海子时，听到导游介绍说这个海子是由地震形成的，海子底下埋葬着一个村庄，那时的情感只有同情与怜悯，根本没有发生什么快感。

《上邪》诗："我欲与君相知，长命无绝衰。山无陵，江水为竭。冬雷震震，夏雨雪。天地合，乃敢与君绝。"爱情是被人类认为最神圣的情感，特别是与金钱地位无关的纯粹爱情。生不同衾死同穴，化作蝴蝶比翼飞。

在我的审美经验中，观看被誉为中国的"罗密欧与朱丽叶"的悲剧《梁山伯与祝英台》时，有抹不开去的浓郁的凄美感，但少有西方美学中所言的那种快感。听到林黛玉临终前的那一声"宝玉，你……"时，亦复如是；看《窦娥冤》《汉宫秋》《长生殿》时，亦复如是……

那么，同样是悲剧，为什么有的悲剧除了凄美感外，还会有快感，有的则没有？西哲所言的悲剧，显然是指能够引起快感的悲剧。

既然同是悲剧，有的悲剧能引发快感，有的则不能，那么，引发快感产生的因素，一定不仅仅是悲剧这一个因素，一定还有其他因素在。

这个"其他因素"是什么？笔者认为，是"悲剧情节"。

引发快感产生的悲剧情节，一定有三个特点：一、十分悲惨；二、异常离奇；三、扣人心弦。此三个特点，可见之古希腊悲剧最高成就的代表作之一《俄狄浦斯王》：俄狄浦斯追查杀害前王凶手……悬念迭起，扣人心弦，一步一步将戏剧冲突推向惊心动魄的结局：……忒拜王俄狄浦斯竭力躲避杀父娶母的命运；反因躲避而杀父娶母；知真相后其母上吊自杀；俄狄浦斯王刺瞎了自己的双眼，离开忒拜王国流放……

那么，悲剧情节的这三个特点，为什么会使我们产生"快感"？

这是因为：情节十分悲惨，使我们担忧恐惧；情节异常离奇，使我们惊讶好奇；情节扣人心弦，使我们神经紧张。

那么，恐惧、惊奇、扣人心弦，为什么会使我们产生快感？这个问题的答案，不是在悲剧之中可以找到的，而是要从生命体所具有的最原始情感及其产生的原因说起……

简要言之，生命体内的能量有两种状态："平衡"状态与"不平衡"状态。与此状态对应的感受是舒适与不舒适，与此感受对应的情感是快乐与痛苦。

快感是快乐感的一种。快感产生的最终之本源是生命体内能量的平衡。

换言之，只要使生命体内的能量获得平衡，就会产生快感。如我们体内精力过剩时，需要通过消耗获得平衡。如果不去消耗过剩的能量，我们就会感到不舒适，产生莫名的烦躁，或者无聊情绪……此时，如果我们去打一场篮球赛，出一身臭汗，就会感到浑身畅快。且比赛中对抗越是激烈，越是畅快得酣畅淋漓。

令人恐惧、惊奇，特别是扣人心弦的悲剧情节，使观众心理紧张，与之发生相应的无意识的生理抵抗活动，如不由自主地捏紧拳头，呼吸急促，心跳加速，肾脏腺素上升……如体育活动一样消耗着体能，并且悲剧情节越是跌宕起伏，扣人心弦，能量消耗越大。

体育活动与观看悲剧有一个共同的前提，那就是人体内必有可供他们做休闲活动的多余能量。一个疲惫不堪的人，不会有打一场篮球赛的兴致；如果被朋友拉去看一场演出，也会在剧场中呼呼大睡，即使演员的精彩台词或者大声惊呼会使他睁开一下眼睛，仍然会抵不住疲惫的侵袭而再次睡去。

体育活动后的畅快，是由能量消耗对多余能量的平衡引发的，"观看悲剧时的快感"，与此同理。因此说，从能量消耗角度说，体育活动的能量消耗与观看悲剧的能量消耗，在本质上是相同的。由此也可以说，体育活动后的畅快，与"观看悲剧后的快感"，本质上也是相同的。因此，我们不必有负罪感，因为观看悲剧时的快感，不是由恶意的满足引发的心理快感，而是由能量消耗引发的生理性快感。

那么，悲剧快感，是否就等同于体育运动后的生理性快感？回答是否定的。因为观看悲剧时，还有许多其他的情感会同时发生，如同情心、凄美感，甚至幸灾乐祸感……这些情感与生理性快感的叠加，才是完整的悲剧快感。

也就是说，悲剧快感是一种混合型快感。但是，在这种混合型快感中，由恐惧、惊奇、紧张导致的体能消耗引发的生理性快感，是核心情感。何谓核心情感？假设：情感 A 存在，则混合情感 B 存在；情感 A 不存在，则混合情感 B 就不存在。那么，情感 A 就是混合情感 B 中的核心情感。

在悲剧快感中，情感 A 就是观看悲剧时 由能量消耗引发的生理性快感，混合情感 B 就是悲剧快感。如果情感 A 不存在，那么混合情感 B 就不存在。但是并非说混合情感中的"同情心""凄美感""惊奇感""甚至幸灾乐祸感"不会发生，而是说这些情感因生理性快感的不存在，而不再是悲剧快感的组成因素。这些情感本身还是可能会发生的。

为了加深对"生理性快感不同于悲剧快感，但生理性快感是悲剧快感的核心情感"的形象性认识，在此做"一雅一俗"两个比喻。

一个"俗"的比喻：自慰和与爱人做爱，对于精液的消耗是同一的，但是，与爱人做爱时的快感，肯定有异于自慰时的快感，因为，与爱人做爱的快感，不纯粹仅是射精时获得的生理性快感，还有爱情的叠加。但是，在做爱快感中，精液消耗引起的生理性快感，是核心快感。没有这个快感，尽管你完全可以与爱人耳鬓厮磨表达柔情蜜意，但不会产生做爱高潮时那种令人销魂的快感。

一个"雅"的比喻：穿婚纱前一刻的姑娘，与穿婚纱后一刻的姑娘，在生理层面上说，是完全相同的一位姑娘。但是，前一刻还是一位"姑娘"，后一刻因为披上了美丽的婚纱，已经成为了"新娘"。即"姑娘"与"婚纱"组合形成了"新娘"。但在这个组合中，姑娘是核心，没有姑娘，有再多的婚纱也组成不了"新娘"。

综上所言，一言以蔽之，西哲所言的所有悲剧理论，都没有揭示出悲剧快感的真正原因：悲剧快感是由能量消耗导致的生理性快感与其他情感形成的混合情感。

四、悲剧美感

那么，悲剧快感是否就是悲剧美感呢？回答是否定的。悲剧美感是一种更为复杂的混合情感。

观看悲剧时，西哲所言的"恶意满足感""同情心""怜悯心""恐惧感""新奇感""雄辩感""快感"都可能发生。但是，一般而言，除了像《俄狄浦斯王》这样少数杰出的悲剧外，观看一部悲剧时，这些情感并不会全部发生。

读《孔雀东南飞》时，对才貌双全的刘兰芝与庐江小吏焦仲卿的爱情悲剧深感同情，但并没有恐惧感，也没有幸灾乐祸感，也没有由扣人心弦情节导致的那种"快感"；读《窦娥冤》时，同情于窦娥的抱冤屈死，惊异于六月的满天飞雪……但也没有由扣人心弦情节导致的那种快感；观《梁山伯与祝英台》时，亦复如是。

以上举例的用意何在？用意在于说明，西哲所言的那种快感，并不是所有悲剧都会发生的。换言之，那种快感，不是形成悲剧美感的必要成分。从上述举例可见，没有那种"快感"，同样可以是"悲剧"。

但是，有一种情感是悲剧美感所必须具有的，也即是说，这一种情感是悲剧美感的核心情感。如果没有这一种核心情感，那么就不成为悲剧美感。

这一种核心情感是否是同情心？回答是否定的：因为同情心虽然是观看任何悲剧必然会发生的，但同情心仅仅是悲剧美感的必然成分，并非是因为同情心而形成悲剧美感的。如同我们每一个人必然有一个肚脐眼，但并不是那个肚脐眼使我们成为人的。

那么是否是"悲剧快感"？回答更是否定的。如上所述，悲剧快感不是观看每一部悲剧都会发生的。既然不是观看每一部悲剧都会发生的，自然就成不了悲剧美感的核心情感。

而这一形成悲剧美感的核心情感，在朱光潜先生《悲剧心理学——各种悲剧快感理论的批判研究》一书中所梳理的西哲们所有的悲剧理论中，恰恰没有提到过。这一核心情感，就是笔者所言之"凄美感"。

"凄美感"是悲剧美感中的核心情感：人们通过观看悲剧使潜意识中的郁结于胸中的块垒获得了宣泄而形成凄美感。此凄美感与观看悲剧时可能发生的其他一切情感，如必然会发生的同情心，或然会发生的悲剧快感、幸灾乐祸感等情感，混合形成悲剧美感。

正因为悲剧美感是凄美感与许多情感形成的混合情感，所以，悲剧美感往往比一般凄美感与一般美感更为强烈。

优美感是最纯粹的一种美感；壮美感不像优美感那样纯粹，会有恐惧感、惊奇感夹杂其间，但决不会有同情心、恶意的满足感、雄辩感等情感相伴随。同样的，一般凄美感除了有甜蜜的忧伤外，也决不会有恶意的满足感之类的情感发生，也不会有生理快感发生。

观看悲剧，则包括西哲所有言及与未言及的以下各种情感都可能发生，但这些情感在大部分悲剧中并不会全部发生，只有极少数最杰出的悲剧有可能全部发生。这些情感是：凄美、恐惧、同情、怜悯、惊奇、幸灾乐祸、优美、壮美、奇美、崇高美、生理快感等。其中，由恐惧、惊异、扣人心弦的悲剧情节所导致的生理性快感，为观看杰出悲剧所特有；而潜意识中的郁结于胸中的块垒获得宣泄形成的凄美感，为观看一切悲剧所必有。

第九章

性感美

当人的外貌透露着具有生存竞争优势与生殖优势的遗传基因信息时，这个外貌就是美的。换言之，这个美的外貌与人类对于人体外貌的理想印象是相似的。人体外貌理想印象的形成，也即性感美素的形成，与人类宜居环境理想印象的形成原理是同一的。

与宜居环境是由多方面的具体宜居环境组成的一样，性感美也是由多方面的体态形成的，是多姿多彩的。

迄今为止，性感美是人类择偶的第一依据，一见钟情即此之谓也。

但是，今人的择偶依据，已经不再仅仅是纯粹的性感美这个生物因素了，已有了许多其他的社会因素参与其间。

一、性感美与"性选择"

自然美有两个对象：一个是人类自身，一个是人类之外的对象。人体之自然美，告子①谓之"色"，笔者名之为"性感美"。

_____

① 告子：与孟子同时代思想家，其言"食色，性也"，主张"性无善恶"。

对于同类外貌的美感，不仅仅存在于人类之中，同样存在于动物之中。但是，有许多动物形态中的某些器官，在人类看来不仅是丑陋的，而且是不利于生存的。如东南亚加里曼丹的特有动物长鼻猴，雄性的鼻子，随着年龄的增加，会长得越来越长，越来越大，且长而大得出奇，与整个面孔不成比例，挂在面部中央，一直悬垂到嘴巴前面，晃晃荡荡的，在吃东西的时候，就不得不先将鼻子歪到一边去，很是麻烦。

长鼻猴之所以会长出这么一个大鼻子，据达尔文的"性选择"进化原理，是雄性为了吸引雌性而进化出来的。换言之，在人类看来既丑陋又不实用的大鼻子，在雌性长鼻猴看来，是美丽动人的。当然，也有许多动物性选择的结果，在人类看来不仅也是美丽的，还往往是奇美的，如雄性孔雀之大尾屏，如公羊用于角斗的大叉角。

按一般进化原理，有利于生存是进化的内引力。但是大鼻子并不是有利于生存的。由此可见，大鼻子进化遵循的是另一个特殊进化原理，即达尔文的"性选择"原理。

为什么说"性选择"是特殊的进化原理？因为异体繁殖在生命体中不是普世的，且只有很小一部分生命体采取如此有点复杂的繁殖方式，绝大部分生命体采取的是直截了当的简便方式：无性繁殖与自体繁殖。由此可见，只有异性繁殖的生命体，才有可能发生"性选择"进化，也只有发生了"性选择"进化的生命体，才有可能产生"性感美"。

那么，为什么在"性选择"进化中，为了"性感美"不惜牺牲一定的生存便利，如"大鼻子妨碍进食"，其根源在于两个最基本的天性诉求，位于第一序位的诉求是生存，位于第二序位的诉求是繁殖。因此，在并不十分妨碍生存的前提下，进化出了有利于吸引异性繁殖后代的性感美。而更多的性感美并不与天性第一诉求相违背，如公羊之大叉角，在自身是生存防卫与竞争的武器，在异性眼里是强壮的旗帜。

因此说性感美包含着两类形态：其一，利于生存竞争之形态；其二，利于吸引异性繁殖后代之形态。换言之，性感美同时具有两个相似性：与生存竞争优势诉求的相似性，与生殖优势诉求的相似性。

为了与"性选择"诉求之相似，大鼻子猴进化出了在人类看来既丑陋又不实用的大鼻子。其实人类何尝不如此呢？好好的一双天足，把骨头折断，硬生生地包裹成"小脚"，以显婀娜多姿之美；整容时，拼命向两个乳房内打入硅胶，将之扩大到"触目惊心"的地步；有的甚至挖去数根肋骨，以显出腰肢招展之风情……

性感美的第一要素是健康之体形，因为只有健康才能具有生存优势与生殖优势。但今人之"美容"，有的已经走入了歧途，过犹不及，已与相似美原理相违背。

二、姿色之美与阳刚之美

女性之美曰"姿色"，男性之美曰"阳刚"。

《红楼梦》人物姿色描写中，如此描写林黛玉："两弯似蹙非蹙笼烟眉，一双似喜非喜含情目。态生两靥之愁，娇袭一身之病。泪光点点，娇喘微微。娴静如姣花照水，行动似弱柳扶风。"薛宝钗是这样的："肌骨莹润，举止娴雅。唇不点而红，眉不画而翠，脸若银盆，眼如水杏。品格端方，容貌丰美。"至于王熙凤："一又丹凤三角眼，两弯柳叶吊梢眉，身量苗条，体格风骚，粉面含春威不露，丹唇未启笑先闻。"

林黛玉之楚楚动人，薛宝钗之端庄丰美，王熙凤之精明风骚，三人姿色不一，各具风情。

古往今来，描写女性美貌之词不可胜数，如"巧笑倩兮，美目盼兮"；如"天生丽质，国色天香"，如"半老徐娘，风韵犹存"，如"几分姿色，万种风情"。

由此可见，姿色非在于一，是多姿多彩的。女性全部之性感美，假设可分为十类姿色：明眸、蛾眉、皓齿、红唇、秀发、白肤、细腰、丰乳、肥臀、长腿。一般而言，女性的美丽程度，与其拥有多少类姿色成正比。一般之美女，往往天生只有几分姿色，拥有全部性感美的、无可挑剔的绝色美女，是少之又少的。即使是历史上的四大美女如西施、王昭君、貂蝉、杨贵妃者，据传亦有不足之处，如王昭君爱好长裙拖地，那是因为她一只脚大些一只脚小些。

即便拥有许多美色，但如果没有"媚"，即动态之美，也将逊色许多。《诗经·硕人》如无"巧笑倩兮，美目盼兮"这一句对其动态之美的描写，则"硕人之美"将黯然失色。

人类男女间生出的许多是是非非，与美女各有不同的姿色大有关系。为什么会有三角恋？其中一个重要原因就是因为，"小芳"有小芳的美丽，"大芳"有大芳的姿色，难以割舍定夺。女性对于男性的选择亦复如是。

即使是专一地爱着一个心上人，也并不妨碍他对别的女孩心生爱意。贾宝玉对林黛玉之爱，是情真意切的，对自称"槛外人"的妙玉，也是有爱慕之情的。曹雪芹虽然没有挑明，在字里行间却有迹可寻，且引人入胜……以贾宝玉这个公子哥儿，愿意忍着寒冷踏雪去妙玉院中折红梅，最为显著，有诗为证："酒未开樽句未裁，寻春问腊到蓬莱。不求大士瓶中露，为乞嫦娥槛外梅。入世冷挑红雪去，离尘香割紫云来。槎枒谁惜诗肩瘦，衣上犹沾佛院苔。"诗中把妙玉比作嫦娥，抒写了对"冷美人"的怜惜之情怀。林黛玉为何见贾宝玉与薛宝钗在一起时总是起小心眼儿？因为贾宝玉对薛宝钗之丰美亦是钟情的。林黛玉有林黛玉的风韵，薛宝钗有薛宝钗的丰美，妙玉有妙玉的冷艳，这些风韵不同之性感美，都是贾宝玉之所爱。

皇帝为什么会设三宫六院？窃以为，除了能够确保繁殖出更多的接班人这个政治因素之外，集不同风情之美女，以"阅尽人间春色"，亦应是一个重要的心理原因，而此心理原因正是根源于"性感美是多姿多彩的"这个客观事实。

男性之美注重于高大、强壮的阳刚之美，因为高大强壮有利于生存竞争与生殖优势。而女性喜欢男性的高大强壮，则有两个潜意识在起作用：一是男性的高大强壮意味着具有生存竞争所需之优秀的遗传基因；二是人类女性有较长的怀孕期与哺乳期，在此期间，需要男性提供保护与食物。因此女性在生存与生殖两个方面都需要男性的阳刚之美。

三、初恋纠结

性感美，有形成于动物时代的，如男子帅气中的高大与强壮；有形成于人类独立于其他动物的进化过程中的，如女性之婀娜多姿。动物四肢着地匍匐行走，是不可能有婀娜多姿的。因此人类女性的婀娜多姿，一定是在人类直立行走之后进化出来的性感美。可以肯定地说，人类的性感美，早在今人形成之前就已经产生。在性感美形成之初，人类的诉求是单纯的，只有两个：生存优势与繁殖优势。

生存优势是第一位的，只有具有生存优势，才可以具有生殖优势。而原始生存优势，在于高大与强壮，这在雄性动物争夺交配权的战斗中，演绎得淋漓尽致。电视纪录片《动物世界》中有这样一个情节：两只公山羊后退几步，快速奔跑，高高跃起，猛然低头，头角与头角激烈相撞，发出"咔咔"如头骨开裂的声音……谁经受得住最后一击，谁就是最后的胜利者。斗败者落荒而逃，得胜者左拥右抱——获得原先在一旁若无其事、冷眼旁观着的雌性的青睐。也有例外，《动物世界》中也有如下画面，旁白是这样的："凶残的鳄鱼间的争斗，却显得十分绅士，两者悬浮于水面一动不动，头与头相距一尺有余，四目怒视，一眨不眨……它们比的是谁的眼睛先眨动，谁就算输了。"此类似于今人常用之冷暴力与心理战。四目怒视，一眨不眨，看似毫不费力，其实着实很费神的。笔者有一经历可做佐证：三十多年前我在街头看见一个摆摊修手表的师傅，眼睛上嵌夹着一个特制的放大镜，修表时低头将放大镜抵近了表芯看……我很好奇，想当然认为修手表是技术活，拿的工具也都是很小的，用力时也是小心翼翼，不必如打铁者上下挥动铁锤那么花费大力气。心中好奇，就问他眼睛上嵌夹着放大镜看表芯吃力不吃力，那个修表师傅的回答至今令我记忆犹新："盯着一样很小的东西看，很费神吃力的。"由此看来，鳄鱼之间打的不仅是心理战，也是体力消耗战：谁强壮谁就能不先眨眼睛。

在旧石器时代之前，人类之间生存竞争的武器，与动物是一样的，就是靠自己身体的冲撞与爪牙的撕咬。

但随着人类自身进化与人类社会的发展，今日之人类生存竞争之形式，不再是单打独斗的肉搏战，制胜的武器不再是体形的高大与强壮，不再是利爪与好牙，制胜武器已经主要进化为知识、智慧、权力、财富……生活的内容也不再仅仅是盯着温饱与生殖，还有了理想中的"诗与远方"……与之相适应，今日之人类进化出了包括"权力、财富、知识、智慧、诗与远方"在内的许许多多新的诉求。换言之，今人对性感美的诉求，不再如原始人那样纯粹，不可避免地夹杂着许多别的社会性因素，这是人类进化使然……

《笑林广记·闺风部·两坦》："有一女择配，适两家并求。东家郎丑而富，西家郎美而贫。父母问其欲适谁家。女曰：'两坦。'问其故，答曰：'我爱在东家吃饭，西家去睡。'"若时间向前推移数万年，人类尚没有财富积累，自然也没有什么"富二代"，女孩子就不会有想在"东家吃饭，西家去睡"的纠结了。

仓央嘉措有一首《不负如来不负卿》的诗："……欲倚绿窗伴卿卿，颇悔今生误道行。有心持钵丛林去，又负美人一片情。……曾虑多情损梵行，入山又恐别倾城。世间安得双全法，不负如来不负卿。"仓央嘉措纠结于"佛门"与"尘情"之间。

我的初恋，也是在纠结中度过的，纠结于"尘情"与"诗与远方"之间。笔者高中毕业之后，回乡务农，有一位姑娘闯入了我的心灵。一次看公社毛泽东思想宣传队演出，只见一位扎着辫子的姑娘忸怩走上台来，大概因为紧张，忘了等后面伴奏的二胡音乐声起，张口就唱："红梅花儿开，朵朵放光彩……"音色嘹亮、甜美，一下子镇住了整个会场。而对于我，青春的心灵，受到了前所未有的吸引，被她红润姣好的面容，被她羞怯纯朴的神态，被她甜美嘹亮的歌声，至今每当想起那时的情景，心中总还会泛起情感的涟漪。后来我到公社机关做宣传方面的工作，两人有了交往……但我与她的话并不多，她也与我说话不多。只是有时我看她时，也见她正在看我，见我看去，她大大的眼睛里星光一闪，转向别处看去了。渐渐地，两人都明白了目光里的意思，但那层"窗纸"始终没有捅破。有一天，她让闺蜜带过话来，要我去"说说清楚"。那是一个秋夜，月色很好，我伴着稻香的气息，走过十多里的乡间小路，已经望见了月色朦胧下的她那所在的村庄，我忽然犹豫了，停住了脚步，我想，我与她见了面，能说清什么呢？能说得清楚吗？在我总觉得与她之间隔着什么东西，心里十分纠结。终于，慢慢地转身走回……后来我离开了农村，成了一名"工农兵学员"，从此就没有了交集，但她，始终在我的心里。

我与她隔着什么呢？当时并不清晰，现在想来，应该是我理想中的"诗与远方"。那时我对乡村之外的世界充满着好奇与幻想，对人生的"诗与远方"充满着向往……

原始人对性感美的反应，自始至终是纯情的，不可能受"诗与远方"的干扰；今人对性感美的初始反应同样是纯情的，但是，今人在感受性感美之后，会有许多别的因素参与进来……有人为了功名富贵，而攀龙附凤；

有人为了"理想"，甚至可以抛弃源于天性的对于"生存与生殖"的诉求，诚如裴多菲所言："生命诚可贵，爱情价更高，若为自由故，两者皆可抛"……

也就是说，性感美在今人择偶时，作用虽然还是第一的，但已再难保持纯情的原始情感了。

性感美"作用第一"是指第一眼"中意不中意"的印象，首先来自生物因素，即性感美，随后才有其他现实的因素参与进来影响择偶的抉择……

对性感美的钟情与对现实的考量，是引起今人择偶纠结的主要因素。

笔者以为，很有可能，人类最终会进化成以"智慧美"为择偶的第一要素，因为面对面的靠体格强壮蛮力制胜的肉搏战，已经成为过去式，竞争优势越来越取决于人的智慧以及由此外化的物质形式，如现代化武器。

且笔者以为，已有趋向于"智慧美"的进化迹象可见了：说远一些的，可见之于5000年前，据传，黄帝为了制止部落抢婚，专门挑选了品德贤淑、面貌丑陋的嫫母为第四妻室。黄帝败炎帝，杀蚩尤，皆因嫫母内助有功。又相传诸葛亮之妻名黄月英者，黄头发黑皮肤，比较丑，但知识广博，诸葛亮之木牛流马就是凭其传授的技术发明出来的。说近一些的，提出以"美育代宗教"的蔡元培先生，第一次再婚择偶条件要求"须识字"，第二次再婚择偶条件要求"须懂英文能帮助他的人"，并无一字涉及女方容貌。说身边的，笔者认识一位低学历的大美女，其嫁的老公却很瘦小，甚至可以说有一点猥琐，但其学历是名牌大学的博士生。

选择智慧者为伴侣，似已呈世界性趋势。据《内心才是决定一个人魅力的关键所在——普莉希拉·陈的精彩人生》文章介绍：美籍华裔普莉希拉·陈，皮肤黝黑，身材微胖，脸蛋也不漂亮。但是她凭着自己的坚强乐观、聪慧能干获得了世界上最年轻最富有的脸书创始人、当今超级大富翁马克·扎克伯格的钟情："我爱她的表情：强烈而又和善，勇猛而又充满爱，有领导能力而又能支持他人。"

第十章

谐趣美

幽默、滑稽、诙谐、夸张、戏谑、恶作剧，以"谐趣"统称之。

南梁刘勰《文心雕龙》（谐隐第十五）："谐之言皆也。辞浅会俗，皆悦笑也。""谐趣美"与"其他美"的反应，有一个很大的不同："谐趣美"大都会使人笑出声来，而"其他美"脸部会有微笑的表情，但一般不会笑出声来；心中的感受，也有明显的不同。

但谐趣美与"其他美"，又有两个共同点：第一，谐趣感与美感，均是由视听引起的快乐感；第二，也是最根本的，谐趣美亦是相似美。

所不同的是，谐趣美与相似美的联系，比一般"美"更为曲折复杂，它涉及由人类经验形成的心理反应模式，生命体快乐的终极本源——体内能量的"平衡"，以及其他许多因素。

除恶作剧外，一切"谐趣美"的直接原因是：与人的心理反应模式相悖。

与人的心理反应模式相悖，就是"出人意料"，也即"违反常理"，也即"不合常情"。

一、笑林六记

幽默记

记得有一个相声，说的什么内容都忘了，但是其中有一句话却始终记得，是形容自行车破旧程度的："除了铃不响，其他统统响。"这是违反常理的——不应该响的倒是统统响了，应该响的却反而不响了！

还记得多年前有一个化妆品广告词"今年二十，明年十八"，可谓精妙，是幽默中的上品。

以悲惨之事为对象的幽默，谓之黑色幽默。莫言《红高粱》有这样一句话："大爷双耳一去，整个头部变得非常简洁。""耳朵割去"与"简洁"两者是不可能在正常心理反应中被联系起来的，也即是说，这样的联想是出人意料的。

笔者将由语言引发的谐趣，谓之幽默。

滑稽记

20 世纪 90 年代初，我与一位同事在闹市区的商场墙边，见到一辆锈迹斑斑破旧不堪的连小偷也难感兴趣的自行车，却用一根很粗的船用铁链条锁在一棵很粗的法国梧桐树上，感到十分别扭，我们两人当场就笑出声来。车子破成如此，却用如此粗的链条锁住防偷，这是"不合常情"的。

笔者将由行为引发的谐趣，谓之滑稽。

诙谐记

钱钟书《围城》的特色是"比喻"。很多比喻，令人忍俊不禁。如把唐小姐的过于圆大的眼睛比作政治家的空话，大而无当。此话为什么会引出幽默感？是因为两者的联系是不符合心理模式的，政治家的空话，与姑娘的大眼睛，是风牛马不相及的事。

笔者将由比喻引发的幽默，谓之诙谐。

"诙谐"与"幽默"的联系与区别——两者在事理上都没有逻辑性，但"诙谐"所及的事物，在形态上可见之某种相似性：政治家的"空话"，与姑娘的"大眼睛"，在"大"上有相似点；而幽默所及的事物之间无相似性可见，如"耳朵"与"简洁"。

夸张记

卓别林表演极尽夸张之能事，如他握着扳手，神情呆滞地从工厂里走出来，看见大街上一位妇女所穿大衣上有一排纽扣，恍惚中看作是他在工厂里所拧的"螺帽"，于是，追上去就拧那排纽扣……卓别林以这样夸张的表演，揭露了流水上的机械劳动对工人身心的摧残。我观此表演，既忍俊不禁，又极感心酸。

"夸张"使事物异于常态。

戏谑记

还记得我小的时候猜过嘲笑麻子的一个谜语："鸡啄西瓜皮；雨落灰堆里；钉鞋踏烂泥；翻转石榴皮。"这四者与麻子何干？根本没有事理上的逻辑关系，但细一想，"麻子"与此四物在"形象"上是相似的。于是，将本来毫无关系的两者硬扯在了一起。

一位乡绅为母亲做寿，请唐伯虎去题祝寿诗，唐先贤挥笔写出第一句"这个婆娘不是人"，全场惊骇；写出第二句"九天仙女下凡尘"，众人惊喜；写出第三句"儿孙个个都是贼"，亲朋皆怒；写出第四句"偷得蟠桃献寿星"，满堂喝彩！

恶作剧

"一位退伍老兵改充堂倌，旁人戏向他喊"立正"时，他就慌忙把两手垂下，所捧的杯盘落地打碎。"[1]

我少年时十分调皮掏蛋，有一次割猪草时，与小伙伴做过一次很成功的恶作剧：在大路上挖一个坑，里面装满烂泥，上面铺上小树枝，盖上回土，伪装好，然后远远地躲在土墩后面张望，见有人走近过去，既紧张又兴奋……见那人迎面朝天摔倒，我们几个小伙伴也倒向后面，哈哈大笑。

二、谐趣与心理

除恶作剧外，谐趣美有一个共同的特点：出人意料。谁也不会想到，"割去双耳"与"脑袋变得简洁"联系起来；也难以想到，将"眼睛大"与政治家的"空话"联系起来；更不可能见到用扳手"将大衣纽扣当作螺帽去拧"这样的事；见谜面是难以想到"麻子"的；最绝的要数唐伯虎的祝寿诗了，每一句都出人意料，一惊一喜，戏谑得主人宾客十分开心，可谓戏谑中的极品。

那么，为什么会是出人意料的？凭什么说是出人意料的？意料的依据是什么？对这些问题，只有暂别美苑，去心理学领域转一圈再回来，才能说清楚。

人类的心理并非散乱无章，而是有章可循的。我少年时有一个小伙伴，经常被她的母亲"啄毛栗子"——一种用屈起的食指或者屈起的除大拇指外的四指形成的突出关节敲打小孩脑壳的体罚，猛然被啄，是很痛的，但不伤皮肉。且大人与小孩的身高落差，正好大人随手可"啄毛栗子"，很是

---

[1] 选自《文艺心理学》，朱光潜著，安徽教育出版社，2006，第245页。

方便的，不像打屁股要弯下腰去，有时还要拉下小孩的裤子再打那样的麻烦。于是，只要他的母亲一举起手来，他就会本能地缩脖子，双手护头。有时我们会对他恶作剧，有意在他面前冷不丁地举起手来，他也会如此一番动作，引得大家很开心，他也跟着一起笑。如此本能反应，在巴甫洛夫那里，谓之条件反射。

为何会做出如此条件反射？其一系列本能动作源于何处？答曰：源于心理反应模式。那个小伙伴见到母亲举起手来，就会立刻想到母亲要"啄毛栗子"了。

那个小伙伴为什么一见到母亲举起手来，就会不由自主地、自然而然地、下意识地想到要吃母亲的"毛栗子"了？这源于他的经验印象："母亲举起手来"，是一个印象，吃"毛栗子"是一个印象。小伙伴的生活经验使这两个印象之间形成了相耦关系，即"母亲举起手来印象"一旦出现，就会触发"吃毛栗子印象"出现。而当"吃毛栗子印象"一出现，就会触发后续的一系列生理活动，从而完成缩脖子、低头、双手护头这些行为。

由此可见，生活经验形成"经验印象"。常态生活经验印象是重复的，各印象之间的关系是相耦的。经验印象间的相耦关系，形成心理反应模式，即前一个印象一旦出现，就会触发后一个印象的出现。后一个印象的出现，是不由自主的，也即不需要去想就会出现的。

心理反应模式一旦形成，就是我们意料的依据。如果现实中的事实符合心理反应模式的，就是意料之中的，反之，则是出乎意料的。如莫言将"双耳割去"与"脑袋简洁"联系起来，就是出乎意料的。再如，同伴母亲的手举起来，啄"毛栗子"，是意料之中的，突然停在半空，不打下来，则是出乎意料的。舞台上有些喜剧性的效果，就是利用这样的出乎意料营造出来的。朱光潜先生《文艺心理学》中举过一个例子："比如在玩马戏时，一位跳绳人一步跳过四匹马背，后面一位丑角也郑重其事地作势跟他跳，但猛然出乎意料地停止，在马身上扫去一点灰。"① 丑角的动作为什么会令人发笑，因为"郑重其事地作势跳马"与"扫去马背上的一点灰"之间，是不符合人们的心理反应模式的，也即是出乎意料的。

恶作剧者发笑的心理根源，则正好相反，是因与恶作剧者的心理反应模式相符而发笑。经验中的"一脚踏空印象"与"摔倒印象"是相耦的。我们为什么会在路上挖一个坑，并能意料到路人"踏坑"会"摔倒"？依据就是此心理反应模式。试想，如果路人大模大样地走过坑去并没有摔倒，即与我的心理反应模式不符，则我不仅不会发笑，还会感到沮丧。同理，那个喊立正的恶作剧者，如果老兵堂倌不应声垂手摔破盘子，他就笑不出来。

那么，为什么恶作剧者会因与心理反应模式相符而发笑？其他则会因与心理反应模式不相符而发笑？

由此矛盾可见，谐趣使人发笑的真正原因，不在于与心理反应模式的相符或者不相符，还有更深的原因在。

三、谐趣与"相似美"

问题在于：与心理反应模式不符或者相符，为什么会使我们发笑？

这需要先说清人性与心理反应模式的一些问题，然后才能说得明白。

心理反应模式，有三个层次的内涵：其一，是一个微型生理组织，笔者谓之性组织；其二，此微型生理组织即性组织中储存着一套规定生理活动的"程序"；其三，当此性组织因某种原因被触动而输出程序后，人体内就会按此程序规定展开一个生理活动片段。

当此性组织因某种原因被触动而输出程序时，有一股能量同时被凝聚

---

① 选自《文艺心理学》，朱光潜著，安徽教育出版社，2006，第 250 页。

起来,以支持"性反应"按照性程序所规定的"生理反应模式"展开生理活动。支持此特定生理活动的能量,笔者以"定向能量"名之。如我们见到那个"丑角郑重其事地作势跳马"时,与之相应的一个心理反应模式被唤醒,即由"丑角作势跳马"自然而然地会想到"丑角跳过马去"。这个"想"是潜意识的,是由"心理反应模式"即"性反应"在潜意识中完成的。这个潜意识的"想到",就使我们产生"期待",期待"丑角如期跳过马去"。但是,"期待"并不就是"丑角跳过马去"的事实。因此,在"期待"时,"心理反应模式"所具有的定向能量处于蓄势状态。当我们看到"丑角跳马"过去后,与之相应的"心理反应模式",在其凝聚的定向能量的支持下正常地完成了它的生理反应过程。换言之,定向能量从原先期待时的蓄势状态,在支持此心理模式反应过程的消耗中而趋向平复状态。

由此可见,定向能量有三种状态:一是"蓄势状态",二是"消耗过程状态",三是"平复状态"。"蓄势状态"即是能量处于不平衡状态,"消耗过程状态"即是能量趋向于平衡状态,"平复状态"即是能量重新回归未蓄势前的平衡状态。

对定向能量"蓄势状态"时的生理感受,谓之紧张。换言之,期待使我们产生紧张。期待产生的紧张,有两种状态:一种是有意识的,如我们期待高考发榜时的紧张,如我割猪草恶作剧时期待路人甲踏坑摔倒时的紧张;一种是潜意识的,如"期待丑角跳过马去"。

而丑角却"猛然出乎意料地停止,在马身上扫去一点灰",使原先蓄势待发的定向能量,因期待突然消失而随之突然归于平复。换言之,原先因期待而产生的"那种紧张的生理状态"突然消失,而使我们的身心突然松弛下来……谐趣之笑,由此而生。

恶作剧之笑,事实上也是由"紧张状态的突然消失"而发生的:当我与小伙伴躲在土墩后面窥看路人甲时,心里就很紧张,路人甲越走近那个"坑",

我们心里越是紧张。此紧张同样是由"坑"与"摔倒"这个心理反应模式形成的对摔倒的"期待"引发的。

但"恶作剧者"与其他"谐趣者"有一个根本的不同：恶作剧者是有意识地担心路人"不摔倒"而引起的紧张；马戏的观众，则并不知道丑角会"猛然出乎意料地停止，在马身上扫去一点灰"。也即是说，马戏观众的紧张不是由有意识的"担心"引起的，是由潜意识中的期待引起的。

综上所述，恶作剧者的笑声，是由"担心"造成的紧张的突然消失而使身心突然获得放松引发的；其他谐趣的笑声，则是由潜意识中的期待形成的紧张的突然消失而使身心突然获得放松引发的。

由此可见，一切谐趣之笑声，都是由生理紧张状态的突然消失而引发的。

笔者另有两个可谓"心理紧张突然消失引发笑声"的绝好例子：一次毛泽东上舰艇视察，水兵列队接受检阅，当走到一位战士面前时，忽然停住脚步，端详起来，说："你这么瘦，是不是饿的？"本来全舰官兵屏息静气，神经紧张，忽然听此与视察毫无关系的一说，紧张顿失，在场者无不笑出声来；二次世界大战时，有一次丘吉尔冒雨检阅士兵，并发表慷慨激昂之演说，以鼓舞士气。演说完毕，在士兵们的注目礼中，走下台去，突然脚下一滑，摔了个四脚朝天，台下士兵忍俊不禁哄笑起来。副官觉得有失体统，下令士兵不准笑！不料丘吉尔爬起来后，还一本正经对士兵们说："你们不觉得是很可笑吗？！"士兵们顿时又哄笑起来。

那么，是不是只要心理紧张消失就会引发出笑？回答是否定的。如果那个丑角如期跳过马去，我们由潜意识里的期待造成的"紧张"也随之消失，但我们并不会因此而笑。

心理紧张消失引发笑声，是有四个条件的，且这四个条件需要同时满足。第一个条件是"结果的转向性"，即"事实中的结果"与由心理反应模式决定的潜意识中的"期待中的结果"不相符；恶作剧则是"事实中的结果"与有意识中的"担心出现的结果"不符合。第二个条件是紧张消失的"突然性"，倘若"转向"的时间拖沓得太长，就不会引发笑声。如：假设那个丑角不是突然转向去做"在马身上扫去一点灰"，而是磨磨蹭蹭地拖了一段时间再去做，就不会有此喜剧效果。"相声"中有"甩包袱"一说，强调的就是"突然性"。第三个条件是"无伤大雅"。如果那个"丑角突然转向抽打马匹"，就不会引发笑声，而会引起观众的惊讶；再假设老兵堂倌因听见"立正"使"所捧的杯盘落地打碎"而随之晕倒不省人事，恶作剧者就笑不出来。第四个条件：引发笑声的"这件事"，与笑者无直接利害关系。丘吉尔的随从副官为什么不会与士兵一样笑出声来，是因为他有保护丘吉尔的职责，如果丘吉尔摔伤了，"这件事"必对他大有不利。

"心理紧张状态的突然消失"，从能量角度说，即是"定向能量"的突然释放而重回"平衡"状态。那么，这种"定向能量的突然平衡"为什么会引发笑声？

这就涉及更深的哲学问题。

一切存在，不论是生命体存在还是非生命体存在，持续存在的条件是内部处于平衡状态。如太阳引力与行星离心力的平衡维系着太阳系的持续存在。生命体是有意识的存在，生命体内部处于平衡状态，生命体就感到"舒适"，也就是"快乐"。只要生命体内的能量处于平衡状态，生命体就感到快乐，这与"突然平衡"还是"缓慢平衡"没有关系。

而谐趣之快乐是由"突然平衡"引发的，因此说，谐趣之快乐，是一种特殊的快乐。且这种"谐趣之笑"不是别人告诉我可笑我才笑的，而是不由自主的、情不自禁的。这说明什么？说明"谐趣之笑"是"性反应"，这种对谐趣的感受能力是先验的。也就是说，人类已经进化形成了基因层次的"谐趣之性"。

"谐趣之美"种类繁多，且在感受上有许多细腻的区别，要一一分析清楚其与"相似美原理"的联系，诚如亡羊者答杨子所问之言："歧路之中又有歧焉，吾不知所之……"

虽然"歧路之中又有歧焉"，但是，一切"谐趣之美"的最终原因，必然与人类诉求具有"相似性"，不过途径曲折又曲折而已。

试析之：俗话说：笑一笑，十年少；笑口常开，常命百岁。"笑"使人身心放松，身心放松有利于健康，健康有利于生存。反推之，则诉求生存，就要诉求健康；诉求健康，就要诉求身心放松；诉求身心放松，就需要"笑"。

简言之，人类之所以能够进化出"谐趣之性"，其根本原因在于，人类诉求无忧无虑的生存状态。当实际处于无忧无虑的快乐的生存状态时，身心相应地必定处于放松状态；而"身心突然放松"与"笑"由自然进化形成了"相耦关系"，身心突然放松使人发笑，发笑使人身心放松。

那么，在"笑"与"身心突然放松"两者最初的关系上，是笑使人身心突然放松，还是身心突然放松使人发笑？答案是：是身心突然放松使人发笑，而非相反。但是，由于两者已经形成了相耦关系，因此，"笑"，也能逆向导致一定程度上的身心放松。不信可以试试：只要你笑，不论什么缘故的笑，即使是表现"机械化热情"的某些有标准尺寸的"职业笑"，如礼仪规定微笑要"露出八颗牙齿"，甚至假装出来的"强颜欢笑"，内心的感受也会比"不笑"时好受些。

笑，是快乐的直接表现，笑是有益于健康的，特别是源发于"谐趣之性"的情不自禁的开怀大笑。而健康与快乐是人类最基本的诉求——"谐趣美"就是这样曲曲折折地与人的诉求联系了起来。

有客难曰：为什么"突然的放松"与"发笑"会进化形成相耦之性关系，而"常态的放松"不会？

笔者以为，这是受到更高层次的"生存机制之性"的压制而如此进化的，如果"常态的放松"也会使我们情不自禁大笑起来，是会妨碍生存活动的。

因为，毕竟在人的一生中，总体上而言，能量平衡是常态，如是，则在我们的一生中，将经常处于哈哈大笑之中，这岂非反会误事？——自然进化亦是辩证法的遵循者。

四、低俗与高雅

谐趣之性在人类中的普及度，除"优美之性"外，可谓之最高：低俗之谐趣，"贩夫走卒"都能为之，都能乐之。

但是，高雅之谐趣，亦可言普及度最低者：日常生活中，不乏幽默之人与搞笑高手，但低俗者居多，能为高雅者毕竟是少数。

所谓"高雅"与"低俗"，是由人类定义决定的，一般意义上说，既能令人忍俊不禁又有深刻思想内涵的谐趣之作，谓之"高雅"者；没有思想内涵支撑的"插科打诨"、或以"性"、或以人的"生理缺陷"为对象的作品，谓之"低俗"者。

可以这样说，大多数的谐趣之作，是偏于低俗的，且有些是十分低俗的。何谓十分低俗？没有一点思想内涵在其中。十几年前，我曾在齐齐哈尔看过一场"二人转"演出。舞台很低，就搭在观众席偏前面一点，演员自然是一男一女……只见男的忽然从旁边的木桶里抓出一把冰来，冷不丁地从女的很敞开的领口中塞进去，女的跳起来尖叫，极尽夸张地从领口中去掏出冰来，"慌乱"之中，却时不时的把雪白的奶子一并掏出来，顿时场内"尖叫声""口哨声""叫好声"，震耳欲聋……后来女的又乘男的一个空当，把一把冰塞进了他的裤裆中去……表演可用四个字蔽之："不堪入目！"但是，逗得全场观众无比快乐，我亦如是。

堪称经典的高雅之作并不多见。就笔者陋见，有鲁迅先生的文章，冷峻，辛辣，幽默，风趣，思想深刻，又常常令人忍俊不禁，突出的是其杂文；还有一篇演讲稿《魏晋风度及文章与药及酒之关系》；又如其对阿Q与小D相互嫉妒对方"捉到的跳蚤之大，用两爿指甲摁死跳蚤时的声音之响"的描绘；卓别林的表演，融"夸张、搞笑、社会悲情"于哑剧之中，是名副其实的"此处无声胜有声"，可谓顶级层次的幽默之高雅者。

低俗之搞笑，人人能够欣赏；高雅之幽默，则受众较小。且两者的受众人数，大致上与低俗的程度成正比，与高雅的程度成反比。

其原因何在？有先天与后天两个因素。

先天因素：在于人类各诉求出现的顺序与进化原理。在人类所有的诉求之中，最原始的诉求是"生存"与"快乐地生存"，根本没有对"什么理想"的诉求，也根本没有对"什么道德"的诉求。人类对"道德"与"理想"的诉求，要待人类社会与理性发育到一定的高度，至少要出现了"应是理念"之后才能够产生出来。也即是说，人类快乐诉求出现的始点，较之"理想""道德"出现的始点，不知要早多少万万年。因此，人类在"理想""道德"出现之前，在漫长的岁月中，一直生活于没有"理想与道德"的被今人斥之为"浑浑噩噩"的"低俗"之中，也即是说，"谐趣之性"形成之时，本来就不包含"理想道德"这些"高雅"的内容。

由于"人生快乐"是无一例外地人人诉求的，因此，低俗谐趣之性能够在全人类中扩散，成为完全之性。而属于社会美范畴的"理想""道德"，尚没有形成基因之性，也即是说，人类中不存在基因层次的"高雅谐趣之性"。这是较少有人能为、能欣赏"高雅谐趣"与即使是"引车卖浆者流"也能对"低级趣味"津津乐道的先天原因。

后天原因：与个人的"学识"有关。为高雅谐趣者，必要对人与人类社会有深刻的思想与表达技巧。而深刻的思想与表达技巧，不可能是得之于遗传的，必是由后天获得的。"高雅之谐趣"，是为之者将思想寄寓于"谐趣"形式之中而形成的。深刻的思想与表达技巧，不是人人能够通过学习获得的，且今日之大部分人还并不乐于做这方面的努力，毕竟"努力"使人"吃力"而非"快乐"。因此，"高雅之谐趣"，"阳春白雪"者也，曲高和寡；"庸俗之谐趣"，"下里巴人"者也，全民乐之。

还有一个更根本的先天之原因：人们的快乐感，不是由谐趣作品的"思想"引起的，而是由作品中的"谐趣"引起的。思想能够给人启迪，但是不能给人带来如庸俗谐趣引发的那样的使人放松的快乐。观卓别林表演之快乐，不是由其深刻地揭露了社会与人性的丑恶一面而引发的，是由其"用扳手去拧穿在妇女身上的大衣上的纽扣"那样夸张搞笑的细节引发的。笔者回想之前读托尔斯泰的《复活》，一读到作品中的"道德说教"部分，就味同嚼蜡，难以卒读，以至后来再读时，就把这部分快速翻过去了事。

由此可见，谐趣作品的"思想"不仅不能使我们得到谐趣之快乐，反而会因引起我们的"思考"或者"对现实的沉重感"而有碍身心放松，从而减弱快乐感。因此，市场份额的占有率，大致上总是低俗者大于叫好不叫座的高雅者。现时代"纯文学"之窘态，与荧屏上"娱乐至死"的盛宴，就是佐证。这些令人唏嘘不已的现象，其真正原因不在于市场经济，而在于人性原因：追求现实的、轻松的快乐，是人性中第一序位的诉求。

最近网络上，对与国家命运基本无关的明星的绯闻津津乐道，跟帖无数；对国家的富强做出重大贡献的科学家的去世却无人问津。有人对此现象大为愤慨，大加抨击！从社会道德与行为导向角度说，这种抨击无疑是义正词严的。但是为什么会如此？其原因何在？其实是有着深刻的人性根源的：明星绯闻能使大众放松快乐，而科学家的功勋虽然能使大众肃然起敬，却不能使大众快乐。

被鲁迅先生在其杂文《从帮忙到扯谈》中称之为"帮闲文人"的明末清初之李渔，深知此乃人性使然，其在《闲情偶寄·凡例七则》中言："风俗之靡，犹于人心之坏，正俗必先正心。然近日人情喜读闲书，畏听庄论。有心劝世者，正告则不足，旁引曲譬则有余。是集也，纯以劝惩为心，而又不标劝惩之目。名曰《闲情偶寄》者，虑人目为庄论而避之也。"

笔者以为，李渔先生大可不必如此表白自己是"红心白萝卜"。谐趣之低俗与高雅，各有各的价值，但都不能太过。全部是"高大上"，如"文革"中只有八部样板戏，谁能吃得消？

"低俗"使我们享受现实的快乐，"高雅"引导我们成为"一个高尚的人，一个纯粹的人，一个有道德的人，一个脱离了低级趣味的人"。

我们既要快乐地生活于真实的人间，也要仰望星空，追求尚不在现实生活中的"诗与远方"。

第十一章

艺术美

艺术之美，是意象的再现美。

艺术之美有非常多的议题，笔者选三个议题论述之。

一、定义—本质—价值

艺术之定义有狭义与广义两类。狭义：美象化成物象，谓之艺术。广义：意象化成物象，谓之艺术。如将心中的意象铸成雕像，就是造型艺术，如《维纳斯》《思想者》；化成舞蹈，是谓舞蹈艺术，如杨丽萍的独舞《雀之灵》、双人舞《两棵树》；化成文字，就是文学艺术，如唐诗《春望》、小说《红楼梦》……由此类推到一切文艺领域。

与之相应，艺术作品的定义亦有狭义与广义两类。狭义的艺术作品定义为：美象化成的物象，谓之艺术作品。广义的艺术作品定义为：意象化成的物象，谓之艺术作品。

何谓意象？纯粹美象或有思想情感附丽于美象之上的印象，谓之意象。

何谓纯粹美象？并无思想与美感之外情感附丽其中的意象，谓之纯粹美象，简称美象，如自然之风花雪月，如人为之几何纹饰。

从意象与美象的关系角度说，美象是组成意象的核心印象，如果一个印象中不具有美象，则这个印象不成为美学意义上的意象。

意象与美象在传统美学中，基本上是异名而实同的。

在对艺术作品的广义定义中，为何有"或有思想情感附丽于美象之上"之谓？因为，一切艺术作品必须是美象外化之物象，可以没有思想，也可以没有美感之外的别的情感，如《北平歌谣》："老猫老猫，上树摘桃。一摘两筐，送给老张。老张不要，气得上吊。上吊不死，气得烧纸。烧纸不着，气得摔瓢。摔瓢不破，气得推磨。推磨不转，气得做饭。做饭不熟，气得宰牛。宰牛没血，气得打铁。打铁没风，气得撞钟。撞钟不响，气得老鼠乱嚷。"[1]整首歌谣前言不搭后语，无厘头得很。——你能说此歌谣中包含着什么思想，或者什么情感？笔者以为，没有，仅仅是属于谐趣之美的逗乐而已。

不能引发美感的物象，即使包含着深刻的思想与强烈的情感，也不是艺术作品。爱因斯坦的相对论，思想深刻了吧？但其是科学论文，而非艺术作品。哲学大作，如海德格尔的《存在与时间》，萨特的《存在与虚无》，尽管笔者努力想读懂它们，还是如读天书，最终也没有读懂，真不知两位先哲想说清什么，但不能因为我没有读懂而言此两本大书没有深刻的思想。两本如此之厚，厚到可以当板砖拍死人的书，且能流行于世，常被懂或并不懂的人引述其中的某些思想以示说话深刻的书，必是有思想的。我曾经听过一位资深教授的讲座，当其说到"有一个世界级的大哲学家，叫海德格尔……"时，听其语气之庄重，看其神情之虔诚，使你不得不相信海德格尔是个大哲学家，但不论哲学家有多大，他的著作也不是艺术作品，而是哲学著作。我少年时正值"文革"，见过的一张漫画印象深刻：一个大得不成比例的大拳头，砸向已经被一只脚踏着的同样小得不成比例的走资派，上有一行气势如虹的大

---

① 选自《诗论》，朱光潜撰，上海古籍出版社，2005.4，第34页。

字："打倒走资派，踏上一只脚，永世不得翻身！"漫画中当然饱含着无产阶级感情和思想，但这是宣传画，不是艺术作品。

因此说，美象，是艺术作品的本质。

与此可言，思想与情感，无关艺术作品的本质。但是，其有关艺术作品的社会价值。如相同重量的两块金子，其中一块打成了皇冠，有了皇权的象征，其金子的本质与重量并没有改变，但其"价值"无疑是提升了。

假设"美象"如金子一样可以称出重量，那么，两个具有相同重量美象的艺术作品的总价值，则取决于附丽于美象上的思想与情感。思想越深刻，情感越深沉，对人与人类社会的影响越大，则其具有越高的总价值。

二、艺术规律

凡·高《星空》上的几颗星星，大得出奇，近得离谱，旋转得令人目眩……没有一个人会在自然中见到这样的星空。如此之星空，是凡·高意象中的星空。唯其如此，凡·高将星空的神秘、深邃，宇宙的莫名其妙，表现得触目惊心，夺人魂魄……

有好事者发现，水中之活虾是五节肢，齐白石先生所画之虾却是六节肢。于是笑曰：齐白石之虾，画错了矣。齐白石先生则言："作画妙在似与不似之间，太似则媚俗，不似则欺世。"有资料见之，齐白石先生从六十二岁到七十一岁的十年之间，不断改变虾的形态：将虾的后腿由十对改为六对，虾身由六节改为五节，虾头与虾身似断若连……反正越画越脱离"逼真"，也即越画越不像真虾……却在欣赏者眼中，越来越视为"神品"了。

《郑板桥集·题画》有言："徐文长先生画雪竹，纯以破笔、燥笔、断笔为之，绝不类竹，然后以淡墨水勾染而出，枝间叶上，罔非雪积，竹之全体，在隐跃间矣。"

李白的诗句："黄河之水天上来，奔流到海不复回。""白发三千丈，缘愁似个长。"哪有天上来的黄河水？哪有三千丈的白发？

齐白石老先生的"作画贵在似与不似之间"之言，被画家们视为"圭臬"。此言是老先生从其"将虾画得像真虾一样逼真并不好看，画得似真虾亦不似真虾时看着才是美的"经验中得出的结论。

那么，为什么"作画贵在似与不似之间"？原因就在于"相似美原理"的无形之作用。

一般而言，所见自然界物象，不可能与"理想诉求印象"也即"美素"完全相似，总有这样或那样的不尽如人意之处。张爱玲在《红楼梦魇》中引他人之话，说"平生有三件恨事"：一恨鲥鱼多刺，二恨海棠无香，三恨《红楼梦》未写完。张潮《幽梦影》中言其"平生恨事"则多至十件，其中第四恨，菊叶多焦；第七恨，桂荷易谢；第八恨，薜萝藏虺；第九恨，架花生刺。由此可见，自然物象，难见其尽善尽美。

人们为何见缺陷而生恨？因为人类总是诉求着尽善尽美，往往因不得尽善尽美而生"恨"。那么，什么样的自然物象，人类会视之是尽善尽美的？答曰：与"理想诉求印象"完全相似之物象，人类才会视之是尽善尽美的。

追求尽善尽美是艺术家的梦想。因为事实中的自然物象难见尽善尽美，所以要使艺术作品尽善尽美，必然如此为之：不与"理想诉求印象"相似者去之，与"理想诉求印象"相似者存之。如此去之存之，仍不与"理想诉求印象"相似者，则移植之，虚构之。如此"去之""移植之""虚构之"，则必"不似"原物；如此"存之"，又必似原物。

那么，画成一只"美虾"为什么要经过十年之久？原因就在于"理想诉求印象"是一个抽象印象，是恍兮惚兮的，是艺术家不能明见的，因此，必须经过艺术家的不断"试错"，最终才可能感觉其与潜意识中的理想诉求印象具有相似性。

凡·高、李白、齐白石诸先生，他们既非同一民族之人，也非同一时代之人，审美味蕾亦不相同，从事之艺术门类亦殊异，为何他们的作品均处于似与不似之间？那么，必有什么不分人种的、不分民族的、不分今人古人的，在空间上是世界性的，在时间上是历史性的，一以贯之的，相同的一个"东西"，使他们如此然。

这个"东西"就是：相似美原理。

遵循相似美原理，即是使一切艺术家必然如此为之的"艺术规律"。

三、物象—美象—艺象—蓝本

郑板桥画论有言："江馆清秋，晨起看竹，烟光日影露气，皆浮动于疏枝密叶之间。胸中勃勃遂有画意。其实胸中之竹，并不是眼中之竹也。因而磨墨展纸，落笔倏作变相，手中之竹又不是胸中之竹也。总之，意在笔先者，定则也；趣在法外者，化机也。独画云乎哉！"

郑板桥先生此论之中，可见之三个"象"：物象、美象与艺象。

何谓物象？眼前所见之物，谓之物象："江馆清秋，晨起看竹，烟光日影露气，皆浮动于疏枝密叶之间。"此郑板桥眼中之物象。

何谓美象？经过裁剪移植虚构诸法，凸显出与"美素"相似性之印象，谓之美象："胸中勃勃遂有画意。其实胸中之竹，并不是眼中之竹也。"胸中之竹，此板桥先生之美象也。

何谓艺象？美象外化成的物象，谓之艺象。"磨墨展纸，落笔倏作变相，手中之竹又不是胸中之竹也。"蘸墨落笔画于纸上之竹，此板桥先生所成之艺象也。但在欣赏者而言，复又为眼中之物象。

物象人人可见，美象则并非人人可见，可为艺象者更是少之又少。

三个"象"的时间顺序关系，就创作者而言，物象先在之，美象次在之，艺象最后之。

对于欣赏者而言，则此三个"象"的关系颠倒了过来：艺象成为观赏者眼中的物象，然后再生美象。

艺象的蓝本是心中的美象。

美象的蓝本是潜意识中的"理想诉求印象"也即"美素"。

画家作画时出现在心中的美象不是"理想诉求印象"，而是相似于"理想诉求印象"的一个具体的经验印象。此经验印象来源于临摹与写生。画家通过临摹与写生，在心中建立了美象库，如当齐白石老先生完成了虾的得意之作之后，在他的心中，就有了虾的艺象的蓝本即美象。这个虾的艺象的蓝本建立之后，使齐白石老先生以后的画虾就类似于依样画葫芦。所以许多杰出的艺术家，在画同一题材时，往往会使人有似曾相识之感。齐老先生之虾画，亦复如是。

笔者邻村有一位发小，工于仕女画，已成名家。我的书房中请他画有一幅画，题名"芳林诗寻"：一位仕女在芳林中倚在山石上做读诗沉思状，眼神定定的；额上一抹刘海；衣褶成冰裂纹状。这三个特点，在他所画的仕女图中，大致都是如此。这应该就是源于他心中的仕女美象蓝本。

第十二章

音乐美

空气的本体中，没有人类的情感在；音乐中，也没有人类的情感在；对于今人而言，对音乐的原始美感，是先验的；快乐与悲伤，有与之相耦的音乐节奏，这种相耦关系，同样是先验的。是人情的相似性，使人们通过音乐这个媒介与作曲家作曲时的情感产生共鸣，音乐之美通过许多曲折，最终以音乐节奏与细胞活动节奏的相似性，而与人类天性之诉求相联系，由此使得我们感受到音乐之美。

一、声无哀乐

读竹林七贤之一嵇康的《声无哀乐论》，曾经使我大吃一惊！音乐中怎么可能没有哀乐情感呢？如音乐中无哀乐情感，那么，我们听俞丽拿的小提琴协奏曲《梁山伯与祝英台》，为何会悲从中来？听唢呐《百鸟朝凤》，为何会喜从心生？

《声无哀乐论》颠覆了我原有的"音乐中理所当然是有情感"的这样一个常识，使我狐疑不已。于是，好奇心顿起，对音乐中究竟有无哀乐，寻根溯源起来……

白居易大概是相信声音中有"哀"有"乐"的，《琵琶行》："转轴拨弦三两声，未成曲调先有情。弦弦掩抑声声思，似诉平生不得意。低眉信手续续弹，说尽心中无限事。"

白居易还对弹琵琶的技法相当熟悉，《琵琶行》中有三句诗句是专写技法的："低眉信手续续弹""轻拢慢捻抹复挑""曲终收拨当心画"。"续续弹""轻拢""慢捻""抹""挑""拨"，都是使琵琶弦索发生不同幅度与频率的振动，并将此振动传递到琵琶的面板上；琵琶的面板振动又使包括琵琶"空腹"在内的四周空气产生振动波，由强而弱扩散开去……

编钟、鼓、小提琴、大提琴、钢琴、二胡、三弦、笛子、唢呐、埙……一切乐器，不论它们多么不同，产生音乐的方法是同一的，均是使空气发生振动。换言之，从物理存在角度说，所谓之音乐，仅仅是空气的振动而已；不同的音乐，又仅仅是空气的不同振动而已。

那么，空气本体中，有没有哀？有没有乐？说空气本体中就有着哀、有着乐，如同说石头中具有喜怒哀乐一样，是匪夷所思的，一定不会有人相信。

空气本体中没有哀与乐是铁定无疑的。

那么，自然振动的空气中，也即"声"的本义中，有没有哀？有没有乐？回答是：也一定没有的。如沙沙的树叶声，如叮咚的泉水声，如风吹窗门的乒乓声，如苏轼《石钟山记》中所记"……大声发于水上，噌吰如钟鼓不绝"……这些自然之声中，肯定不会有人类之情感在。

那么，人为按照一定的方法、规律变化的空气振动中，也即"音"的本义中，如白居易描写的技法那样挑拨琴弦所生之琵琶"音"中，是否有哀？是否有乐？

笔者寻根溯源的最终结论是：不论是在静止的空气本体中，还是在自然振动的空气声中，抑或在是弹奏乐器所成之音中，都没有人类的情感在。

有客难曰：人类情感是无形无色的，是看不见摸不着的，你如何见之"音"

中没有着"哀"与"乐"？

笔者无法直接论证，喻证之：人类文字，是墨迹，其于白纸上曲曲弯弯之轨迹，是人写出来的。识字者一见之某一字迹，就知道是什么意思，如"美女"，如"金子"，但是，无一识字者会认为所见的字迹中，会有美女，会有金子藏着，如同网络段子中所言的"黑心老板的'牛肉汤'中没有牛肉"一样。墨迹中的意思是人类赋予其中的，墨迹本身中，绝对没有人类赋予的那些东西在。与此同理，音乐中也绝对没有人类的"哀""乐"情感在。

情感在于人的心中，空气在于人体之外，两者如几何中的两条平行线，永远不会相交，更不要说心中的东西会到空气中去了。诚如嵇康所言："心之与声，明为二物。"

那么，"心之与声"究竟是何关系？鲁迅先生在《魏晋风度及文章与药及酒之关系》中说嵇康是喜欢吃药与饮酒的，脾气又躁，这可能影响了他的进一步深入研究，嵇康说出了"声无哀乐"这个真理，但并没有揭示出心声关系的所以然来。

二、性与音乐

对音乐之美的原始感受，是先验的。

音乐能够使人愉悦，是人类祖先进化形成的"音乐美之性"使之然。我们可以如此试想：人类的祖先穿梭于丛林之中，觅食于山水之间……微风吹过，树叶沙沙细语；山泉流出石罅，滴落下去，叮咚作响……无虎啸狼嗥声，无响尾蛇尾巴摇动发出的"嘎啦嘎啦"声……对我们的祖先而言，此处此时此声，是一个不包含生存威胁的而包含着宜居信息的声音。对此声音信息的感受，我们祖先的身心一定是放松的……

微风吹过树叶的沙沙声，山泉漫出石罅的叮咚声，永远不会对人类的生存构成威胁，且透露着宜居生存的信息……由此，人类与此信息建立了相应的身心反应模式，即听到类似的声音，人类就会感到愉悦。

现在有"音乐胎教说"。据说，听着轻松愉快的音乐，胎儿会感到愉快，这可能不足以使人相信：胎儿听音乐的愉快感是源于遗传的，而更愿意让人相信是由于给胎儿听了轻松愉快的音乐而后天培养出来的。但是，以笔者本人的经验，是坚信今人对"音乐美"的原始感受能力，是得之于遗传的。我的青少年时代在乡野中度过，充耳闻之的是狗吠声、鸡鸣声、风雨声，仅仅在夏夜乘凉时听过微风中飘过来的几曲二胡声，好像还听过几次笛子声……从未经过音乐的熏陶，母亲也不懂什么胎教，更不知什么"音乐胎教说"，但是，我在夏夜乘凉时听到从那个村干部院中飘来的二胡声时，心中会有莫名的情感被触动……长大之后，也从没有受过音乐训练，至今五音不全，视五线谱为"豆芽"，但丝毫不影响我可以如痴如醉地欣赏音乐，随音乐之乐而乐，随音乐之哀而哀。听一首欢快的乐曲时，总是欢快的，如听闵惠芬的二胡独奏《赛马》；听一首忧伤的乐曲，又总是忧伤的，如听瞎子阿炳的《二泉映月》。决然不会相反：听《赛马》时会生出听《二泉映月》时那样的忧伤；或者听《二泉映月》时，会生出听《赛马》时那样的欢快。我想，不论是经过严格训练造诣很深的音乐大家，还是毫无音乐修养根本不知"乐理"为何物的"齐东野人"，他们也一定与我一样，欢快或忧伤的情感反应与音乐基调是相对应的。这种既是笔者的个人体验，又是普遍的生命现象，除了人类体内有着共同的先验的"音乐美之性"外，别无解释。

说音乐美感源自遗传之"性"，似乎总有些唐突。那么对巨响的害怕反应，是源自遗传的命题，是不会有异议的。无论何人，正在"闲庭信步"之时，突闻一声巨响于身旁，一定会为之一惊，不可能无动于衷。苏洵《心术》中所谓的"为将之道，当先治心。泰山崩于前而色不变……"并非说为将者能不惊于心，而是指其有异于常人的非凡定力，能使之不形于色而已。我孙子出生的隔日早晨，我去看他，他尚未开眼看世界，当然也不知道他的爷爷在他的身边。此时，不知何故，走过走廊的护士手中的一个托盘会滑落地面，顿时，宁静的房中传进来一声巨响，见孙子明显地惊悸了一下。孙子对我这个爷爷的探望无动于衷，可是，他对这一声巨响，会应声而做出明显的反应。这除了是天生的本能的反应之外，别无解释。既然对"巨响"可以形成遗传基因之性，为什么对本质上同属于响声的音乐就不可以呢？

听到狮吼虎啸之声，我们的祖先一定是感到害怕的。因为这种声音预示着对生存的威胁。另有一些声音，如突然的巨响，或怪里怪气的声音，也使我们的祖先感到害怕，因为这些声音是异常的。对于异常，人类会因对其无法预控而生不安全感。人类祖先形成的这些身心反应模式，即"性"，都遗赠给了我们这些他们所爱的后代，包括"音乐美之性"。

三、人情相似

一个正常人的同一个情感 A，与之对应的生理反应，过去、现在与将来，都是相似的。

现在，人工智能方兴未艾，科学家们在研制捕捉心理反应的"读心机"，且已有一定收获。笔者相信读心机的设计原理，应该即是"人情相似原理"：这一次的"想 A"，与下一次的"想 A"，大脑神经反应是相似的。因此，只要在读心机中储存了"想 A"的大脑活动信息，以后当读心机再次捕捉到相似的大脑活动信息时，即使你不说出你在"想"什么，读心机也会知道你在"想 A"。

与此同理，过去"快乐 A"的生理反应，与今天与今后"快乐 A"的生理反应是相似的。我四十年前的初恋情感之"甜蜜",于现在想起她时情感之"甜蜜",也还是相似的。其实,"甜蜜"两字,根本不足以囊括恋情中的许多细腻的情感反应,但此仅是"语言符号"与其"指称对象"之间的不相符,并不影响"甜蜜"所指称的不同时空中的中枢神经活动与其引发的快乐素的超常分泌活动的相似性,哪怕是经过了几十年,只要中枢神经组织没有器质性的变化。

同一情感前后的相似性,不是在我们有意识的控制下相似的,而是由一个人的生理组织及其运行机制的前后同一性先验地决定了的。我们没有理由说,产生于相同的生理组织及其运行机制中的同一情感的中枢神经活动,前后会是不相似的。尽管这个相似性发生在有意识的生理存在即人体之中,但其同样受无意识的物理存在即客观世界中的因果规律的制约:相同的原因,一定产生相同的结果,不会有例外。

那么,人类不同个体之间的同类情感的生理反应,是否也是相似的?我的回答是:肯定的。

唐·朱庆余《近试上张水部》诗:"洞房昨夜停红烛,待晓堂前拜舅姑。妆罢低声问夫婿,画眉深浅入时无。"假设有另一个新娘,也在早起见舅姑前,同样地"妆罢低声问夫婿,画眉深浅入时无"她们那种胆怯、羞涩、撒娇的情感是否相似?一定是相似的。

与此同理,不同的人在"洞房花烛夜,金榜题名时"的快乐心情,是相似的;不同的名落孙山者,或者"恋人已结婚,新娘不是我"者的痛苦心情,也一定是相似的。

那么,不同个人之间相似的情感,在生理反应上,是否也是相似的?

我的回答,同样是肯定的。因为不同个人的大脑,尽管在外形上有区别,有的人的脑袋大一些,有的人的脑袋小一些,或者有的人的额头"前奔"一些,有的人的后脑勺冲出一些,但是总体上大致是圆形的,不可能是方形或者是三角形，人类大脑外形的相似性是由进化形成的。与此同理，不同个人大脑内部结构也都是相似的，如都分为左半球、右半球，两球之间有称之为"胼胝体"的脑组织连接着……它们又都由"中枢神经细胞"等所组成……因此说，不同个人之间相似的情感，在不同大脑内的中枢神经活动也必定是相似的。

总而言之，人类有相似的情感，不同个人之间的相似情感，在生理反应上亦是相似的。

四、音乐与情感

空气中没有人类的情感在；人为演奏的音乐中，也没有人类的情感在；情感在我们的心中。那么，我们为何能于音乐中感受到"欢乐"或者"忧伤"？

这须从音乐是如何创作出来的说起。

据传，十九岁的时候，肖邦暗恋上了一个名叫康斯坦琪雅的女孩，却又感觉是不可能的，并怕被人发现他恋上了这个女孩子，于是假装喜欢着另一个女孩——艺术家们往往就是这样地行为怪异。半年之后，肖邦什么也没有说，就离开了初恋的对象。后来，他把这段满腔的浪漫情怀化成了一首《F小调第二钢琴协奏曲》。肖邦在给友人的一封信中曾对这首曲子有如下说明："我是以浪漫、平静、略含忧郁的心情作了这首曲子，借此让人产生像是在眼前望着一个能引起无限快乐的回忆那样的印象不可。比如像是美丽春天明月良宵那样的印象。"由此可见，肖邦的这首钢琴协奏曲，是肖邦初恋情感的外化形式。推而广之，一切乐曲都是作曲家情感的外化形式。

因为一首音乐曲子是作曲家一段情感的外化形式，所以，当作曲家完成作曲之后，回听这首曲子时，引发他的情感与作曲时的情感一定是相似的。此与爱迪生发明留声机的原理是相同的，唱片上的弧形刻线是由唱歌时的声音振动带动针头振动留下的轨迹。当针头再次划过这些轨迹时，歌声就被还原了出来。

由于人类有相似的情感，相似情感的生理反应又是相似的，因此，当我们听见一首由作曲家某一情感如"欢乐"或"忧伤"外化的乐曲时，引发我们的生理反应，与作曲家作曲时的生理反应是相似的，由此而引发了我们与作曲家相似的情感——此即"共鸣"之谓也。

反之，如果我们心中没有与作曲家相似的情感A，我们就会对由此情感A外化的音乐"无动于衷"。战国时的雍门周善操琴。以琴见孟尝君。孟尝君曰："先生鼓琴，亦能令文悲乎？"雍门周对曰："臣之所能悲者，先贵而后贱，摈压穷巷……困于朝夕……者。今若足下，居则广厦高堂，连阕洞房……置酒娱乐，沉醉忘归。方此之时，视天地曾不若一指，虽有善鼓琴，未能动足下也。"将雍门周之言简要译成白话文："我弹琴只能使那些不幸的倒霉蛋感到悲哀。您现在身处高位，锦衣玉食，指点江山，我没有本事使您感到琴声之悲。"

东汉学者牟融的代表作《对牛弹琴》："公明仪为牛弹《清角》之操，伏食如故。非牛不闻，不合其耳矣。"为何牛听不懂？你弹你的琴，我吃我的草，因为牛与人类在生命进化树上的位置相距甚远，也即是说，牛类与人类在很早很早以前就已分道扬镳、各自独立进化了。虽然人类与牛类也有永恒不变的共同情感，如对狮虎死亡威胁的恐惧，如舐犊之情。但是，人类与牛类"拜拜"之后，有了不同的生活经验，人类已经进化出了许许多多为牛类所没有的新情感，如异性恋爱时丰富细腻的被今人称之为"爱情"的那些情感，而公牛对母牛，没有那么多的"花花肠子"，以角力取胜，直接而粗暴，直奔主题。因此，肖邦的《F小调第二钢琴协奏曲》弹得再好，牛也不可能听懂。

人类有共同的情感，是音乐能够感动人的根本之所在。

五、音乐与相似美

音乐有一个突出的特点，就是它的节奏与旋律。

一首曲子为什么是这样的节奏与旋律，而不是那样的节奏与旋律？这是由什么决定的？答曰：是由作曲家的"情感节奏与旋律"决定的。作曲家情感节奏快，则其外化的音乐节奏亦快，反之亦然；作曲家的情感缠绵悱恻，则其外化的音乐旋律亦回环往复……

总体而言，欢乐的曲子节奏明快，音量高昂；忧伤的曲子节奏缓慢，音量低沉。分别听一听瞎子阿炳拉的《二泉映月》，与闵惠芬拉的《赛马》，这种区别非常明显。这个表达欢乐与忧伤的"音乐总基调"，作曲家是否可以自主？换言之，作曲家是否可以作出节奏缓慢音量低沉的表达欢乐情感的曲子？或者相反，瞎子阿炳能否以《赛马》的节奏与音量，拉出《二泉映月》曲子所反映的如诉如泣的那种忧伤情感？或者闵惠芬能否以《二泉映月》的节奏与音量拉出《赛马》场上的那种欢乐气氛？笔者的回答是：不可能。

中国的音乐家不可能，那么，外国的音乐家能不能？笔者的回答同样是——不可能。

为什么全世界的音乐家都不可能？因为节奏明快音量高昂与欢乐情感具有"相耦关系"，节奏缓慢音量低沉与忧伤情感具有"相耦关系"，这种"相耦关系"是由自然进化形成的，且已经形成了遗传基因之性。

不仅欢乐悲伤与音乐节奏形成了如此的"性"关系，"激动、兴奋、悲愤、壮美"，与"平和、宁静、安详、优美"，也各自与音乐节奏形成了"相耦关系"，总的基调是——前者节奏急昂，后者节奏舒缓。

由于音乐节奏与情感有着这种固有的"性"关系，因此，肖邦的朋友听《F小调第二钢琴协奏曲》时能够感受到"……明月流辉，繁花似锦，被初恋的氛围所笼罩"。当伯牙鼓琴志在高山时，钟子期能够曰："善哉，峨峨兮若泰山！"

志在流水时，钟子期能够曰："善哉，洋洋兮若江河！"

那么，为什么音乐节奏与人类的悲欢情感之间会进化成如此的相耦关系？又是什么原因使之如此进化的？如此进化之原理是否与达尔文的"物竞天择，适者生存"进化原理相同？

笔者以为，如此进化之原理与达尔文的"物竞天择，适者生存"进化原理是根本不同的。

因为如此进化的原因，远在人类诞生之前已经存在。既然其原因远在人类诞生之前就已经存在，就与人类的生活经验没有任何关系；既然与人类的生活经验没有关系，就与达尔文的"物竞天择，适者生存"的进化原理，也就没有了关系。

那么，其原因究竟何在？

在于组成一切生命体的质料即细胞的活动状态与其所具有的能量状态之间的必然关系。更早的源头可追溯至演化出生命体的无意识的物质世界之中：当我们架薪火于釜底之后，釜中之水获得能量，原先平静的水，会随着水分子获得能量的增加而冒泡，而沸腾……当我们"釜底抽薪"之后，又随热量的扩散而渐至平静。是沸腾还是平静，取决于水分子获得的能量：能量增加，水分子的动能就增加，水分子的动能增加，水分子的"活跃"程度就增加；反之，则活跃程度降低。生命体细胞亦然。

生命体细胞获得的能量越接近维持细胞机能之需要值，细胞越趋于活跃，生命力越强；反之，能量越缺乏，越远离维持细胞机能之需要值，则细胞越减少活跃程度，生命力越弱。这是人人可有的体会：当我们精力旺盛之时，就会"好动"；当我们疲劳之后，就会静养。

一切生命体有两个最基本的情感：快乐与痛苦。与之对应的生命体内的能量状态，就是"能量获得值"相对于"能量需要值"的比较状态。两个数值接近时，即生命体所需能量与获得能量处于平衡状态，生命体对此之感受，就是今人所言之"舒适"，与之相应的情感，就是今人所言之"快乐"；当获得能量不足，远离所需能量时，生命体内能量处于"不平衡"状态，生命体对此之感受，就是今人所言之"难受"，与之相应的情感，就是今人所言之"痛苦"。

人类是生命体的一种，情同此理。因此，从本源上说，人类快乐情感对应的是生命体内细胞的活跃状态，也即对应的是生命体的强盛状态；反之，人类痛苦情感对应的是生命体内细胞的不活跃状态，换言之，痛苦情感对应的是生命体的衰弱状态。

生命体的强盛状态，是生命体诉求的，衰弱状态，是生命体避免的。

音乐之美，就是如此曲曲折折地……最终通过"音乐节奏与生命体细胞活动节奏的相似性"——快乐时细胞活跃而音乐节奏相应明快，悲哀时细胞减少活跃度而音乐节奏相应缓慢——而与人类的天性诉求相联系，由此而形成音乐之"相似美"。

第十三章

美与心理

今日人类之心理，有两个来源，第一个来源与今人之生活无关，是得之于遗传的，以"基因心理"名之，此为人性之一部分；第二个来源是由后天的人生经验形成的，以"习惯心理"名之。

基因心理，人人相似；习惯心理虽有不同与差异，但由某一时代社会史态塑造的总体心理是相似的。

基因心理与习惯心理，形成心理反应模式。

心理反应模式处于潜意识领域，我们并不能感知它们的存在。但是，我们对于来自外部世界的信息做出的第一反应，之所以是这样的，而不是那样的，是由心理反应模式规定的。

人们的审美活动，同样受基因心理与习惯心理的规定。

那么，为什么会做如此的规定？这是因为心理反应模式一旦形成之后，就形成了与此"心理反应模式"相应的诉求。

与此心理反应模式相应的诉求，简称心理诉求。

当与心理诉求相似时，我们就会感到惬意。这个惬意所指的感受，包含着美感，但又不全是美感，更多的则是非可归类于美感的愉悦感。反之，当与心理诉求不相似时，就会感到不适。这个不适包含着这样一些情感反应：

非美的、别扭的、怪怪的、惊讶的、滑稽的等等。

处于潜意识领域的心理诉求，对我们的全部审美活动，尤其是对文学艺术的欣赏、创作、存亡，有着深刻的广泛的影响。

"弱水三千，只取六瓢"论之。

一、整体之美与心理

何为整体之美？当在一个视象 A 之中，有多个物象并存且组成美象时，此视象 A 之美，谓之"整体之美"。在整体之美中，作为整体中的某一部分物象本身可能并不是美的，其仅仅是与其中的某一或某些本身是美的物象在一起时，才成为整体之美的一部分。

几枝鲜花，插在花瓶之中；花瓶放置于花架之上；花架摆设于客厅粉墙之一角。鲜花、花瓶、花架、客厅粉墙之一角，四个独立物象组成一个整体美象。其中，鲜花、花瓶、花架三者，本身就是一个美物，再不可分解；客厅粉墙之一角，则本身并不是美的，但其是决定视象 A 成为整体之美的不可或缺的一部分。

为什么说本身并不是美的客厅粉墙之一角，是决定视象 A 成为整体之美的不可或缺的一部分？是因为，当客厅粉墙之一角置换成别的物象时，这个"整体视象 A"就可能不再是美的，而成为"非美"的。

施昌东先生在其《"美"的探索》中有引述苏联普列特涅夫的一段话："在巨大的水电站的正面放上一个闺房中的小天使，是荒诞的；在一座横跨大江的桥上放上一些小花环，也是可笑的。"[1]

试想，我们去把那个"花架上放着花瓶，花瓶里插着鲜花的花架"（以

---

[1] 选自《"美"的探索》，施昌东著，上海文艺出版社，1982，第358页。

下简称"花架"）放在"小天使"或者"小花环"的位置上，是否同样会显得是荒诞的、可笑的？回答是肯定的。

但是，这个荒诞与可笑，不是由那个"花架"引起的，而是由那个"花架"与"水电站"或者"大桥"组合形成的整体视象 A 引起的。

而"花架"与"客厅粉墙之一角"组合在一起时，这个"整体视象 A"不是荒诞与可笑的，而是美的。由此可见，那个本身并不美的"客厅粉墙之一角"，是决定"整体视象 A"成为整体之美的不可或缺的一部分。

那么，这个本身并不美的"客厅粉墙之一角"，为什么会使"整体视象 A"成为"整体之美"的不可或缺的一部分？其秘密就藏于人们的"习惯心理"之中。

"习惯心理"是由人们的生活"经验印象图式"形成的。

"经验印象图式"可分为两类。第一类，处于同一视象中的印象图式，以"静止印象图式"命名之，如"花架"与"客厅粉墙之一角"组合在一起的图式。第二类，处于不同视象中的印象图式，以"动态印象图式"名之。如人们对于冬天与春天的印象，就形成了一个"动态印象图式"。英国诗人雪莱之所以在《西风颂》中有言："……冬天来了，春天还会远吗？"其依据就是雪莱大脑中的冬天与春天时间关系的动态印象图式。

"经验印象图式"建立之后，就相应形成了"习惯心理"。

"习惯心理"详解："动态印象图式"是由处于不同视象中的物象组成的。因此，必定是先见到某一"物象 A"，然后才能见到另一"物象 B"。如必定先见到"花开"，然后才能见到"结果"。又因此，当我们见到"动态印象图式"中的"物象 A"时，在潜意识中就会产生见到"物象 B"的期待。期待也即是诉求。这种由见到"物象 A"而期待见到"物象 B"的诉求，即是"习惯心理"之内涵。

"静止印象图式"同样形成"习惯心理"。只是在日常生活中"静止印象图式"总是一次性成为我们的视象的，习惯心理无由发生而已。以假设试验说明之：有个花架，与被遮掩着的另一个事物组合在一起。问被试者："与花架组合的另一个事物是什么？"此时，被试者由"静止印象图式"形成的习惯心理就会发生：被试者所回答的事物，一定是在他的与花架有关的"经验印象图式"之中去选择，或答是书橱，或答是客厅粉墙之一角，或答是挂有条幅的粉壁……而事实上，被遮掩着的是从医院解剖室借来的一具骷髅。被试者为什么会如此回答？因为"静止印象图式"同样形成"习惯心理"，见到"静止印象图式"中的物象 A 时，必然去联想与物象 A 常在一起的物象 B，或者物象 C。如在本例中，见到花架，必然因习惯心理而去联想"书橱""粉墙之一角""挂有条幅的粉壁"……而决不可能会去想到是一具骷髅的。因为，在被试者以往的生活经验中，从来没有见过花架与骷髅这样组合的整体视象，也即没有形成这样的"静止印象图式"，亦即没有形成可做如此联想的"习惯心理"。

由此可见，只有当"所见映像"与处于潜意识中的习惯心理之"诉求映像"相似时，人们才有可能产生包括美感在内的惬意感。如"客厅粉墙之一角"与"花架"组合在一起，是符合"习惯心理"的，因此，这个整体视象是美的。反之，则就会因不合习惯心理之诉求而产生或别扭或不伦不类等不适感，如将这个"客厅粉墙之一角"置换成"水电站广场"，或者置换成"一具骷髅"。

不仅是整体视象与习惯心理有这样的关系，包括听觉在内的"整体映像"同样有这样的关系。偶尔看到慧律法师的弘法演讲视频，对慧律法师一段喻法的话印象很是深刻。慧律法师说："有一首歌叫《终会等到那一天》，很好听的，唱出的是男女相恋的心声。有一个棺材店的老板天天在棺材店门口放这首歌，使路过的听者感觉怪怪的，且心里很不是滋味：终会等到那一天，你等谁呀？！"通常之弘法，大都是十分严肃的，慧律法师能够讲得如此幽默，且整个演讲自始至终贯穿幽默，实在难得。为什么路人听到这首歌而会感到怪怪的，且心里很不是滋味？就是因为这首歌在棺材店门口放，不仅是违背人们的习惯心理的，且是触听者霉头的。这首歌宜在花前月下放。

　　但是，习惯心理影响的只是"整体视象"的美与不美，并不影响"整体视象"中与美本身具有相似性的那部分物象之美，因为美本身，不是由今人习惯心理所决定的。属于自然美的美本身，早已经由自然进化形成了的；属于社会美的美本身，则是由"应是理念"决定的。如"一朵鲜花插在牛粪上"的整体视象是非美的，但那朵鲜花仍然是美的。如在棺材店门口放《终会等到那一天》给人的感觉是怪怪的，但那首歌本身仍然是优美动听的。

二、"国粹"衰落与心理

　　20 世纪 60 年代的乡村，生活节奏与几百年前的生活节奏相比，并无多大变化，日出而作，日落而息。我家门前的小河里，因有河岸挡住视线，并不见河中之船，但见一片白帆，缓缓划过绿色的田野……过桥时，放下桅杆，不见了白帆，须臾，又见白帆从桥的另一边升起来……重新缓缓地在绿色的田野上刀片似的划过去……三四里之外有一个小镇，小镇上有一个茶室，茶室里常有苏州评弹演出。我常常乘人不注意，溜进去"听白书"①听得如痴如醉……时至今日，再没有去听过评弹。偶尔看到苏州电视台播放的《电视书场》，除了勾起我少年时"听白书"的美好回忆外，总是很快就转过台去。

　　前几年有朋友赠我一张昆剧戏票，去看过一场昆剧折子戏。只见演员的

---

　　① 苏州人称不出钱听说书为"听白书"。

长袖子在戏台上这边一挥，那边一挥，听其"咿咿呀呀"地唱着，一个字要拖很长时间……"等得花儿也谢了"，才听转到后面一句……实在让我没有耐心欣赏下去。不管怎么说，我总可算一个资深的文学爱好者吧，尚且如此，怪不得旁边有人露出昏昏欲睡的样子。后读李渔《闲情偶寄》，方知昆剧唱腔中一个字的唱法，讲究到要分"出口""收音""余音"三个环节。如一个"箫"字，出口唱"西"，收音唱"夭"，余音唱"乌"。[①]

此在昆剧昌盛之时慢节奏生活中的闲人视为精妙之唱功，今人如我则感到拖沓得不堪。

现代与那时代比较，除了昆剧的剧情与现实生活有了很大的隔膜外，还有现代生活节奏变得快多了。我老家的田野不见了，再也见不到小河里缓慢移动的白帆了，代之而起的是时速二百多公里的高铁……以前写一封信，再收到回信，少则十来天，多则几十天，现在只要动动手指头，即刻可以通信了……

随着生活节奏的变快，人的心理节奏也随之变快。从本源上说，人的心理节奏是由生活节奏形成的，但是，当心理节奏已经形成模式之后，反过来需要生活节奏来适应人的心理节奏模式。换言之，在人们的潜意识中，就有了外部事物节奏与心理节奏相似之诉求。相似之，则惬意之；相悖之，则不适之。节奏太快，如我听摇滚音乐，或节奏太慢，如我观昆剧听评弹，都会感到不适。

与评弹昆剧面临同样命运的，还有国粹京剧。每年春节晚会总会安排京剧联唱，几个京剧圈内的名角全副武装上场，一人唱一句两句，就算完成了弘扬国粹的任务。还有很小的京剧演员上场，大概是以示后继有人。笔者看着心理反应十分复杂，似乎看到了保护国粹之有力人士在做挽狂澜于既倒之

---

① 选自《闲情偶寄》上下册，［清］李渔著，杜书瀛译注，中华书局，2014.2，第225页。

努力；又似乎看到了有人在被赶鸭子上架；又似乎看到了迟暮之美女，在谢幕前的强颜欢笑。

无可奈何花落去，此评弹、昆剧、京剧今日命运之写照也。

为何无可奈何？根本原因在于：剧情与现实生活的隔膜，以及剧情节奏之慢，与现代人的心理节奏之快，合不上拍了，也即不再具有相似性了。

三、艺术程式与心理

诗人于坚曾说过这样一段话："读者习惯的古体诗有自己的一套程序，而且已经达到了某种写作的局限……就像中国画一样，过去那些伟大的画家已经达到一个高峰，无论是在内容上和形式上，也都相对固定。如果你在山水画里面画摩天大楼，就不像中国画了。古体诗也是如此，你用古体诗来写现实社会的事情，总会让人有种顺口溜的感觉。"此是于坚先生在接受《南方都市报》采访时，针对"最近周啸天以旧体诗获得鲁迅文学奖遭到网民诟病"之事所做的评论。

我则认为周啸天先生的诗别具一格，大俗大雅，难得一见，不同凡响。如写杨振宁、翁帆情事的《翁杨恋二首·其二》："二八翁娘八二翁，怜才重色此心同。女萝久有缠绵意，枯木始无滋润功。白首如新秋露冷，青山依旧夕阳红。观词恨不嫁坡髯，万古灵犀往往通。"写出了源于人性之至情。如《洗脚歌》："……沧桑更换若走马，三十河西复河东。尔今俯首休气馁，侬今跷脚聊臭美。来生万一作河东，安知我不为卿洗？"写出了世事之沧桑、平等之心态。

那么，如此之好诗，为什么会遭到诟病？原因即在于此诗之内容与形式，与今日之人们的审美习惯心理是违背的。因为旧体诗已经程式化了，与之相应的在人们的大脑中已经形成了旧体诗的"经验印象图式"，也即形成了旧体诗用词应该是典雅的、押韵的、对仗的等审美习惯心理。现在，一见周先生的旧体诗竟然是这个样子的，自然会有种不对劲的感觉。

与之同理，中国画已经形成了相对固定的景物与谋篇布局。此种固定的景物与谋篇布局，已经转化成了国人对于山水画的审美习惯心理。而在山水画中画入"高楼大厦车水马龙"，与国人的审美习惯心理是相悖的。

音乐欣赏亦复如是。常见老年人晒太阳或者散步时带着一个老式半导体收音机，反反复复听着在年轻人听来已经老得掉了牙的老歌。但这些老歌符合老人们的审美习惯心理，听着感觉浑身舒服。而这些老歌与年轻人的审美心理已有"代沟"，因此年轻人对那些老歌不感兴趣，入不了他们的耳朵。

四、园林风格与心理

欧洲园林偏爱规整划一，境界开阔；苏州园林则喜求曲径通幽，小巧精致。园林之美，无分种族。那么，为什么会有如此明显的民族风格？这是由民族潜意识也即"习惯心理"所形成的审美味蕾不同所致的。民族习惯心理的不同，源于民族历史的不同：窃以为，因欧洲人源于"人类原罪说"，而偏重于法治。法治是硬性的，而硬性与规整划一之形态具有相似性。欧洲园林规整划一之风格，或许是其法制理念于治园上的体现。苏州园林的主人大都是官场中的退隐者，之前沉浮于宦海，深知人心之叵测，故城府之深沉，他人难以径直窥见之，苏州园林之曲折通幽，或许是此种心理在治园上的体现，而小巧精致则应该是士大夫退隐生活的内心写照。从大处说，苏州园林之风格，根源于中国文化的两个源头：道家之老庄、儒家之孔孟。儒道两家思想，塑造了中国士大夫阶层"穷则独善其身，富则兼济天下"的心理模式。苏州园林应是此"习惯心理"的物化形式。

五、艺术宗师"难出"亦"必出"与心理

何谓艺术宗师？开创一个艺术流派的艺术家，谓之艺术宗师。

个人有个人的审美味蕾。个人的审美味蕾，是个人的人生史态决定的；一个时代有一个时代的主流审美味蕾，一个时代的主流审美味蕾，是由包括艺术史态在内的社会史态决定的。

当眼前的审美对象不符合个人的审美味蕾时，就不会被个人所欣赏；同理，当一个审美对象不符合时代的主流审美味蕾时，就不会被当时的主流群体所接受。何谓主流审美味蕾？具有话语权的主流群体的审美味蕾，谓之主流审美味蕾。

而与审美味蕾相应的是审美习惯心理。一个审美习惯心理，类同于一个"框子"，合于这个"框子"的，就被认为是美的，反之则是"离经叛道"的。

印象派创始人及其代表人物之一法国画家莫奈，于1872年在阿弗尔港口画的一幅后来名为《日出·印象》的写生画，突破了"学院派"传统画法的束缚：整个画面笼罩在稀薄的灰色调中，笔触画得非常随意、凌乱，展示了一种雾气交融的景象。日出时，海上雾气迷蒙，水中反射着天空和太阳的颜色，岸上景色隐约，模糊不清，给人一种瞬间的感受。在首届印象派画展时，一名新闻记者讽刺莫奈的画是"对美与真实的否定，只能给人一种印象"。到了1884年，举办画展时，这幅作品还不被审美主流群体所认可，遭到无情的诽谤和奚落。有评论家挖苦说："毛坯的糊墙纸也比这海景完整！"因为当时握有话语权的具有保守思想的学院派占据着19世纪后半叶的西方画坛。换言之，印象派画，不符合主流审美味蕾，也即不符合主流群体审美习惯心理模式——这即是艺术宗师难出的心理原因。

艺术贵在创新。绝大部分艺术家，也总是有意识地追求创新，但是，最终很难摆脱历史的窠臼，而流于平庸。平庸者，随大流者也。因为一旦脱离

窠臼，就会被主流审美群体所否定、所扼杀。

除此心理原因之外，艺术宗师难以出现，还有三个具体的原因：

其一，假设莫奈因得不到主流审美群体的认可，且受奚落挖苦打压而就此消沉，就不会成为开创一代画风的宗师；

其二，再假设莫奈并不甘心，而继续独树一帜走自己的艺术道路，但因才气不逮而终无成就；

其三，即使莫奈取得了成功，但没有一群志同道合者，如雷诺阿、毕沙罗、窦迦、莫利索、卡莎特及其持续有一批追随者，就不能形成一代新的画风，莫奈至多只能是一个伟大的画家，而不能成为开创一代画风的宗师。

何谓形成一代画风？即这种画风成为一个历史时期的时尚，并重新塑造了人们的审美味蕾，有的可能形成新的主流审美习惯心理，有的虽然不能形成主流审美习惯心理，但是能够形成一个流派，成为美术史上绕不过去的光辉一章，如印象派绘画，成为西方绘画史上划时代的艺术流派。

简言之，艺术宗师难出的根本原因在于，要改变一个历史时代形成的审美习惯心理，并不完全取决于艺术家本身的努力，而是由综合因素造成的。因此，通向艺术宗师之路，犹如"蜀道之难，难于上青天"。

但是，亦有艺术宗师必出的心理原因。此心理非是"习惯心理"，而是"基因心理"。"基因心理"，即是得之于遗传的"人性"。

人性中具有好奇之性与求变之性，人类不能承受没有新鲜东西刺激的生活，必求变化。艺术领域亦不例外。杜甫有诗云："为人性僻耽佳句，语不惊人死不休。"郑板桥题书斋联："删繁就简三秋树，领异标新二月花。"齐白石说："学我者生，似我者死。"

艺术家追求标新立异、独树一帜，其中必有幸运者成为一代艺术宗师。

"江山代有才人出，各领风骚数百年"，可见艺术宗师的出现是极其困难的，需要数百年之久。但是，由于人类具有好奇之性与求变之性，"江山代有才人出”亦是必然的。

六、“情景交融”与心理

诗讲究情景交融。只有情景交融之诗，才是好诗。

那么，为什么只有情景交融之诗，才是好诗？

答曰：这是由一个名之为“景情相耦”的基因心理决定的。

从中枢神经角度而言，一个“情感”，是一个中枢神经活动片段；一个“景象”，亦是一个中枢神经活动片段。

“景”与“情”这两个不同的中枢神经活动片段，它们发生的始点不是同时的，而是前后相继发生的：“情”之中枢神经活动，是由“景”之中枢神经活动引发的。此种“景”与“情”的关系，笔者名之为“景情相耦”关系。此即传统美学中所谓的情景交融。

“景情相耦”关系有两层含义：第一层，情是由景引发的，景在先，情随后，然后两者并行。但是，景与情是不同的神经中枢活动，是非能如传统美学所言的那样情景交融的。第二层，见之什么样的景，引发出什么样的情，两者的关系是特定的，是由自然进化形成的处于潜意识领域的“基因心理”决定的。

那么，为什么会进化成“景情相耦”之基因心理？

诉求者，情之本源者也，见之与诉求相似之“景”，则生“喜”情，反之，则生“悲”情。此即进化形成“景情相耦”基因心理根源之所在。

“景情相耦”诗例：

马致远《天净沙·秋思》：“枯藤老树昏鸦，小桥流水人家，古道西风瘦马。夕阳西下，断肠人在天涯。”

在此诗中，景与情的描写截然分明。前四句“枯藤老树昏鸦，小桥流水人家，古道西风瘦马。夕阳西下"，是写景；最后一句"断肠人在天涯"，是抒情。

既然写景与抒情是截然分明的，那么为何此诗被视作情景交融的典范而脍炙人口？

试想：最后一句"断肠人在天涯"，换成"富贵人在天堂"是否可行？或者是否亦可成脍炙人口之诗？答案是绝对否定的，不仅不能成为脍炙人口之诗，还会令人感到"前言不搭后语"的滑稽。

那么，为什么会令人有"前言不搭后语"的滑稽感？这是因为全诗最后一句所抒之"情"，与前面所描写之"景"，是不"相耦"的，也即是不符合人们的基因心理反应模式的。前面的景，如"枯""老""昏""瘦""夕阳"，都是与人类诉求相违背的，因此，此景只能引发人类"悲愁""忧伤"类情感，不能引发"富贵人在天堂"这样的喜乐情感。

为什么"此景"只能引发悲愁忧伤类情感，而不能引发欣喜欢乐类情感，这是由人类进化形成的"景情相耦"关系所决定的，与人类个体无关，且是万古不变的。

马致远之"断肠人在天涯"属于悲愁、忧伤类情感，与前面之"枯""老""昏""瘦""夕阳"诸景所能引发的情感是"相耦"的。因此，此诗才成为情景交融的好诗。

再假设，马致远此诗，仍然是原来的五句，但在排列上变动为："断肠人在天涯。枯藤老树昏鸦，小桥流水人家，古道西风瘦马。夕阳西下。"是否亦可以成为"情景交融"之好诗？

回答也是断然否定的，不仅不再是好诗，也还会使人有怪怪的接不上气的感觉。因为这亦是违背"景情相耦"之基因心理的，情必在景之后而发，而不能相反。

第十四章

美的本质

《柏拉图文艺对话集》（大希阿庇斯篇·论美）中，苏格拉底以其论敌讥讽的口气对希阿庇斯说："……我问的是美本身，这美本身把它的特质传递给一件东西，才使那件东西成其为美，你总以为这美本身就是一个年轻小姐、一匹母马，或一个竖琴吗？"苏格拉底论敌的意思很明确："美本身"，是使事物成为"美的"那个东西。也即是说，"美本身"与"美的"是不同的两个存在。

但是人们往往把"美本身"与"美的"混为一谈，也有人把"美"与"美感"混为一谈。

笔者以为，美包含三个对象：一是美本身，即笔者所名之美素；二是美的事物，也即美的，也即美物，也即美象；三是美感。

因此说，美的本质，涉及"美素""美的""美感"三个不同存在的本质。

一、本质与存在

要说清"美"的本质，必须先明确两个与说清美的本质有关的，但并非属于美学领域的概念：本质与存在。

本质

迄今为止，对本质的内涵众说纷纭，十分混乱，没有一个统一的定义。

查《辞源》《辞海》《牛津高级英汉词典》给出的"本质"定义，大致可归结为六个：

定义一：本质是事实存在的根据；

定义二：本质是事物的根本性质；

定义三：本质是事物本来的形体；

定义四：本质是事物的内在联系，它由事物的内在矛盾所规定，是事物比较深刻的一贯的和稳定的方面；

定义五：本质是某类事物区别于其他事物的特质；

定义六：本质是使事物成为它所是的东西，是事物最重要的，必不可少的属性。

具体分析以上给出的本质定义，细细想来，有许多使人疑惑的地方。

定义一中的"根据"与定义二中的"根本性质"，指的是什么？无法落实。

定义三中所谓的事物本来的形体，则有三个问题：第一，"本来的形体"是否可见？康德认为物自体是不能认识的，笔者是认同康德的观点的；第二，以日常经验论，也可知有些存在"本来的形体"铁定是不可见的，如一个"美感"，如何可见之其本来的形体？其三，有些存在是"虚在"，本来就没有本体，也即是不存在形体的，如"相似性"。

定义四中，又是"内在联系"，又是"矛盾规定"，又是"比较深刻的一贯的和稳定的方面"，越说越使人糊涂。

定义五的"特质"说，是我们日常语境中最常用的，是可以理解的。但是，亦有两个疑问，疑问之一：既是区别于其他事物的特质，那么，与不同的其他事物相区别，就会见之不同的特质，换言之，一个特定存在的本质，并不取决于其自身，而是随我们将它与什么事物比较区别而变化不定的。疑问之二：如果有一个存在是独一无二的，即没有任何别的事物与之可做比较，那么，这个存在就无"特质"可见，也就无本质可言了。

定义六将使事物成为它所是的最重要的必不可少的属性视作事物的本质。从这个定义看，假设有一个"事物A"，则事物A的"本质A"在"事物A"之中，且是"本质A"使事物成为"事物A"的。但是，在人类认识中的使事物成为事物A的那个东西，并不一定在"事物A"之中，而可能在"事物A"之外。

事实上，在人类所有的文字符号系统中，许多名字的内涵是混乱的、模糊的。而本质之内涵，至少可谓之最为混乱不堪的内涵之一。

综上所述，人类所谓的事物的本质，亦如胡适眼中的历史一样，如同任人打扮的一位小姑娘。换言之，人类所言之本质，是人类依据自己的标准如"根据"，如"根本性质"，如"特性"，如"使其所是"等认定的。同一事物，按不同的标准观之，可言不同的"本质"。

存在
笔者在此所谓的存在，是指组成客观世界与主观世界的一切"东西"。日月是存在，山河是存在，虫草是存在，思想是存在，情感是存在，知识是存在。在传统哲学中，日月山河虫草，被名之为"客观存在"；思想情感知识，被名之为主观存在。

为便于论述美的本质问题，在此处我将存在分为"实在"与"虚在"两大类。实在对应于客观世界，虚在对应于主观世界。

实在：假设以原子为实在的逻辑起点，则日月山河虫草，不论它们差别有多大，都是由原子组成的，所不同的是原子种类、数量以及结构的不同。

虚在：离开人的认识就不存在的，仅存在于人类认识中的存在，谓之虚在。

如方位之东南，如夏花之绚烂，如事物之相似性。

一切虚在，没有原子质料意义上的本质可言，如东南，如绚烂，如相似性，能说是由原子质料组成的吗？不能。

但是，人类所言之本质，绝大部分所指的并不是质料意义上的本质，而是其他意义上的本质。

二、"美素"本质

美素是实在的，还是虚在的？是否有本质可言？其本质是什么？

假说人类不存在，是否存在美？答案是否定的，人类不存在，就没有人类之诉求可言。没有人类之诉求，就没有诉求对象，更无诉求与诉求对象的相似性可言，也就不会进化出理想诉求印象而成为美素。美素是抽象印象，无形象可见。美素只存在于人类的认识之中，客观世界中铁定没有美素的存在，因此说，美素是虚在的。

而从虚在的角度而言，美素无质料意义上的本质可言。

但是，美素作为人类大脑中的印象是由生理物质组成的，因此说，又可言质料意义上的本质。但这个质料意义上的本质是同一切生理存在的本质相同的，因此，又不能作为美素特有之本质。

那么，是否有与其他存在比较即特性意义上的本质可言？我的回答是肯定的。特性是在比较中产生的。例如优美素，什么是宜居的？什么是不宜居的？人类是在生活实践中亲身体验出来而形成印象的。这个宜居印象就成为人类诉求的对生活环境的理想印象。因此说，从特性角度而言，理想印象是不同于现实印象的，理想印象不同于现实印象的那部分，就是优美素的特性，也即优美素的本质。

但是，如若以"特性"认定美素的本质，那么，不同的美素就有不同的本质。如此，则美素的本质就显得很烦琐。从理论模型的简洁性要求看，是不可取的。

笔者取"定义六"作为认定美素本质的依据。

那么，使美素成为美素的那个东西是什么？答曰：有两个东西，一个是"理想诉求"，一个是"理想诉求对象"。而理想诉求是源因，理想诉求对象是"附因"。附因因源因的存在而存在。因此说，美素的本质是理想诉求。

且这个美素定义也符合"定义六"的后一句话：本质是事物最重要的，必不可少的属性，因为，理想诉求就在美素之中。因此说，视理想诉求为美素的本质，是完全符合第六个本质定义的。

上述美素本质定义，与产生美素的终极源因联系了起来，且简洁明了，应是比较理想的一个美素本质定义。

三、"美的"本质

那么，"美的"即"美物"是否有本质可言？如何认定其本质？

一切引发美物生成的客体，是实在的。此客体是可言质料意义上的本质的。但是，"美的"本质所问的，不是"此客体"的本质，而是美物的本质。

首先要明确，美物是实在的还是虚在的？我的回答是：美物是虚在的，它仅仅存在于人类的认识之中，客观世界中并不存在人类认识中的这个美物。换言之，康德所谓的"物自体"中，不存在美物。

因为美物是虚在的，所以说，美物无质料意义上的本质可言。

那么，虚在的美物，是否亦可按"定义六"中的"本质是使事物成为它所是的东西"这一句话为依据认定其本质？回答是肯定的。

使事物成为"美的"即是"美素"。因此说，"美素"是"美的"本质。

但是，这个"美的"本质定义，与"定义六"是不完全符合的。因为以美素作为美的本质，不符合"定义六"中的后句话：本质"是事物最重要的、必不可少的属性。"——"美素"不在"美的"之中，而在"美的"之外。换言之，"美素"不是"美的"属性，更遑论是最重要的、必不可少的属性了。

四、"美感"本质

美感是实在的还是虚在的？答曰：美感是虚在的，它是自我对体内快乐素——由多巴胺、血清素及脑内啡三种物质组成——的分泌状态的感受。客观世界中不存在感受，因此说，感受是虚在的。

那么，美感是否可言特性意义上的本质？笔者以为是可以的。因为美感是快乐感的一种，美感不同于其他快乐感的特性，就是美感的本质。但是，美感不同于其他快乐感的特性尚无表达之语言，且不同的美感也还有不同的特性，因此说，美感可视有特性意义上的本质，但无以言表。

再按"定义六"言美感的本质：是快乐素的超常分泌使一般感受成为快乐感，又是由相似性引发的快乐感使一般快乐感成为美感，因此说，由相似性引发的快乐素的超常分泌是美感的本质。

五、非本质说与追问本质

不论是实在的，还是虚在的，它们都真实地存在于人类以及人类所在的世界之中，实在即是康德所谓的"物自体"，它是其所是地存在着；虚在，它同样是其所是地存在于人类的认识之中。人类所谓的本质，是人类赋予实在与虚在的，是人类解释世界的理论模型中的构件而已。喻言之，真实的世界中并不存在没有面积、没有体积的点、线、面，但在数学家建立的数学模型中，可以认为存在这样的"点、线、面"。换言之，人类所谓之本质，类似于数学模型中的"点线面"。

从这个意义上说，朱光潜先生晚年颇有火气之所言是对的："现在有些人放弃亲身接触过和感受过的事物不管，而去追问什么美的本质这个极端抽象的概念，我敢说他们会永远抓不着所谓的'美的本质'。"①

笔者认同朱先生的这个具体观点，但对朱先生对"美的本质"探索所持的这个基本态度则不能苟同。因为，追问本质是一回事，追问不着本质又是一回事。且去追问不知是否可追问明白，或者明知追问不着也要去追问的"傻劲"，更体现了人类不同于其他生命体的有意识地去探索未知世界的精神特质。正是这个精神特质，使人类在动物世界中，越来越"高贵"起来：动物只着眼于当前接触的事物，不会去思考与现实生活无关的抽象问题。

而从更高的哲学层次说，人类认识中的包括所谓的本质在内的一切东西，客观世界中都是不存在的。人类认识中的包括所谓的本质在内的一切东西，都是人类所"见"的与据此所"见"建立的解释世界并据此解释与客观世界互动的理论模型。如人类从地球上所看见的太阳一年在天空中移动一圈的路线，并名之为的"黄道"，事实上是根本不存在的，是人类所"见"的与据此所"见"解释太阳运行的理论模型。

对美的本质，亦应作如是观。

---

① 选自《谈美书简》，朱光潜著，中华书局，2012.5，第9-10页。

第十五章

美由心生

美是主观的，还是客观的？是主客观统一的，还是客观性与社会性统一的？

要回答明白这个问题，首先得明确两个前提。

第一个前提是：明确主客观的定义。因为对主客观的定义不同，会有不同的结论。本节语境中的主客观定义依据是：视其是否是"自在之物"，即是否是由"原子"组成的。如"是"，则不论其是自然的还是人为的，都定义为客观的。如自然之物"太阳"、如人然之物"电视机"。如"否"，则定义为主观的。

由此而言，客观定义：自在之物，谓之客观存在。主观定义：仅仅存在于人类认识之中的非自在之物的存在，谓之主观存在。如"太阳从东方升起"中的"东方"与"升起"，如"爱"与"恨"。

第二个前提：明确"美"是什么，如果连"美是什么"都不明了，就如同射箭者连靶子也不知道在哪里，即使是射箭高手如后羿，也无论如何无法中的。

如前所述，"美"既然有三个对象，就不能笼统地说美是主观的还是客观的，需要分别论之。

一、"美素"是主观的

美本身即美素是理想诉求印象，仅仅存在于人类认识之中。在客观世界中，没有"理想诉求印象"这个存在，因此说，"美素"无疑是主观的。

有客难曰："理想诉求印象"作为抽象印象是存在于认识中的，但在客观世界中有具体对象的存在，从这个意义上不是也可以说"美本身"是客观的吗？

答曰：抽象印象与具体对象是两个不同的概念，不能混为一谈。即使具体对象是客观的，也不能由此推论抽象印象也是客观的。况且与"理想诉求印象"对应的"具体对象"也不是客观的，而是主观的。

二、"美的"是主观的

说"美的"即"美物"是主观的，一定令人顿生狐疑，因为这违反了人类的常识。

对"美物"是主观的论证，不是美学问题，是比美学更上游的哲学问题，且是哲学中有关人类认识的一个根本问题。

德国哲学家莱布尼茨认为，当你看见桌子时，那张桌子在；当你走到另一个房间，不看见那张桌子时，那张桌子就不在了。笔者当时读到这一句话时，曾经大吃一惊！比看见休谟对"因果关系"的怀疑还要吃惊些。

比莱布尼茨早诞生近二百年的"心学"集大成者王阳明，早有类似之论。据《传习录》记载：某日其与友游南镇。一友指岩石花树问曰："天下无心外之物，如此花树，在深山中自开自落，于我心亦何相关？"先生曰："你未看此花时，此花与汝心同归于寂；你来看此花时，则此花颜色一时明白起来，便知此花不在你的心外。"

王阳明及莱布尼茨两人的观点表述不同，意思是一致的，只是王阳明说得含糊，后者说得明白无误：人类眼中的存在，不是真实的存在。

我对此许久困惑不解，无论如何无法想象：我书房中的"桌子"当我离开不见它时它就不在了？我曾经认真地做过这样的推理与试验：如果说我离开书房看不见书桌时，书桌就不在了，那么，我不必离开书房，闭上眼睛即可试验：只要闭上眼睛，用手去触摸书桌，试试是不是还能触摸到它。我真的闭上眼睛做过这样的试验，当然，试验下来，不论我睁开着眼睛还是闭着眼睛，我的那张书桌总是存在着！由此可证：书桌的存在，与我的眼睛"睁"或"闭"，即看见与不看见根本无关。

于是我百思不得其解，困惑不已。有一次体检，做眼睛色盲检测时，忽如醍醐灌顶，明白了过来。

假设与我一起体检的某一位同事，是一位全色盲者。我们两人所见"色盲测试图"是同一的。但是，我与他所见的"色盲测试图"则是不同的。再假设，我见到的"色盲测试图"是红绿两色的，同事见到是黑白两色的。那么，是我见到的是真实的，还是我的同事见到的是真实的？如果我们两人为此争执起来，孰对孰错？如果让所有在一起测试的同事做评判，那么，可能会出现两种截然不同的结论。假设只有同事一人是色盲者，其余同事都与我一样是视觉正常者，那么，评判的结论是：我看到的"色盲测试图"是真实的，而我同事看到的是虚假的。再假设，一起参加测试的全体同事都是色盲者，只有我一个人是视觉正常者，那么，评判的结论是：我看到的不是真实的，我的同事看到的才是真实的。再假设，同时有一条会讲人话的，眼睛结构与人完全不同的大泡眼金鱼，由动物保护主义者带来做体检，并请它作为人类以外的第三者做评判时，那么，它一定会说我们人类看到的都不是真实的，真实的样子是像它看到的"那个"样子。推而广之，不论什么人，或者什么有眼睛的生物，只要它们之间眼睛结构是不同的，那么所见之同一物体，一定是不同的。

后来读到史蒂芬·霍金的《大设计》，见有类似的论述，且说得比较有趣："几年前，意大利蒙札市议会禁止宠物的主人把金鱼养在弯曲的鱼缸里。提案的负责人解释此提案的部分理由是，因为金鱼向外凝视时会得到实在的歪曲景色，因此，将金鱼养在弯曲的缸里是残酷的。然而，我们何以得知我们拥有真正的没被歪曲的实在图像？难道我们自己不也可能处于某个大鱼缸内，一个巨大透镜扭曲我们的美景？金鱼的实在的图像和我们不同，然而我们能够肯定它比我们的更不真实吗？"①

那么，究竟谁看到的是真实的？无法判断。

但是，真实的一个"自在之物"本体，必定有其"本来的形体"，且在特定的时刻，必定也只有"一个特定样子的本来的形体"。其本体不可能会随着不同的眼睛去看它而做不同的变化。由此可言，那个由不同眼睛所见的不同"样子"之物体，不是存在本体，是因眼睛的不同而形成的不同"物体"。由此可言，人类眼睛所见的物体，不是真实的那个"物自体"，而是仅仅存在于人类认识中的"虚在"。

既然连人类所见的物体也不是客观存在，"美物"自然不是客观的，而是主观的。

莱布尼茨所言之"桌子"，其指称的不是"桌子本体"，而是人类眼睛中的具有确定颜色与形状的"桌子"。因为人类眼中的那张桌子的"颜色与形状"，是与人类眼睛结构有关的。因此说，当我们不看见那张"桌子"时，我们眼中所见到的"那个颜色与那个样子的那张桌子"就不见了，而并非说桌子本体也随之不存在了。桌子本体，不论人类看见与不看见，依然存在着。所以，我闭着眼睛触摸那张书桌时，书桌依然被我触摸到了。

---

① 选自《大设计》，〔英〕霍金，〔英〕蒙洛迪著，吴忠超译，湖南科学技术出版社，2011.1，第31页。

王阳明的"山花"与此同理，"你来看此花时，则此花颜色一时明亮起来"，你不来看它时，此花虽然仍在山风中摇曳，却因无人欣赏、无人知晓，"美物"就无由生出。

三、"美感"是主观的产物

何以言之"美感是主观的产物"？

答曰：这从今人的"美素、美象、美感"出现的始点顺序上可以看出，美素最早，美象次之，美感殿后。美素先存于心中，见之物象与之相似者而成美象，见之美象而生美感。因为美素、美象是主观的，因此说，美感是由主观产生的。

四、美感是可言客观的

美感虽是主观的产物，但美感产生之后，是可言客观的。

何以可言"美感"是客观的？理由有四：

理由之一：美感之性诞生且形成遗传基因之后，先验地存在于我们的体内，不因我们认识它而存在，也不因我们不认识它而不存在。

理由之二：形成美感的质料，是"快乐素"。快乐素是由神经递质多巴胺等分泌物组成的。多巴胺等是实在的，即在组成客观世界的"物自体"家族中，是有"快乐素"所指称的存在的。

理由之三：文字"美感"是指称符号，其指称的是包括中枢神经活动在内的一个生理活动。这个生理活动是实在的，而非虚在的。

有客难曰：如果说因美感指称的包括中枢神经活动在内的生理活动是实在的，而非虚在的，那么，"美素"与"美象"同样有相应的中枢神经活动，为何笔者不认定是客观的，而认定其是主观的？

答曰：因为"美素"与"美象"相应的中枢神经活动实际上是一个生理形式的符号，它指称着别的一个存在：被笔者名之为美素的这个中枢神经活动，指称着理想诉求印象，被称之为"美象"的这个中枢神经活动指称着"美物"。而事实上，客观世界中不存在这样子的理想诉求印象与这样子的美物。因此说，"美素"与"美的"是主观的。而"美感"不同，其作为文字符号所指称的包括中枢神经活动在内的生理活动是真实存在于人体中的。而这个真实地存在于人体中的包括中枢神经活动在内的生理活动，不像"美素""美象"相应的也是真实存在于大脑中的中枢神经活动那样作为生理形式的符号，再去指称"客观世界中并不存在的理想诉求印象与美物"。

再言之，就中枢神经活动本身而言，"美素""美象""美感"相应的中枢神经活动，都是实在的客观的。而说"美素"与"美象"是主观的，不是指与"美素""美象"相应的中枢神经活动是主观的，而是指"美素""美象"相应的中枢神经活动其作为生理形式符号所指称的对象"美素""美象"是主观的。因为其所指称的对象只存在于人类的认识之中，是虚在的，在客观世界中是不存在的。

推而广之：一切中枢神经活动都是客观的；一切以中枢神经活动形式为符号指称的客观世界中并不存在的对象，都是虚在的、主观的。

理由之四：喻证，如原先的客观世界中并无艺术品，艺术品是人类主观外化的产物。但是，一旦艺术品产生之后，它就脱离人类主观而成为独立的客观存在。与此同理，美感是由主观产生的；美感产生之后，就成为客观存在。

五、美感是可言主观的

上节说美感是可言客观的，是从美感所指称的对象是实在的生理活动角度而言的。

本节说"美感是可言主观的"，是从人类的感受与感受差异角度说的。

简论之，感受是主观的，美感是感受之一种，因此说美感是主观的；相对于同一个物象，同一个人在不同的心境下，会产生不同的美象，相应地会产生不同的美感；又相对于不同的人，同一个物象会产生不同的美象，相应地会产生不同的美感。而哲学意义上的物象，即客观意义上的物象没有变，而美象与美感因不同人情感因素的不同，或同一个人前后心境的不同而改变了，由此可言，美感是可言主观的。

六、"美感"宜认定为是主观的

因角度不同，美感既可说是客观的，又可说是主观的。那么，从美学角度而言，对美感的定性应是客观的，还是主观的？笔者以为：宜定性为是主观的。

其根本理由在于，哲学意义上的同一物象是否引发美感与引发何种美感，以及引发美感的程度，均是因人而异的。既然美感是因人而异的，那么，宜定义为主观的。

第十六章

美的嬗变

在《柏拉图文艺对话集》中，苏格拉底转述曼提尼亚国的叫作第俄提玛的一个女哲人的话说："这种美是永恒的，无始无终、不生不灭、不增不减的。它不是在此点美，在另一点丑；在此时美，在另一时不美；在此方面美，在另一方面丑。它也不是随人而异，对某人美，对另一些人丑。"[1]

上述引文中所言之"这种美"，即是指"美本身"，也即"美素"。

那么，"美素"真是永恒的，无始无终的、不生不灭的、不增不改的吗?

回答须分两个层次。就哲学层次而言，是全盘否定的，即无永恒不变的美；就人类进化史及其经验认识而言，有否定的一面，也有肯定的一面。

美素以及美物与美感的变与不变，对包括审美在内的人类生活具有深刻的影响。

一、美有生灭

"美素"不是永恒的，不是无始无终的。

---

① 选自《柏拉图文艺对话集》，［古希腊］柏拉图著，朱光潜译，商务印书馆，2013，第249页。

从哲学思考上说，除了宇宙本身，是无始无终的、不生不灭的外，一切具体存在都不是永恒的、无始无终的。人类无法想象宇宙本身是有始有终的，也无法想象具体存在是无始无终的。美素亦无例外的理由。

从美素产生的源因角度说："美"产生的源因是人类天性诉求。人类天性诉求诞生于宇宙演化形成生命体之时。尽管这个始点据现今的科学推测，距今已有约三十五亿年之遥远，但不论多么遥远，总有一个始点在。

从美素事实看，是有生灭的。是否有产生后又已经灭绝的美素？笔者无从知晓，也无人能够知晓，因为美素是处于大脑中的理想抽象印象，不可能有如骨骼那样的化石留存，从而有幸被考古学家发掘出来。但是某一美素之"生"是可据现今的考古事实推断的，例如性感美中的"婀娜多姿美素"。

按达尔文"性选择"理论，大鼻子猴的大鼻子是性选择的产物。大鼻子猴主要行走方式是四足着地的爬行式。四足着地的爬行式，是不可能可见被今人名之为"婀娜多姿"的那种姿态的。因此说，大鼻子猴可进化出"大鼻子之美"，但不可能进化出"婀娜多姿之美"。由此可以推论，人类今日所谓的"婀娜多姿之美"，一定是在人类与猴子分道扬镳，进化成直立行走之后，才能进化形成的。因为只有直立行走之后，才能见之被今人名之为婀娜的那种姿态。也只有见之婀娜类的姿态之后，才有可能进化出"婀娜多姿美素"——必先见之某类物象，才能形成对某类物象的抽象印象。

一切美素的生灭，均以此类推。

二、美有增减

本处语境中"增减"之内涵，非指"原无而后有"之增，如"婀娜多姿美素"原先是没有的，是后增的；也非指"原有而后无"之减，如假设人类今后移民太空生活于失重状态，那么，人类现在的直立行走方式将被彻底改变，又如果人类再也回不到类似地球那样的环境中生活，永恒地生活于太空的失重状态，那么，今日的"婀娜多姿美素"就会退化掉，从而进化出与新的行走方式相应的性感美素，如果那时人类还是延续着异性生殖方式的话。

组成美素生成原因的因素有两个：源因是人类天性诉求，附因是诉求对象。两个因素中任意一个因素改变，就会引起美素的改变。

附因即诉求对象是具体物象。既然是具体之物，包括人体在内的一切具体之物都会随着时间的推移而发生包括形态在内的变化，且这种形态变化后又保持了足够的时间长度，那么，就会引起理想印象如"美素A"的变化，进而进化出相应的"美素B"。"理想印象B"非如"婀娜多姿美素"那样是从无到有新生的，而是在原有"美素A"的基础上变化而成的——譬如包含于性感美中的"肤色美素"。

按现行人类学理论，现代人是在约六万年前从非洲走出来的一支古人类进化而成的。走出非洲之时，对于肤色的理想印象美素应该是黑色的。之后，随着这支古人类行进的脚步，分散到了世界各地，由不同的气候与地理环境进化出了不同的人种，目前人类学家将现今人类按肤色不同分为四大类人种：黑色、黄色、白色、棕色。且人种形成至今的时间长度，已经使原有的黑色美素变化成为与人种肤色相应的美素。换言之，不同人种对于肤色之美的看法因"肤色美素"的改变而不同。

"非洲摩尔族人看到白人的皮肤'便皱起眉来，好像不寒而栗'。西海岸的黑人'称赞皮肤越黑越美'。卡菲尔人中有长得较白的男子，没有一个女子愿意嫁给他。"①

而白人则反之，欧洲的贩奴者，称黑人为"黑鬼"。

不单是性感美素中有关肤色部分的理想印象有了变化，由于人类形态的

① 选自《美学十五讲》，凌继尧著，北京大学出版社，2014.7，第92页。

进化，整个性感美的理想印象已经有了很大的变化，我们祖先眼里的美女或帅哥，在我们今人看来，则已是丑陋不堪了。

"最佳相貌有一种与祖先相貌的逆向性，也就是说，动物选择配偶的尺度是有指向性的，带'理想'色彩的，它与进化的趋势有某种同向性。……长毛人之所以不美，蓬头垢面之所以不美，因为那是祖先的遗痕；颌部大而外突之所以不美，塌鼻梁之所以不美，前额过短、颧骨过大之所以不美，四指过短之所以不美……因为他太像他的猿类祖先。《巴黎圣母院》中的阿西莫多之所以被视为丑陋的人而荣获选丑冠军，是因为他酷似一只大猿。"①

三、"永恒"之美

"永恒之美"有三层内涵。

第一层内涵是指：在人类存在期间，且由自然进化形成的人类生存方式持续不变，则生成"美素"的源因是永恒不变的。只要这个源因不变，不论诉求对象因"自然进化"或"人类创造"等原因如何变化，也即不论"美素"如何变化，这些"美素"仍然归属于以某一符号表示的相应于这个永恒不变源因的某一永恒不变的美素家族之中。

如人类对宜居环境的诉求是永恒不变的，则与之相应的优美素家族的存在就是永恒不变的。尽管随着自然进化与人类创造，今日人类生存环境与祖先所处的生存环境已经有了天壤之别的变化，换言之，优美素家族有了很大的变化。但是，如同"铁打的营盘流水的兵"一样，某部士兵可以也必然会随着时间的推移而持续变化，但作为某部标志的军旗则始终高高飘扬。

---

① 选自《从动物快感到人的美感》，刘骁纯著，山东文艺出版社，1988.10，第60-62页。

以优美素家族例说之。据科学研究，桃子曾经是像樱桃那样花朵很小，果实很小。大约在公元前4000年，我国最先人工种植了桃子，经过几千年的选种培育，至公元前1100年《诗经》出现之时，桃花早已进化成"灼灼其华"了。虽然因为原始之"小朵桃花"进化成了"灼灼其华"而相应的桃花抽象印象变化了，但是，其仍然归属于优美美素家族。仅仅是：在此之前的"宜居环境"中桃花开的是小花，而现在宜居环境中的桃花是"灼灼其华"了。

推而广之，性感美素家族如是，壮美美素家族亦复如是。

再以李泽厚先生所言的青铜器饕餮纹饰"狞厉的美"例说之。

青铜器饕餮纹饰是人类创造的，此体现"狞厉的美"的青铜器艺术品，是按照人类先祖的"狞厉美素"制作的。各式各样的饕餮纹饰样的青铜器产生之后，在人们的心目中形成了不同于人类先祖的"狞厉美素"，因为人类先祖是在动物身上见到的狞厉模样，后人是在青铜器饕餮纹饰上见到的狞厉模样，所以两个"狞厉美素"不可能是相同的。但是，两个不同的狞厉美素，都归属于永恒存在的"狞厉美素家族"，因为人类对生存竞争优势诉求是永恒不变的。

第二层内涵是指：在美素进化形成之后至新的进化发生之前的某一历史时期内，某一美素如美素D是永恒不变的。因为，人类自古到今从未见美素D有过变化。此类美素，犹如李白《把酒问月·故人贾淳令予问之》诗中所言之"月"："今人不见古时月，今月曾经照古人。古人今人若流水，共看明月皆如此。"所以，在人类的经验认识中，美素D是永恒不变的，如"婀娜多姿美素"。只要人类直立行走方式不变，与之相应的"婀娜多姿美素"就不变。

第三层内涵是指：今日人类所有的全部自然美素，相对于今日之每一个人类个体而言，终其一生是永恒不变的。

四、美的嬗变之影响

美的变与不变，对包括审美活动在内的人类生活有着广泛的深刻的重大影响。

例言之一：对"异族之恋"的影响。

不同种族之间为什么会发生相爱？这是因为，性感美素是一个大家族，"肤色美素"仅仅是其中之一。在性感美素的总量中，不变的性感美素占绝大多数，为什么占绝大多数？一是因为生成性感美素的源因，即健康、生存优势与生殖优势诉求是永恒不变的；二是因生成今人性感美的附因，即今日人类体态自然进化形成之后，绝大部分是不变的，如女性的"婀娜多姿美素""丰乳美素""肥臀美素"。因此不论在白色人种眼里，还是在黄色人种眼里，应该都是美的。如美国前总统奥巴马的妻子米歇尔，其肤色在我这个黄种人眼中是不美的，但是，米歇尔高挑身材的婀娜多姿，闪耀着灵气的眼睛的顾盼流离，在我这个黄种人眼中仍然是美的。

因此说，不同种族具有的共同的不变的性感美素，是不同种族间之所以能够发生相爱的原因。

但是，"异族之恋"不是常情，即在相恋总量中是少数。除了地理阻隔、文化差异等因素外，有不同的性感美素是重要原因。

例言之二：对美的民族性阶级性的影响。

美有无民族性与阶级性？截然分为两派，各有道理，但均没有可令对方信服的论证。真正的答案就在于"美素"的变与不变之中。简言之，因有永恒美素，所以有无民族差异性的共性之美；因有美素之变，所以有有民族差异性的不同之美；因不同的阶级有共同的习惯心理，所以不同的阶级有共同的美物；又因不同的阶级有不同的习惯心理，所以不同的阶级有不同的美物。

但是，得之于遗传的美素，与你出生时"坠于茵席之上"或"落于粪溷之侧"所得的阶级地位没有关系，与你以后一生中阶级地位的持续或者改变也没有关系。只有与习惯心理有关系的美物，才与阶级性有关。不同阶级不同的习惯心理只影响不同美物的选择，而不能改变得之于遗传的那部分美素。得之于遗传的那部分"美素"不是个人经历可以改变的，个人经历只能使之处于隐性状态或者显性状态。

例言之三：对环境宜居不宜居认知的影响。

三十多年前，笔者曾经乘柴油机夜航船沿京杭大运河从苏州至杭州旅游，晚上在苏州南门码头上船，明晨七点到达杭州。前推千年，吟出"今宵酒醒何处，杨柳岸，晓风残月"的诗人柳永所乘的是帆船，则苏州到杭州须十来日之久。一路上饮酒作诗，悠哉悠哉，休闲得很，甚是惬意。但时至今日，这样子的交通工具已经不适应高铁飞机时代的生活节奏了。换言之，如果某人还是生活于其中，则不再被人们视为是生活于宜居环境之中了——在人们的心中，已经建立了相应于新的交通工具的新的理想诉求印象，也即新的美素了。

《红楼梦》中香菱学诗所言情景之一："……还有'渡头余落日，墟里上孤烟'：这'余'字和'上'字，难为他怎么想来！我们那年上京来，那日下晚便湾住船，岸上又没有人，只有几棵树，远远的几家人家做晚饭，那个烟竟是碧青，连云直上。谁知我昨日晚上读了这两句，倒像我又到了那个地方去了。"时至常被雾霾困扰的今日，则见此"墟里上孤烟"就不再是美景了。换言之，此种"墟里上孤烟"不再视为宜居环境了。当然宁静、怀旧意义上的审美意义还是存在的。

例言之四："永恒美素"对审美活动的影响。

每逢节假日，著名景点总是人满为患。这些游客不可能是同一个阶层的人，也必有不同民族的人，还会有些外国人。他们为什么会去游览同一处风景？如苏州园林、杭州西湖、泰山、黄山、埃及金字塔、维多利亚大瀑布……因为"人有同好焉！"——人类个体均继承着自先祖形成美素之后迄今为止未有变化的永恒美素。

五、美感美物之嬗变

从组成美感的质料上言之，"美感"是始终不变的，永恒是内分泌物"多巴胺"等的超常分泌；从美感类别的感受上而言，亦是始终不变的，不论何人，由所见优美物产生的感受始终是优美感，由所见壮美物产生的感受始终是壮美感；从美感过程而言，美感是变化的，其勃然而兴，渐行消退，终归于无。

"美物"是有生有灭与变化。许多与人类祖先相伴而生的物种已经灭绝，它们之中一定有某些物种在人类祖先的眼中是美的；许多人类祖先未见的物种被进化出来，或者原有的物种变异成新的模样。生物的变化是必然的，有灭绝，有新生，进化使之然。物理存在的变化也是必然的，这是宇宙运动使之然。

虽然"美物"是有生有灭与变化的，但以迄今为止的人类历史经验认识而言，美物是趋向于增多的。理由有三：

理由之一：现见之美的种类，有优美、凄美、壮美、奇美、性感美、谐趣美、音乐美、社会美，这些种类的美，不是同一时间一齐诞生出来的，是有先有后的。尤其是社会美，产生的始点距今不会超过数万年。换言之，美的种类是逐步进化出来，趋于增多的。与之相应，美物亦是趋于增多的。

理由之二：随着人类生产力的提高，许多新事物被创造出来，而成为"美物"，如陶器、青铜器、铁器、丝绸、瓷器。

理由之三：随着人类自身与人类社会的发展，创生了许多人类先祖不曾有过的欲望也即"诉求"，与此相应有新的美物被创造出来。尽管这种新的诉求（生成美素的源因）与其对象（生成美素的附因）出现至今的时间长度，与进化形成遗传性美素所需的时间长度比较，是微不足道的，尚不足以形成遗传性美素，但见之与新的诉求相似的事物，同样遵循着相似美原理——由此引发的快乐感同样属于"美感"，引发此"美感"的事物同样是"美物"。

下　卷

前　言

　　《相似美论》写作前，笔者自定了一个原则：直奔主题，尽量不与以往的美学理论纠缠，与"相似美原理"不直接相关的也一律舍去，以免芜杂枝蔓。因此，主要思想已在《相似美论·上卷》中体现。

　　但是，有许多思考成果，因"直奔主题"，在"上卷"中并没有做充分的展开，需要补论，以充实完善；一些似是而非的传统美学观点，也必须"破"之，以助新论之立；一些与相似美论有所关联亦颇有价值的思考也有写出的必要，以使相似美论更趋丰满。

　　于是作《相似美论·下卷》。

一、"距离"与"美"论

　　"距离产生美"，是一个很迷人的美论，它符合我们的审美经验。唐代诗人韩愈有一句"草色遥看近却无"的诗句，即透露了距离与美的关系：遥看可见草色，走近了，则稀稀拉拉的，无草色可见。这是人人可有的审美经验。

　　朱光潜先生在《文艺心理学》中，依据英国心理学家布洛的"心理距离说"，对距离与美的关系做了专章论述。

笔者以为，距离与"美本身"无关，"美本身"是因人类见之物象与诉求的相似性而产生的。但是，距离与"美的"形成有关。事实上，朱光潜先生在《文艺心理学》中所谈的是距离与"美的"的关系，而非与"美本身"的关系。但朱先生仅仅谈了距离与"美的"的关系，并没有揭示为什么距离会与"美的"产生有关的原因。

距离有"空间距离"与"时间距离"两种。

笔者以为，空间距离与"美的"形成有两个关系：

其一，距离有可能改变审美者与审美对象的利害关系。因此，原先处于审美状态者或许会变成非处于审美状态者，或者相反。假设游客正在欣赏夏威夷的基劳维亚火山口，忽然火山呈现喷发迹象……游客们必定惊恐万状，拼命奔逃，唯恐避之不及，哪里还会有什么审美的心思？但是，站在远处眺望的观赏者，则完全不同。据介绍，这座活火山从1983年开始喷发以来，为了一睹日落时分喷发的壮观场面，大量游客不辞辛苦来此观赏。当然，只能远距离观赏。

其二，距离改变了审美者所见的物象。审美者所见物象的改变，是由于距离中间的媒介改变而改变的。距离中间的媒介，包括"空气""光线""障碍物"。这些媒介的变化都直接影响审美者眼中的物象。

假设空气密度与光线强度不变，如距离变远则意味着由物体反射的光子穿过空气长度增加，从而改变了到达审美者眼睛的光子态，也改变了审美者眼中的映像。映像改变，就会影响剪裁出美象来。因此，在某一距离下的映像裁剪不出美象，距离改变后则有可能可裁剪出美象来。反之亦然。如对巨大单一物体或者占有广大平面空间的景物，必在远距离视之才有可能产生美象。"不识庐山真面目，只缘身在此山中"，即此之谓也。微雕作品则非在极近距离才能观其妙。

障碍物并没有改变距离，但其直接改变了视觉中的物象，有部分物象被障碍物遮掩了。"帘"是一种"隔断"的装饰。隔帘视之与非隔帘视之，两者映像必定不同。"帘"就是通过影响映像而与美发生关系的，可能无"帘"而生美象，亦可能有"帘"而生美象。如：见"帘"后有"女"影晃动，可能心生美女意象。然掀"帘"视之，竟是一"丑女"。前美女意象是在隔帘所见映像上加入想象而生成的。如，帘后确是一美女，却因帘的阻隔看不真切，而未生美女意象。掀帘见之，则光艳照人，惊为天人。

那么，为什么我们似乎往往觉得"隔帘"所见总比一览无遗更美妙些？这里的原因与距离无关，是"相似美论"原理的直接体现：见与人的诉求相似者则为"美"。人在审美状态中，即处于"美的诉求"中，因此，对于未见真切的对象，总是用美好的想象去充填，以满足对美的诉求。《西厢记》中的崔莺莺回张生诗："待月西厢下，迎风户半开，拂墙花影动，疑是玉人来。"不仅崔莺莺会做"玉人"想，任一怀春少女都会做如是想。如今日之一男子或一女子通过网络相约见面，在去的路上一定总是想象对方如何美貌或如何帅气，因为对性感美的追求，是人性之诉求。但往往"见光死"者居多。

时间距离与"美的"形成亦有两个关系：

其一，时间改变了人生史态。笔者当初在农村生活之时，并不觉得家乡的山水有现在回忆中的那样美。因为当时与现在，本人的人生史态发生了很大的变化，现在被城市的喧嚣闹得很厌倦，向往过去的那种田园生活。那时的田园风光与现时之诉求是相似的，因此其变得美了。而在当时正好相反，向往着离开乡村生活的"诗与远方"。

其二，时间距离与空间距离一样，能够改变当初所见之映像。但是两者改变映像的原因是不同的，空间距离是因距离本身的远近以及媒介的改变，时间距离是因潜意识作用下的遗忘与添加。回忆中的印象，已经遗忘了当初所见对象中的许多东西，也可能添加了不是原来映像中的一些映像，在潜意识的作用下，由"时间之剪刀"在记忆印象里剪裁出了最美好的意象。童年时代，我的外婆家有一棵枣子树，秋天成熟之时，外婆带着一群儿孙，举着长竹竿敲打枣树，枣叶与枣子纷纷落下。由于重力与空气对于枣叶和枣子作用的不同，枣子已经落地，缤纷的枣叶还在空中如蝴蝶般飘飞……我们抢拾着落地乱滚的枣子，当时只有玩耍的快乐与解馋的兴奋，全然没有今天回忆时的美感……今日之回忆，凸显出的是映着秋阳的亮光在空中如蝴蝶般飘飞的缤纷的枣叶……这是由"时间之剪刀"于童年的映像里，剪裁出的一幅既真实的，又不真实的意象。说其真实，它是我童年里实见之景象。说其不真实，我所实见的，并非仅仅这些"在空中如蝴蝶般飘飞的枣叶，与映在枣叶上的亮光……"这就是当初之映像与回忆之印象的区别。而此之区别，源于时间之距离。

总而言之，距离所改变的，一是改变了审美主体与审美对象间的利害关系，此决定了审美者是否处于审美状态；二是改变了审美者的视觉映像，此直接有关美象的生成与否。如果审美者在映像中未见"相似"之处，则不论时间与空间距离如何变化，都无缘与"美的"相见。

"美本身"不是由距离产生的，距离仅仅影响"美的"的产生。

二、"移情"与"美"论

朱光潜先生在《文艺心理学》第三章中，详细介绍了"移情说"。

"移情说"原有雏形，到了立普斯的手里，就变成了一条最基本的美学原理。而从根本上说，"移情说"是错误的——"美本身"的产生与移情无关。立普斯所谓的"移情"现象不是真实的存在，其存在于错觉之中。

笔者学打乒乓球是在乡村里的水泥台子上开始的。台子中间也没有网隔，用的是一排砖头。虽然条件简陋至极，但照样玩得不亦乐乎。有时乒乓球打在中间的砖头上，弹得很高，落下来时，见它亦像能落在台子上，亦像不能落在台子上，心里就紧张，看着乒乓球的下落，会不由自主地向台子方向做侧腰的动作，似乎这样就可以向空中的那个乒乓球加力使其落到台子上去……最终乒乓球按照其固有的自由落体轨迹落下来，并不会理睬我"侧腰加力"的潜意识动作。

为什么会产生这个侧腰加力的潜意识动作？其根源于人类的经验印象：于一物上施加一推力，此物就会顺着推力的方向移动，决不会相反。这类绝无例外的经验印象，形成"经验印象图式"，并由此经验印象图式形成一个"心理反应模式"。心理反应模式形成之后，只要见到"经验印象图式"中的任意一个物象，就会做出特定的心理反应。如见有人站在院墙上摘果子，一不小心被树枝一弹，有一个下跌的摇晃动作，墙脚下的见者会不由自主地举起双手做出扶持的动作。其实这个"扶持"动作，对院墙上摇晃的人的跌落或者不跌落根本不起作用。情同此理，我见乒乓球下落，而有"侧腰加力"的动作，即是由人类这个共同的"经验印象图式"形成的共同的"心理反应模式"引发的可笑动作。

现在表述这个过程，说得似乎有条有理，其实是一气呵成的。这种不由自主的、一气呵成的"生理反应"，其实与"遇火缩手"一样，是一种"性反应"。所不同的是，遇火缩手是得之于遗传的生理性反应，并无心理因素参与其中。而如前所述，侧腰加力是有心理因素参与其中的，其反应过程也是复杂的。

这个复杂过程的"目的"是，我将由希望乒乓球落在台子上的这个诉求所形成的"意志"，通过侧腰加力这个可笑的动作，加在那个下落的乒乓球上，以望助其落到乒乓球台子上。

立普斯所举的"多利克式石柱"例子中所谓的"移情"现象，与我的对乒乓球侧腰加力现象是类似的，两者的根源是同一的——都源于"心理反应模式"。

"多利克式石柱支撑着屋顶，屋顶压在多利克式石柱上"——这是我们眼中的物象。在人们的生活经验中，头上顶着沉重的物品，身体必定要做出相应的向上抵抗力。由此经验而认为多利克式石柱也在做出这种向上的抵抗。这就是所谓的移情，其实是一种错觉。

这种错觉中的"移情"现象，不属于美学，应属于生理学与心理学。

"移情"虽然在认识层面是错觉——石柱是无知无觉的，并无人类那样的感情，但是，如同错误的认识同样会对人产生影响一样，属于错觉的所谓的"移情"，在心理层面上同样会对人的身心产生与之相应的"身心反应"。

但是，由多利克式石柱引发的美感——壮美感，不是由此移情引发的，而是由"相似性"引发的：石柱能够抵抗如此巨大的重压而人类不能，而有抵抗重压之"强壮与力量"是人类诉求的。由此，因石柱高耸挺拔与承受巨大重压的形象与人类诉求具有相似性而引发出壮美感。

而与"移情"相应的身心反应，如同面对巨大体积对人的压迫感，或面对巨大力量产生的惊骇感一样，亦成为壮美感的一部分。

三、"内模仿"与"美"与"快感"论

谷鲁斯认为，"内模仿"是美感经验的精髓。

笔者以为，"内模仿"不仅不是美感经验的精髓，且与"美"无关，至多与快感的产生有些关联。

试以朱光潜先生在《文艺心理学》中介绍"内模仿说"所举的三个例子分析之。

例一："看见旁人踢球，自己的脚也随之跃跃欲动。"这个现象是符合事实的。但是这个"自己的脚也随之跃跃欲动"的称之为内模仿的动作，与"美"有何关系？在笔者看来，毫无关系可言。

例二："看见瓦匠弯腰像要坠地的样子，自己也觉得战战兢兢。"看见瓦匠像要坠地引起"战战兢兢"的心理反应是真实的，但说"战战兢兢心理反应"是对"瓦匠坠地"的模仿，是不成立的。既然此例连"内模仿"都不是，就无可援引此例论证"内模仿"与美的关系。

例三：朱先生引入的谷鲁斯在《动物的游戏》中所举的一个例子："……读描写海上生活书籍的少年们常想当水手，读《少年维特之烦恼》的人们想自杀。"少年向往当水手，是读书引起的职业理想。少年想象着以后当了水手可以模仿水手生活，是真实的思想活动。说少年的这些理想与思想活动是由读书所见水手生活引起的，是真实的；但说少年的这些理想与思想活动，是由读书所见水手生活引起的"内模仿"活动，是说不通的。而学少年维特之自杀，说成是内模仿活动，则更是匪夷所思。

况且，内模仿应是由现见物象引发的即刻发生的身心反应，如上述见之踢球与瓦匠坠地的身心反应。而当水手之后模仿水手行为，或学少年维特之自杀，是远离现见物象之后可能会发生的事情，将之说成是内模仿，显然是不成立的。即使是将当水手之后模仿水手行为，或学少年维特之自杀算作内模仿，也与"美"扯不上关系。

但被称作"内模仿"行为中的某一些行为，则与快感的产生有一定的关系。这种快感是由内模仿者发生内模仿活动时所消耗的能量引发的。一般情形下，内模仿活动不会剧烈活动到消耗很多体能的地步，如在"悲剧快感"中可有内模仿活动的一些因素，但主要是由扣人心弦情节引发的其他一系列的身心反应所导致的。如在观看西班牙斗牛时，会有一定的内模仿动作，但是其获得的快感，主要是由牛与斗牛士之间那种紧张那种刺激引发的。

笔者少年时见过一次真正的"牛斗"，当时的情景和由此带来的兴奋与快乐，至今历历在目。

那时，我所在的生产队里有一头大水牛，很高大，小孩子爬不到牛背上去。但只要拉着它的角，对它喊"角，角，角"，它就会低下头来，让你先踩在牛角上，然后它就会抬起头来，把你送上牛背去。现在回忆起来，还真的很想念那头大水牛。有一次不知为何，大水牛与邻村的一头同样壮硕的水牛打起架来了……牛头与牛头猛烈地冲撞，撞击的瞬间，发出似乎头骨碎裂的声音，惊心动魄！我在旁边紧张、害怕又兴奋！心中总希望自己生产队里的大水牛能打赢！就在旁叫喊、蹦跳、挥拳！似乎这样能够帮助大水牛使上劲打赢似的。当然，邻村的小伙伴们也在如此叫喊、蹦跳、挥拳……两边的大人则各自拉扯着牛鼻子，想把它们拉开，但是任凭怎样拉，拉得似乎要拉豁牛鼻子了，也无法把它们拉开。什么叫"牛脾气"？这就是牛脾气，任凭你们怎么拉扯，也不回头，继续打它们的架。这时见有一人揣了一拷栳①稻柴灰，一溜烟跑来，猛地扣在两个牛头中间……四只牛眼睛沾满了稻柴灰，巴眨着，巴眨着，估计什么也看不见了，才终于被大人们拉扯开——这一劝牛架方法，不知是临时的创意还是祖传的秘方，不得而知。两边的小伙伴们随着水牛打斗时的那些叫喊与动作，其中有些即是所谓的"内模仿"动作，如拳头向前一挥一挥，身体向前一冲一冲，就是对牛头向前"冲击"的模仿。这些内模仿动作自然消耗着我们的体能，给我们带来快乐，但是由大水牛打架引起的兴奋与快乐，主要不是由这些内模仿动作引起的，而是由整个打架过程的紧张与好奇引起的。

---

① 拷栳：由柳条编成的农用容器，形状像斗，有的地方也叫"笆斗"。

四、"美是理念的感性显现"疑论与另说

朱光潜先生在黑格尔《美学》译后记中说："黑格尔的全部美学思想都是从艺术用感性形式表现理性内容这一基本原则推演出来的。艺术的特征是美，所以他替美下的定义也就是艺术的定义。"

黑格尔的"美的定义"："美就是理念，所以从一方面看，美与真是一回事。这就是说，美本身必须是真的。但是从另一方面看，说得更严格一点，真与美却是有区别的。说理念是真的，就是说它作为理念，是符合它的自在本质与普遍性的东西来思考的。所以作为思考对象的不是理念的、感性的、外在的存在，而是这种外在存在里面的普遍性理念。但是这理念也要在外在世界实现自己，得到确定的现前的存在，即自然的或心灵的客观存在。真，就它是真来说，也存在着。当真在它的这种外在存在中是直接呈现于意识，而且它的概念是直接和它的外在现象处于统一体时，理念就不仅是真的，而且是美的了。美因此可以下这样的定义：美就是理念的感性显现。"①

笔者以为，黑格尔的这个"美的定义"，至少有五个疑点，可做疑论。

疑论之一："真"有人类认识层次之"真"，有哲学层次之"真"。那么，黑格尔此"真"，是指什么层次的"真"？如果是认识层次上的"真"，那么，王阳明的"岩中花树"并非是真实的，但可以是"美的"。事实上，"美"并不取决于存在的真假。为什么现在流行化妆与整容？就是"假"的同样可以给人以美感。哲学层次上的真，是指"存在本体"之真。存在本体，即康德所言的"物自体"，诚如康德所言，人类是无法认识其"真"的——既然是无法认识其"真"，如何可以见之其美？

疑论之二：综观黑格尔的《美学》三卷四册，通篇讲的都是艺术美，涉及：

---

① 选自《美学》第一卷，［德］黑格尔著，朱光潜译，商务印书馆，1979.1，第142页。

艺术原理，艺术风格特征，艺术门类如建筑、雕刻、绘画、音乐、诗等。但是，笔者认为，艺术美仅仅是美学的一部分，且在整个美的历史中，艺术美是在很晚才出现的。在艺术美出现之前……早有"自然美"存在于人类的心中。假设黑格尔的"美是理念的感性显现"是正确的，因其事实上是"艺术的定义"，所以也涵盖不了自然美，由此也就不能认为其即是"美的定义"。

疑论之三：艺术之美，是自然美与社会美的再现。将对再现者的定义视作被再现者的定义，显然亦是不合适的。

疑论之四：黑格尔这个定义，作为艺术美的定义，是否合适？笔者是持否定态度的。

假设黑格尔的定义中的"理念"，真如朱先生所说的是黑格尔一贯坚持的"艺术的首要因素是理性内容"，或者直接将黑格尔的"理念"解释为"思想内容"，那么，则尚有可取之处，即艺术作品需要表达人类的思想。但是，笔者认为，是艺术作品还是非艺术作品，与艺术作品中有无思想无关。是否是艺术作品，相对于作者而言，取决于这件作品是否是其心中美象的外化物象；相对于观赏者来说，是否认为所见的是艺术作品，则取决于是否能够引发观赏者的美感。艺术作品中有无思想，或者思想的深刻与浅薄，决定其社会价值，而非决定其艺术价值。"美"与思想内容无关，只要能够引发美感的作品，就是艺术作品。

疑论之五：黑格尔的"美的定义"中的"美"是指什么？是指"美本身"，还是指"美的"，抑或是指"美感"，让人觉得有些模糊不清。笔者以为，似乎是指"美的"。

综上所述，如果把黑格尔的"美是理念的感性显现"视作"美的定义"，是一种误解；如果把黑格尔的"美是理念的感性显现"作为艺术定义，则是模糊不清、令人费解的。

但是，如果将黑格尔的"美的定义"另做解释，是有可取之处的：

其一：如果将黑格尔的这个定义作为"社会美"之定义，则有其可取之处，因为社会美源于"应是理念"。

其二：如果将黑格尔定义中的理念置换成意象，则亦有可取之处——因为"艺术作品是意象的外化物象"。"外化物象"，可理解为"感性显现"。

其三：如果将黑格尔定义中的理念置换成理想印象，则可成为"美的"定义："'美的'是理想印象的感性显现。"

五、艺术起源无关模仿与游戏

卡西尔有云："起初，语言和艺术都属于同一个范畴之下，即模仿的范畴。它们的主要功能就是模仿性的；语言源于对声音的模仿，艺术则是对外部世界的模仿。"①

柏拉图认为：文学艺术是对自然的模仿。

亚里士多德在《诗学》中写道："……一切总的来说都是模仿。它们的差别有三点，即模仿中采用不同的媒介，取用不同的对象，使用不同的而不是相同的方式。正如有人用色彩和形态模仿……器乐仅用音调和节奏，而舞蹈的模仿只用节奏不用音调。"

……自古希腊至近代，"模仿说"在西方艺术界一直占据重要地位。

那么，艺术起源于对自然的模仿吗？笔者是断然否定的。

如果说，人类所见的自然是真实的，那么，"模仿说"是成立的。而事实并非如此。

---

① 选自《人论》，［德］卡西尔著，李琛译，光明日报出版社，2009.1，第 127 页。

我们模仿的"自然"，也即所见之物象，不是真实的。"画家路德维希·李希特在他回忆录中提及他年轻时和三个好友在蒂沃利绘画同一处风景的情形。他们都决心不偏离自然，并尽可能精确地再现他们所见之物，然而结果却产生了四幅完全不同的画，每幅画之间的差别就像这些艺术家各自迥异的个性一样。他从这个事例中得出结论说，没有所谓的客观眼光这种东西，形式和色彩总是以个人的气质来领会的。即便是最严格彻底地拥护自然主义的人也无法忽视或者否认这种因素。"①

四个画家所见"同一处风景"背后的客观存在，是同一的。如果"模仿说"是成立的话，那么四个画家所画出的四幅画，应该是相同的，至少应该是十分相似的。为什么会画出"四幅完全不同的画"？唯一的解释是：他们所"模仿"的东西，除了眼前的自然风景之外，还有其他什么东西。而这些"其他什么东西"，是不属于他们眼中的自然景色，是因人而异、属于他们个人的。由此可证，"模仿说"是不成立的。因为在模仿的成分中，至少还有不属于自然的东西。

那么，"模仿说"为什么会雄踞西方艺术界两千多年？因为，"模仿"这个现象给人们的感觉太"真实"了，画家背上画夹出去写生，不就是在师造化模仿自然吗？

造成"模仿是真实的"错觉的根本原因，不在美学范畴，在于哲学领域：人们眼中的物象，如莱布尼茨所见的"桌子"，与王阳明眼中的"山花"，不是真实的。这一个"世界观"迄今为止，没有成为主流世界观，因为这是违反由经验建立的常识的。于是，人们总是误认为眼中的景物是真实的，并将艺术错误地定义为对"自然的模仿"。

"模仿"虽然不是艺术的起源，但是，如果说"模仿"是艺术最早的手法，

---

① 选自《人论》，［德］卡西尔著，李琛译，光明日报出版社，2009.1，第135页。

则是成立的。一个书法家，总是从临帖开始，笔者读小学时就有一本描红簿，在上面很认真地"依样画葫芦"；一个画家，总是从临摹与写生开始。20世纪40年代初，张大千曾用近三年时间潜心敦煌壁画的临摹，画风由此而变，成为一代大家。……由此追溯最早之艺术手法，也一定是从模仿开始的。十年前，笔者曾去宁夏贺兰山观赏"岩画"，有学者根据冰川与岩画摩擦的痕迹，推测其年代最早约可追溯至距今四万年。以今人的眼光看来，岩画是笨拙的、粗犷的，且是不成比例的。如有一幅画，被狩猎的野牛画得很大，而持弓射箭的人却画得很小……但是，整个岩画，应该视为是对狩猎场景的"模仿"。

古人与今人模仿所不同的是：今人有前人的艺术成果，如有柳公权的法帖、吴道子的绘画可以模仿，古人则是"前不见古人"，其模仿的对象，一定是眼前的东西：总会有一个最早的原始艺术家，见到一幅引起其美感的景象时，心中有了不同于思虑生计时的异样感觉……于是，拾起一块褚红色的石头，将其所见之景象，画在岩石之上；或者，用比岩石更坚硬的石头，将其刻画在岩石之上。如同今日画家之写生，将眼前的景象画在画板上一样。

艺术起源的另一个说法是"游戏说"，代表人物是康德、席勒与谷鲁斯。最早从理论上系统阐述游戏说的是康德，他认为艺术是"自由的游戏"。席勒、斯宾塞则认为，艺术活动是无功利无目的的自由的游戏活动，是人与生俱来的本能，艺术就起源于人的游戏本能或冲动。谷鲁斯认为，艺术活动可归结为"内模仿"的心理活动，它在本质上与游戏相通。

游戏中有艺术创造，这是肯定的。我的孙子与小朋友在沙坑中玩耍时，会用沙子搭出一些他们自以为是什么的东西来，尽管这些东西在我们大人眼中，算不得什么，但在他们来说是一种创造：将他们心中的图画，画在了沙地上。游戏中有艺术创造，但不能就此说艺术的源头就是游戏，如同不能因"模仿是最早的艺术手法"而将其说成是艺术的源头一样。

游戏虽然不是艺术的源头，但它与艺术却有一个共同的前提条件——这个前提条件是"有多余的精力"，席勒称之为"精力过剩"。席勒认为"精力过剩"是游戏与艺术产生的共同的生理基础。

席勒是说得对的。因为，游戏与艺术活动都需要有精力支持两者的活动。那么，为什么把支持游戏与艺术活动的精力称之为"多余精力"？因为人首先要解决的是生存问题，只有在满足支持生存活动所需的精力之后，当生理能量尚有剩余时，才有可能去从事艺术与游戏。诚如马洛斯的"需要层次论"所言，只有前一层次的需要如生理需要满足之后，后一种需要才会出现。

游戏与艺术活动，都需要消耗多余精力，但是，两者对于从事者的意义则是根本不同的。

游戏的最初形式是饱食后的无意义嬉闹，这在动物幼崽中最为明显。纪录片《动物世界》中，常见小狮子们之间相互打闹，或者抱着母狮的尾巴滚动玩耍。人类的小朋友同样如此，不过是嬉闹的形式比动物幼崽"高级"得多了，我小时候玩的是打弹子、飞洋画、捉铁子、丢宝宝（一种将砖头丢来丢去的游戏）、打雪仗；我孙子玩的当然比爷爷高级多了，小区里就有儿童活动设施，有滑滑梯、跷跷板、摇摇马……或者在人工沙坑中堆沙堆、搭房子什么的……搭了，塌了，再搭；或者未塌，推倒了，再搭……乐此不疲。这种游戏带来的快乐，纯粹是因多余精力的消耗导致体内多余能量趋于平衡而引发的快感，与美感没有关系。

艺术活动则是有意识的美象的外化活动，其获得的快乐不是由消耗多余精力导致的，而是由四部分感受组成：第一部分是引发创作冲动的美感；第二部分是艺术创作时全身心投入的愉悦感；第三部分是艺术创作完成且满意时，面对作品踌躇满志时的快慰感；第四部分是艺术作品完成后，站在欣赏者的角度欣赏艺术品时的美感。

模仿与游戏不是艺术的源头。那么，什么是艺术的源头？

笔者以为，美象的表达冲动，是艺术的源头。

六、那样子的"美本身"是不存在的

柏拉图在《大希庇阿斯篇——论美》中,以苏格拉底转述其论敌的话说:"美本身把它的特质传给一件东西,才使那件东西成其为美",又说,"我问的是美本身,这美本身,加到任何一件事物上面,就使那件事物成其为美,不管它是一块石头、一块木头、一个人、一个神、一个动作,还是一门学问。"[①]

在苏格拉底论敌的看法中,"美本身"似乎是一个特定的东西。这个特定的东西有一个特殊的本领,它可以将它的特质传递出去,传给什么东西,什么东西就成为美的—— 如同上帝用尘土造出了一个人,往他的鼻孔里吹了一口气,人就活了一般。

从我们的审美经验看,这个"美本身"具有四个颇有些神奇的现象:

假设"美本身"为"东西A",可以获得"东西A"而成为美的东西为"东西B"。

其一:"东西A"有时可在"东西B"中,使"东西B"成为美的;有时可不在"东西B"中,使"东西B"不成为"美的"。据此现象而言,则"东西A"不是"东西B"本体中的东西,是外来的东西,因此,可以进入"东西B",也可离开"东西B"。

其二:同一个"东西B",人甲与人乙同时同地一起看时,人甲可能看到"东西A"在其中,"东西B"是"美的";人乙可能看不到"东西A"在其中,

---

① 选自《柏拉图文艺对话集》,［古希腊］柏拉图著,朱光潜译,商务印书馆,2013,第170页,第174-175页。

而不见"东西 B"是"美的"。据此现象而可言，能不能看见"东西 A"，不仅仅与"东西 B"中有没有"东西 A"有关，还与看的人有关。

其三：人甲在美国的黄石国家公园看到的黄石河瀑布是"美的"，同一时点的人乙在中国的黄山看到的九龙瀑布也是"美的"。与此现象可言，有一模一样的无数的"东西 A"遍布在全世界，如同有一模一样的原子遍布在全世界一样。

其四：在同一个"东西 B"上，可以见到不同的美，如优美，如壮美，如奇美，如凄美。于此现象可言，"美本身"不是只有一个"东西 A"，还有不同的美本身，如有不同的原子一样。或者说，"美本身"可以如孙悟空那样，可以变来变去的。

笔者"相似美"理论模型中的"美素"说，与此"美本身"说相比较，则至少有四个不同：

其一："美本身"是因其"特质"进入或者离开一个东西而使这个东西成为"美的"或者不再是"美的"。在相似美理论模型中，则美的东西之所以成为美的，是因审美者感知其与"美素"具有"相似性"而成为美的，并非获得了由"美本身"传递过来的什么"特质"而成为美的。

其二："美本身"似乎只有一个，任何东西成为"美的"都是因为这一个"美本身"传递出的一个特质使之然。在相似美理论模型中，由进化形成的自然美素总类有三个，社会美素则有 N 多个。

其三："美本身"说并没有提及自然美与社会美问题。在相似美理论模型中，则做出了明确的区分。

其四："美本身"是没有由来的，是无始无终、不生不灭、不增不减的。在相似美理论模型中，"美素"是有始有终、有生有灭、有增有减的。

综上所述，笔者以为，苏格拉底论敌所说的那样的"美本身"是不存在的。

另外，还有"凄美""奇美""谐趣美""音乐美"这四个衍生之美，并非"美本身"也非"美素"使它们成为美的，而是另有使它们成为美的原因在。

七、"生气的机械化"非为谐趣之笑的根本原因

法国哲学家柏格森将"生气的机械化"视为"谐趣之笑"的原因。朱光潜先生是并不完全赞同此说的，认为是偏面真理。而笔者则认为，此说是不能成立的。

何谓"生气的机械化"？朱光潜先生于《文艺心理学》中，引入了两个例子予以说明。

例一："比如说，一个行路人猛然跌倒，是一件可笑的事。假如他出于本意地坐在地上休息，就没有什么可笑。这就是因为他是遇到了障碍物而不能随机应变，仍然很机械地用原来的步法走。他跌倒是表示他心不在焉，表示他笨拙，表示他像一件无生气的机械。凡是惹人发笑的人物和情境都可作如是观。"朱先生以此例论证"生气的机械化"是不成立的：一般而言，不是因为看见了障碍"仍然很机械地用原来的步法走"而致跌倒的，除非他是一个傻瓜，而是：要么因未见障碍物而被绊倒；要么看见了障碍物而因判断错误等原因仍然被绊倒的；要么是莫名其妙地被绊倒的，如笔者曾经被自己家中的再熟悉不过的门槛绊倒至胸骨骨裂。由此可见，不是因"生气的机械化"而跌倒的。既然不是因"生气的机械化而跌倒的"，自然就不能以此例论证"笑是由生气的机械化引发的"，朱先生后面据此做出的"凡是惹人发笑的人物和情境都可作如是观"的推论也自然就不能成立了。

例二："比如丑角模仿旁人的动作姿势，越逼真越惹人发笑，是什么缘故呢？有生气的东西是瞬息万变的，没有两个人的面孔完全相同，一个

人的动作姿势也不会前后完全一样。一个人可以把旁人的动作姿势模仿出来，那就显出那种动作姿势像机械的活动，缺乏生气应有的灵变了。凡是机械的东西都缺少弹性，都是把某一活动复演到无穷止，环境尽管千变万化，而它的应付的方法却依然如故。无论是个人的行动或社会的风俗制度，一到了变成呆板不合时宜的时候都可以变成笑柄。"笔者则认为，"不随环境变化会引人发笑"是有其事实的，但是绝大部分"不随环境变化"之行为，是不会引人发笑的。西班牙的唐·吉诃德穿着"中世纪的骑士装与风车战斗"、中国的"刻舟求剑""守株待兔"，的确可谓"不随环境变化会引人发笑"的典型，但戏剧程式化的传承讲究的则是"一招一式"要学得惟妙惟肖，不能走样，为何不会令人发笑？反之，如果"一招一式"学得走了样，倒反会被行家讥笑。

事实上，西班牙的唐·吉诃德、中国的"刻舟求剑""守株待兔"，从表面上看都是因不知变通也即"生气的机械化"而令人发笑的，但根本原因实非此因。

在这个现象中，唐·吉诃德本人、"刻舟求剑"者本人、"守株待兔"者本人，是一本正经的，他们自己是不会笑的，发笑的是看到这些现象的旁人。

那么，"看到这些现象的旁人"为什么会发笑？假设，看到这些现象的人中，有一个是低能儿，或者干脆说其是一个傻瓜，他仍然是呆呆的，没有发笑；而其他人都笑了。由此可见，在组成发笑原因的因素中，一定有些因素是与"看到这些现象的人本身"有关的。

这个与"看到这些现象的人本身"有关的因素是什么？笔者以为，就是由人生史态形成的心理反应模式。心理反应模式形成潜意识中的心理预期。而这些"现象"是与心理预期相悖的，且这些现象与"看到这些现象的人"必无利害关系，因此会使"看到这些现象的人"发笑。

人类有共同的心理反应模式，也就是有共同的潜意识心理预期。共同的心理反应模式是由"持续一个历史时期的人类社会常态"形成的。如中世纪骑士有骑士的装束与行为准则，由此而形成了对中世纪骑士的心理模式。此心理模式产生心理预期："骑士应是这个样子的"。当不是这个样子时，就会感到"奇怪"。而时代变化之后，骑士已经消失，再按骑士装束与言行，则又会感到奇怪，因为其已不符合时代变化后的心理模式了。……船已经移动了，人们的心理预期是应该根据船的移动去求剑……而刻舟求剑者的行为是违反常人的心理预期的。

一切谐趣之笑的总原因，即是笔者所言的：与心理预期不符，且无伤大雅。

以此解释上述例一例二，可谓"迎刃而解"：一行人同行，在同行者的潜意识的心理预期中，同行者应是正常行走。而同行者突然跌倒，与同行者潜意识中的心理预期是相悖的，因而发笑；丑角模仿得越逼真越令人发笑的根源不在于模仿逼真本身，而在于与人们的心理模式相悖。因为在实际生活中，两个不同的人的行为举止总是有差异的，不可能是一模一样的，所以在形成心理反应模式的经验印象图式中，没有两个一模一样的行为举止的经验印象图式。因此当见到丑角模仿得一模一样的映像与经验印象图式不符时，也即与心理反应模式相悖时，就会令人发笑。如一个人在前面昂首阔步趾高气扬地走路，后面的一个人也有意学他那样子昂首阔步趾高气扬地走路，令见者发笑。因为在人们的心理模式中，没有这样子的"两个人一模一样盯屁股走路"的心理模式。丑角模仿逼真令人发笑的另一个原因，则是在逼真的模仿中，还会有滑稽的表演，这些滑稽的表演，为什么会使人感觉滑稽，同样是因为对心理预期的违反。

虽然，与心理预期相悖的现象并不一定会令人发笑，有的会令人感到惊讶、疑惑、奇怪、不协调。但是，一切诸如滑稽、幽默、夸张归类于谐趣的笑，都是因与笑者的心理预期相悖而引起的。

因此说，西方关于"谐趣之笑"的其他几个学说，与"生气的机械化说"一样，都没有揭示出"谐趣之笑"的真正原因。如霍布斯的"鄙夷说"，亦即"突然荣耀说"；康德的"乖讹说""期望消失说"；斯宾塞的"精力过剩说"；弗洛伊德的"移除压力说"；还有"自由说""心力节省说""游戏说"等等，不一而足。

这些学说所举的"谐趣之笑"的例子，都可由笔者的"心理预期相悖说"所涵盖。譬如斯宾塞的"下降的乖讹"所举的例子："比如在玩马戏时，一位跳绳人一步跳过了四匹马背，后面一位丑角也郑重其事地作势跟他跳，但猛然出乎意料地停住，在马背上扫去一点灰。"[①]这与观众的心理期待是相悖的，因而会令人发笑。

八、西人崇高论与吾人崇高论之龃龉

英国美学家伯克："在我看来，没有什么崇高的事物不是力量的某种变体。""尺寸上的巨大，是促发崇高感的一个有力原因。""崇高来自幽暗的森林……""飞流直下的瀑布、狂怒的暴风雨、惊雷或者隆隆的炮声……"[②]

笔者以为，康德的崇高论，有着伯克崇高论的影子。康德在《判断力批判》一书中，把崇高分为两种：数量的崇高与力量的崇高。数量的崇高主要涉及体积，如高耸入云的崇山峻岭、突兀于大漠的金字塔。力量的崇高指巨大的

---

① 选自《文艺心理学》，朱光潜著，安徽教育出版社，2006，第250页。
② 选自《关于我们崇高与美观念之根源的哲学探讨》，[英] 伯克著，郭飞译，大象出版社，2010.3，第56页、第62页、第71页。

威力，如排山倒海般的巨浪。

伯克与康德对崇高对象的范畴如此划定，以及将此名之为"崇高"并无不可。但伯克与康德所谓之崇高与吾人所言之崇高的内涵，则有着很大的不同。

"崇高"一词在汉文化中的意义总是与人格、行为或思想有关，而与自然物无关。如康德称"一座顶峰积雪、高耸入云的崇山景象"是崇高的，甚至称"高大的橡树、神圣丛林中孤独的阴影是崇高的。"①

这是不符合吾人的审美传统理论的。康德与伯克上述举例中的崇高对象，大致上可与吾人所言之壮美对象对应之。

为什么说大致上？因为如康德所言的"孤独的阴影"是不会被吾人视为壮美的，即使是"更为孤独更为浓重的阴影"也不会。

九、对"自然的人化"是美的根源的质疑

李泽厚先生有一个美学观点：美的根源是"自然的人化"②。

这与李先生在上世纪 50 年代美学大论战中提出的"美是客观与社会性的统一"观点是相通的。

李先生说："原始人为什么不能欣赏山水花鸟……在狩猎的时代或狩猎的原始民族中，大概只有某些动物成为人类活动和意识的对象，其他的自然世界不是与人无关（如山水花鸟），便是与人敌对（如雷电烈日），农业社会之所以是人类历史的最大进展也正是它使人类安居……众多自然事物和整个

---

① 选自《论优美感与崇高感》，康德著，何兆武译，商务印书馆，2001 年版，第 2-3 页。
② 选自《华夏美学·美学四讲》，李泽厚著，生活·读书·新知三联书店，2008 年版，第 276 页。

大自然逐渐成为人类生活活动的真正的客观环境、条件、资源、工具，从而成为对象。这虽然还不是审美对象，却是它们日后成为个人审美对象的前提、基础和根源，即是说，它们（自然界和广大自然对象、事物）开始获有了美的本质，具有了审美性质。"

按李先生的这个观点，也即是说，自然人化之物，才获得了美的本质，才能成为人的审美对象。李先生的这个观点，明显是不符合事实的："雨后的彩虹""林中的狮虎""挂于庐山香炉峰的瀑布""头顶深邃无垠的星空"……这些景物都并非成于人类实践活动，为何能够引发人类之美感？

那么，李先生认为"自然的人化"始于何时？也即美始于何时？李先生说："……美的根源出自人类主体以使用、制造工具的现实物质活动作为中介的动力系统。"笔者对李先生此段话中的其他意思如"动力系统"仅止于疑惑，但对"美的根源出自人类主体以使用、制造工具的现实物质活动"是无疑地否定的。因为笔者认为，美的根源远远早于人类使用、制造工具之前，更远远地在农业社会之前就已经进化形成了的：最初之源因是——由宇宙演化形成的生命体的天性之诉求。

据此又可言，李先生的"原始人不能欣赏山水花鸟"之说，是轻率的、武断的，且是错误的。

十、劳动与"美"论

（一）有与劳动有关的自然美

人在劳动中改变了自身的形态，如人在劳动中进化形成了灵巧的手指，才会有《诗经·硕人》中"手如柔荑"的描写。

青铜是人类劳动的产物；青铜器饕餮纹饰，是人类艺术劳动的产物。有了人类的劳动，才有与青铜器饕餮纹饰相应的"狞厉之美"。

（二）有与劳动无关的自然美

1960年，朱光潜先生在《新建设》第四期发表了《生产劳动与人对世界的艺术掌握——马克思主义美学的实践观点》一文，大量地引用马克思《1844年经济学哲学手稿》的观点来说明生产劳动对于美的意义。文章中说："人为什么会感觉自然美？马克思曾经反复说明过这首先是由于人借生产劳动征服了和改造了自然，原本生糙的自然就变成了'人化自然'，它体现了人的'本质力量'，满足了人的理想和要求，人在它身上看到自己的胜利果实，所以感觉到快慰，发现它美，这是最原始的也是最本质的美感经验。"

朱先生的这个解读是值得商榷的。理由有二：

其一，从自然美素的生成源因看与劳动无关：源因是人类之诉求，且劳动本身也因诉求而产生，试想，如果人类没有诉求，何须劳动？

其二，从审美对象看有与劳动无关的自然美。试问，王维"明月松间照，清泉石上流"美不美？答曰：美！再问：这个审美对象，是否由人类劳动所创造？答曰：非也，是自然之景色也。再例，王勃《滕王阁序》："落霞与孤鹜齐飞，秋水与长天一色。"问：美不美？答曰：美者也！再问：是否是人类之劳动使"落霞与孤鹜齐飞，秋水与长天一色"的？闻者必哑然失笑而答之曰：非人类劳动使之然也。刘勰《文心雕龙》有类似之说："若远山之浮烟霭，娈女之靓容华。然烟霭天成，不劳于妆点；容华格定，无待于裁镕。"

（三）社会美的产生与劳动非直接关系

社会美产生源因是"应是理念"。

"劳动"本身是被视为社会美德的，但劳动不是产生"劳动是美德"的源因。产生"劳动是美德"的源因是"人应该爱劳动，劳动是光荣的"这一理念。其实，从生命体的天性而言，劳动不是天性诉求的，天性诉求的是获得生存资源,劳动仅仅是手段,而非目的。如果让生命体按其天性在"不劳而获"与"劳动而获"中两选其一,则生命体一定会选择"不劳而获"。因为从能量角度说,劳动是要消耗体能的,而通过劳动获得资源也无非就是为了维持体能,既然如此,何必要通过消耗体能再去获取能量呢?"贪省力"是生命体的天性诉求,自然也是人类的天性诉求。

但是,"应是理念"不是凭空产生的,它是人类诉求与史态时态与理性共同作用的产物。而人类史态时态的形成与理性发育提高到能够产生"应是理念",离不开人类劳动的作用。因此说,劳动是产生社会美的间接因素之一,且是不可或缺的重要因素。

十一、"美的"恒美与"恰当"无关

《淮南子·说林训》说:"绣以为裳则宜,以为冠则讥。"此句意为,"美在恰当"。

这似乎给人一个印象:"绣"之美与不美,不在其本身,而在其所处的位置是否恰当。这是千古之"冤案"。因为,只要与"美素"见之相似性,不论其在何处,都是"美的"。如同物理元素,譬如碳原子,不论其在石墨或金刚石结构中的任何一个位置上,都是一样的碳原子,并不会因其所处的位置不同而不成为碳原子。

那么,为何会产生"绣以为裳则宜,以为冠则讥"的错觉?答曰:是"绣"处于"不恰当"的地方,才使其所在的"整体物象"显得不和谐而不美,而非是"绣"本身变为不美。

那么,为什么"绣以为裳"是恰当的?"绣以为冠"是不恰当的?人们又是凭什么做出这样的判断?答曰:这不是由人们主观决定的,而是由人们已经形成为客观存在的"经验印象图式"决定的："绣以为裳"不"绣以为冠"，那是当时人们的"经验印象图式"，也即当时人们的"心理模式"。时至今日，则"绣以为冠"多的是，就不会认为"绣以为冠"是不恰当的了。

如时装，随时代的变化而变化。昨日之时装，今日之"黄花"；今日之时装，亦成明日之"黄花"；抑或明日之"黄花"亦复可为今日之时装。

推而广之，只要人们的心理模式变了，过去是恰当的，现在或许是不恰当的，反之亦然；此处是恰当的，他处或许是不恰当的，反之亦然。

再例言之：《淮南子·说山训》："嫫母有所美，西施有所丑。"嫫母是古代丑女，但她也有美的地方。换言之，嫫母整体之丑，并不能掩盖其有美的地方。"嫫母有所美"亦可证：美素所成之美是恒美的。

那么，为什么嫫母奇丑？西施绝美？原因如晋代葛洪《抱朴子·博喻》中所言："……西施有所恶而不能减其美者，美多也；嫫母有所善而不能救其丑者，丑笃也。"

综上所述，可归纳三点：其一，美素所成之"美的"是恒美的；其二，"美的"所处位置恰当与否，是由集体"经验印象图式"，也即集体"心理模式"决定的；其三，"美的 A"所处位置的恰当与否，仅仅影响"美的 A"所在"物象"B 整体的美与不美，并不影响"美的 A"的美与不美。

十二、"和谐"不是"美"及其推论

古希腊毕达哥拉斯和赫拉克利特提出了"美是和谐"的观点。这个观点似是而非。

美有三个内涵：美本身、美的与美感。

和谐肯定不是美感，也不是美的，更不是美本身。

我们为什么感知某物是美的？不是因为某物和谐而使我们感知其美，而是因为某物美而由我们将这种"美的形态"名之为和谐而视其为和谐的。

物象是否被视为和谐，不取决于物象本身，而取决于和什么样的美本身比较。

猴子的性感美素与人类的性感美素是不同的。雄性长鼻猴的大鼻子晃晃荡荡地悬挂脸中央，在雌性猴子看来，那个大鼻子诚如宋玉形容人类绝色之美所言那样的"增之一分则太长，减之一分则太短"，美极了！但在人类看来，大鼻子占据了猴脸中央一大块地方，是极不和谐的。正如赫拉克利特所说："最美丽的猴子与人类比起来也是丑陋的"。其实反过来何尝不是如此，最美的人在黑猩猩看来也是丑的——人脸上一无是处，眉骨没棱角，鼻孔不朝天，额头太宽大，嘴巴又太小，面孔上光光的还不长毛……由此可见，以"沉鱼落雁"形容美女，实是人类的自恋。在鱼眼和雁眼之中是不会有美女的。

那么，同一张长鼻猴脸为什么在猴子看来是和谐美丽的，在人类看来是别扭丑陋的？答曰：这是由人与长鼻猴的性感美素不同所致。由此可见，和谐是相对的存在。

而美本身形成之后，不是相对存在，其以遗传基因形式存在于人体中。和谐肯定不是遗传基因，因此，和谐不是美本身。

由此推论：恰当、合适、均衡、对称、比例、秩序，均不是美。

十三、"气韵生动之美"是永恒不变之美

因为，健康良好的生存状态，是人类永恒不变的诉求。

人类生存着的第一特征是有"气"，有气则生，无气则死；"韵"则是对"健康良好生存状态"的形容词；而"生动"又是对"韵"的主要特征的描述，

无"生动"则一定无"韵"。《诗经·硕人》一诗中，如无一句"巧笑倩兮，美目盼兮"的生动描写，则硕人之"神韵"无以见之。"韵"包含着生动，但不仅仅指生动，"韵"的状态有许多不可言说，只可意会处，故谓之"神韵"。

不论人类自身，或者其他生命体如"翩若惊鸿，婉若游龙"，或者非生命体如书画，如叠石，只要见之"气韵生动"，就是美的。无怪乎南齐画家谢赫在其所著《画品》提出的"六法"中第一法即是：气韵生动。

丰子恺先生则在《人间情味·中国美术的优胜》中，对气韵生动，从梳理古今中外与此有关的美学思想入手，做了约一万余言的充分论述，推崇备至："中国美术的主要的特色，归根于'气韵生动'。"①

十四、丑

人类视为"丑物"的，一定是与人类诉求相违背的。

人类诉求美女，故见之违背性感美的，就视之为丑女。人们认识"自然丑"的能力，与认识"自然美"的能力一样不是后天教育而成的，是得之于遗传的、先验的。换言之，人类不仅有由性选择进化形成的性感美，也相应进化形成了"认识"丑的先验能力。

广而言之，见之与"美素"相反的物象，就是"丑"的。如："灵动"是美的，则"呆滞"就是丑的；"空灵"是美的，则"重浊"就是丑的。为何中国画注重"留白"？因为"留白"才能显现出空灵，画面墨黑一团不可能给人以美感；"宁静"是美的，"嘈杂"就是丑的。以此类推。

由此而知，"丑"与"美"一样，亦有三个层面："丑本身""丑的"

---

① 选自《人间情味》，丰子恺著，张卉编，北京大学出版社，2010.1，第56页。

与"丑感"。

十五、动物界审美现象的非"偶然性"与相似美原理

如果说审美现象只能见之于人类，那么，由此可言，审美现象在生物界中是偶然的；如果于动物界中所见的一些现象也认定是审美现象，则由此可言，"审美能力"不是人类的特异功能，换言之，即是非"偶然"的。

笔者相信，科特兰德教授发现的，那只"花了整整十五分钟时间坐在那里默默地观看日落"的非洲黑猩猩，与笔者坐在泰山坡上默默地观看落日一样是在审美。但以此推断"审美非偶然"是不足为凭的，因为人类是猴子一属的后代。

那么，如果能够在进化史上与人类没有传承关系的动物群体中，发现审美现象，则就可以证明，审美现象不是偶然的。

"新几内亚有一种橙冠园丁鸟，窝棚建在林中地面上，是用草围着一个小树干建成的，颇似半坡人的中心柱式建筑，只不过是两边对开门的。在中心柱上，鸟先将一层墨绿色的苔藓蒙在树干上，然后把装饰物嵌到苔藓上，左边总是蓝色的甲虫，右边总是蜗牛壳碎片。中间用一列黄花隔开。在棚子前面，是精心照料的花园，撒满了鲜花，四周以篱笆围护，蓠上还点缀些黄或红色的果子。有趣的是，这类凉亭是雄性专门用来求爱之用的，真正用于生儿育女的巢穴，婚后由雌性建造。这实在像是鸟类创造的使主体愉快的对象。至此，我们几乎已经不能不承认鸟类，至少是某些鸟类具备原始的、萌芽状态的美感能力了。"[1]

---

[1] 选自《从动物快感到人的美感》，刘骁纯著，山东文艺出版社，1988.10，第86页。

在《人类的由来》中，达尔文对鸟类的此种现象评论说："当我们看到一只雄鸟在雌鸟面前展示它的色相俱美的羽毛而唯恐有所遗漏的时候，而同时，在不具备这些色相的其他鸟类便不进行这一类表现，我们实在无法怀疑，这一种的雌鸟是对雄鸟的美好有所心领神会的。……如果雌鸟全无鉴赏能力，无从领悟雄鸟的美色、盛装、清音、雅曲，则后者在展示或演奏中所花费的实际的劳动与情绪上的紧张岂不成为无的放矢，尽付东流？而这是无论如何难以承认的。"①

在生物学家所画的"生命树"上，人类与鸟类处在不同的枝丫上。换言之，鸟类不是人类的祖先，人类也不是鸟类的祖先，因此说，人类与鸟类的审美能力没有传承关系，完全是各自独立进化出来的。由此可言，审美现象是"非偶然性"的。

既然审美现象具有"非偶然性"，那么必有共同的原因使之然。

这个共同原因是什么？答曰，即是相似美原理。简论之，不同的生命体有共同的天性诉求，虽然由自然进化规定了不同的诉求对象，如人类有人类的饮食对象，鸟类有鸟类的饮食对象；人类有人类的求偶对象，鸟类有鸟类的求偶对象。但是，当见之诉求对象与诉求相似之时，与之相应的生理反应则仍然是共同的——满足者快乐之。

原理相同，不等于说不同的生命体必然会进化出审美能力来，因为这是不符合现见之事实的。是否能够进化出美感来，还有许多因素在。如：从生物因素角度说，相对于人类现今通行的美学定义——由视听引发的快乐感谓之美感——而言，则需要进化出眼睛与耳朵之后才可能再进化出美感，而现见之生命体，无耳目者不在少数；从智能因素角度说，有的美感必待理性发育到一定高度之后，才可能再进化出来，如凄美感。而现见之生命体绝大多

<hr>

① 选自《人类的由来》，［英］达尔文著，潘光旦、吴寿文译，商务印书馆，2008.9，第136页。

数仍然生活于"浑浑噩噩"之中。

归纳言之，根据相似美原理，一切生命体都有进化出美感的潜能；现见只有极少数生命体有审美现象；美的产生既不是必然的，也不是偶然的。

十六、"美物无用"与相似美原理

在我们的日常生活经验中，为什么美物大都是无用的？而实用的却大都是不美的？客厅中的一瓶插花、墙壁上挂的一幅字画，是无用的，却是美的；餐桌上的一块抹布，是最实用的，却是最不美的。美与实用结合在一起的，也毕竟是少数。且从根本上说，实用部分也不在于"美的"那部分，而在于具有"实用性"的那部分。如一个"光滑的圆润的碗"，供人实用的主要不是光滑与圆润，而是"可盛物的空间"。

"美物"之所以大都是无用之物，这是由"相似美原理"决定的——"物"因见之与美素的相似性而成为美物，而非因实际使用而成为美物。

且实用之物越趋向于美，相应地也越趋向于无用。如一把造型奇特的紫砂茶壶，其越奇特越美，则实用功能越小，且人们在心理上越不舍得将此茶壶当实用茶壶用之。

有客难之曰，相似美原理最核心的思想是——与诉求相似者是为美的。那么，难道"无用"是人类诉求的？"实用"反倒是不诉求的？此岂非与相似美原理相悖了吗？

答曰："性感美"透露着良好的遗传信息。也即是说，性感美是人类繁衍健壮后代之实用诉求的产物。但时至今日，人类做爱的主要目的已经不再是为繁殖后代，而是为了享受令人销魂的快感。为什么美物大都是无用的？与此同理。

由此可见，美物大都是无用的现象，并不与相似美原理相悖，而是另有原因使之然。简言之，是因为进化出了美感之性。"性"形成之后，其如何反应已经与生成它的原因相脱离。换言之，今日所见之物的美与不美，已经与所见之物的有无"实用性"无关，只和可与美素比对的形式有关。如前所述，性交快感只与做爱有关，而与其是否为了生殖后代这个实用性目的已经无关。

且美只与形式有关，不仅不与相似美原理相悖，恰恰是体现了相似美原理：要见之美，必与美素相比对；要比对，必有形式可见之；无形式可比对就不能见之美。而"实用"这个文字符号所指称的对象是无形式可见的，谁见之"实用"的形式？因此，美的诞生虽然根源于"实用"，但因"实用"本身无以见之，所以只有通过实用所在之"形式"而见之美。

十七、"美的程度"与"美类量""美素相似度"成正比

何谓美类量？于一个美象上可见的美的类别之数量，谓之美类量。美类量可分两类：一是不同类别之美的数量。例如，在李白《梦游天姥吟留别》诗中，至少可见四个类别之美。可见之壮美，"天姥连天向天横，势拔五岳掩赤城"；可见之奇美，"霓为衣兮风为马，云之君兮纷纷而来下"；可见之优美，"湖月照我影，送我至剡溪"；可见之凄美，"古来万事东流水""别君去兮何时还？"二是同类别美之数量。气韵生动、空灵、宁静……同属于优美素家族。

何谓美素相似度？"美象"与"美素"的相似程度，谓之"美素相似度"。

"美的程度"与"美类量""美素相似度"成正比。

其一：与美类量成正比。如在一个美物上既可见之优美，亦可见之壮美，

又可见之奇美，与仅可见之优美者相比，则一般而言，前者"美的程度"更高；再如在一个美物上可见同类美素中的多个家族成员，如在优美家族中，既可见气韵生动之美，又可见艳丽之美，又可见宁静之美，则一般而言，比仅可见"宁静之美"者"美的程度"更高。

其二：与美素相似度成正比。有两个层次：

第一层次：单一美素相似度。如在一个优美物象上所见"气韵生动之美"与"气韵生动美素"越相似，则"美的程度"越高。直到完美无缺，而至"……增之一分太长，减之一分太短；著粉则太白，施朱则太赤……"此乃超级绝色美女，大概只虚拟地存在于宋玉《登徒子好色赋》之中。

第二层次：综合美素相似度。假设美象 A 与"气韵生动美素"有九分相似，美象 B 与"气韵生动美素"有七分或六分相似，则美象 A"气韵生动美素相似度"高于美象 B；又假设美象 A 与"艳丽美素"有七分或六分相似，而美象 B 与"艳丽美素"有九分相似，则美象 B"艳丽美素相似度"高于美象 A。

换言之，美象 A 某类美素相似度可能高于美象 B，美象 B 某类美素相似度也可能高于美象 A。因此说，某一美象的美的程度，并不取决于某一美素的相似度，而取决于各个美素的综合相似度。

但是，美是很难综合出一个高低来的。北宋卢梅坡诗《雪梅》可为之喻言："梅雪争春未肯降，骚人搁笔费评章。梅须逊雪三分白，雪却输梅一段香。"

那么，无美素之衍生之美，无与美素相似度可言，如何评判美之高低？简答曰：凄美感与宣泄度、奇美感与奇异度、谐趣美与心理模式相悖度、音乐美与"节奏相似度"——共鸣度——成正比。

社会美因一般而言无美感发生，其"美的程度"的评判标准则宜用两个标准。第一个标准，与"应是理念"相似度成正比。此标准适用于同一类别社会美的评判，如同是孝敬父母之美，则谁更孝敬谁就更美。第二个标准，与社会价值成正比。此标准适用于不同类别社会美之比较。如助人为乐之美，与为国捐躯之美，则后者之美更崇高。

十八、"美感程度"与"美的程度"成正比

何谓"美感程度"？美感的强弱程度，谓之美感程度。

"美的程度"越高，则美感度越高。

但是，由于"美的程度"由美类量、美素相似度两个因素组合而成，因此可有无数的组合状态，如美类量虽然单一，但美素相似度高，则"美的程度"可以很高；如美类量虽多，但美素相似度较低，则"美的程度"并不会很高。

因此说，"美感"的程度并不一定与单一的美类量、美素相似度成正比。如左思的长篇《三都赋》，可谓美象众多，但并不见得比王维的短诗《山居秋暝》美；卓别林哑剧的美类量并不多，主要是凄美感与属于谐趣美的滑稽感，但其无疑是美得卓绝的。

十九、"直觉式美象"与"编辑式美象"及其关系

何谓"直觉式美象"？因美感之性的触发而生之美象，谓之"直觉式美象"。

"直觉式美象"生于无意识领域。

何谓"编辑式美象"？经五种审美方法——裁剪法、移植法、虚构法、列象法、联想法——所成之美象，谓之"编辑式美象"。"编辑式美象"是有

意识为之的。

"直觉式美象"是"编辑式美感"的前提，没有前者，不会有后者。我们总是被"直觉式美象"所感动，然后才对美象进行有意识的审美编辑，使之更美。

大诗人李白的《望庐山瀑布》："日照香炉生紫烟，遥看瀑布挂前川。飞流直下三千尺，疑是银河落九天。"

李白一定是遥见香炉峰瀑布而先生直觉式美象，然后对此美象进行有意识的审美编辑，使之更美，并使之合乎七绝诗的表达形式。如将香炉峰与"香炉"联想起来，又由香炉引出"紫烟"的联想，而"紫烟"与日照香炉峰时香炉峰上所生氤氲之云气十分"应景"……还有诗中"三千尺""银河""九天"之象，在"直觉式美象"中都是不存在的，是李白在审美编辑中添加进去的。

二十、两类奇美感及其诞生时点推论

其一，对自然物象的奇美感。此类奇美感，是由所见物象本身的新奇而引发的。笔者第一次见到的大草原，是新疆巴音布鲁克大草原，是专程去草原中的天鹅湖观赏天鹅的。于乌鲁木齐租用的出租车驾驶员，到了大草原，也并不认识去天鹅湖的路，结果汽车在草原土路上开了不知多少路，也没有找到天鹅湖，后见天色已晚，且沛然欲雨，再也无望找到，只得作罢，却真切地体验到了草原的辽阔与壮美，并为之惊叹不已！

其二，对"模仿逼真"的奇美感。此类奇美感不是由自然物象本身的新奇引发的，而是由"模仿逼真"引发的。据传赵本山最早就是因惟妙惟肖地模仿一个"丑陋的瞎子"表演走红的。瞎子并不少见，也即是说并非是新奇的；"瞎子"又自然是丑的。那么，其之所以引起观众的美感，决不是由"瞎子"本身引起的，而是由赵本山的模仿之逼真引起的。由此同理，一切模仿引起的新奇美感，都是因模仿的逼真引发的，与所见物象是否新奇或者是否美，都无关系。

其一、其二虽然同为奇美感，但是两者产生的时间始点，相距是极为遥远的。对自然物态之奇美感应在人类诞生之前就已经产生了。因为好奇之性在人类诞生之前就已经进化形成了。如猴子与一些其他动物，对于陌生事物也会表现出"探头探脑"的好奇。而后一类奇美感是由"人类技艺"引发的。"人类技艺"毫无疑问是在人类诞生之后很久才能产生。人类诞生初期，只满足于"几个石头磨过"，诉求的是实用性。技艺的展示，是人类产生了"有闲者"的附属品。

二十一、美是主观的还是客观的四个观点摘录与评述

20世纪50年代我国美学界曾经有过一场美学大讨论，关于"美是主观的，还是客观的"问题，有四种观点。

其一：美是客观的，代表人物蔡仪先生。蔡先生认为，一株梅花的美，美就在梅花本身，和人没有关系。美是什么？蔡先生的回答是"美在典型"。

其二：美是主观的，客观的美并不存在。代表人物吕荧先生、高尔太先生。此观点是正确的。高尔太的论证文章是极优美的，可做别有异趣的散文欣赏之：

"我们凝望着星星，星星是无言的、冷漠的，按照大自然的律令运动着，然而，我们觉得星星美丽，因为它纯洁、冷静、深远。一只山鹰在天空盘旋，无非是想寻找一些吃食罢了，但是我们觉得它高傲、自由，'背负苍天而莫之

夭阏，搏扶摇而上者九万里'……实际上，纯洁、冷静、深远、高傲、自由等等，与星星，与老鹰无关，因为这些都是人的概念。星星和老鹰自身原始地存在着，无所谓冷静、纯洁、深远、高傲、自由。它们是无情的，因为它们没有意识，它们是自然。"

论证文章，美则美矣，但仅以现象言美，并无理论深度，无以令人信服。且高尔太还有一个错误的观点："美产生于美感，产生以后，就立即溶解在美感之中，扩大和丰富了美感。"又言："美和美感，实际上是一个东西。"①

其三：美是客观性与社会性的统一。代表人物为当时的美学界黑马、今日之思想界耆老李泽厚先生。"自然美"远在人类社会产生之前就已经形成，如何可言"美是客观性与社会性的统一"？社会美必与人类社会有关，这是毫无异议的，但"社会美"源于"应是理念"，是非自然的，又如何可言"美是客观性与社会性的统一"？

其四：美是主客观的统一。代表人物，中国美学界泰斗朱光潜先生。

朱先生有一个著名的"物甲""物乙"说。朱先生认为：物甲指物本身，它是客观存在的，不以人的意志为转移。如"一朵红花"，不会因时代、民族、文化修养的不同而说"红花"不是"红"的；物乙是"物甲的形象"，是加上了人的主观色彩的。据此以证其"美是主客观的统一"的观点。

其实，"物甲"也是主观形象，并非是客观存在。对此论证，已经超出了美学领域，是更高层次的哲学问题。

至于说"美"与客观存在有关，这是肯定的。人类之所以能见之梅花，必有使人类可见梅花的"自在之物"的存在。美与主观有关，这也是肯定的，诚如王阳明所言："你未看此花时，此花与汝心同归于寂；你来看此花时，则此花一时明白起来，便知此花不在你的心外。"

---

① 选自《美学原理》，叶朗著，北京大学出版社，2009.4，第 37 页。

有人难曰:既然承认物象与客观有关,为何又言"一切物象都是主观的"? 需分两个层次回答:

其一:言物象与客观存在有关,是从如果没有"自在之物",人类不可能见之"物甲"这个角度说的。但是,人类是以自身的感知器官认识"自在之物"的,因此说,人类所感知的"自在之物",不是"自在之物本身",而是人类感知中的"自在之物",即是人类认识的产物,这在《相似美论·上卷》中已经做了论证。

其二:物象中还有一类特殊的美象,笔者名之为"比德之象",如牡丹之"富贵"象、莲花之"高洁"象,其根本就没有与之相应的自在之物,更无可言之客观性。

梳理上述四个观点,笼统而言,唯有"美是主观的"观点是正确的,其他三个观点,都是错误的。

为什么说笼统言之? 因为如果细分缕析,则高尔太的主观论,亦存在许多问题。高尔太先生所言之"美",是指美本身,还是指美感,还是指"美的"? 在其是含糊不清的。而这含糊不清之处,也正是"四个观点"之通病。

而"通病"之病根则是同一的:对"美是什么"的茫然。

二十二、对"物象""生态""性质"的主客观论及推论

世界可分为两类存在。

一类是非生命体存在,也即物理存在。岑参:"一川碎石大如斗,随风满地石乱走。"诗句中的"川、石、风、斗、地",都是非生命体存在。

一类是生命体存在。乡贤范成大《四时田园杂兴·其二》:"梅子金黄杏子肥,麦花雪白菜花稀。日长篱落无人过,唯有蜻蜓蛱蝶飞。"诗中的"梅、杏、

麦花、菜花、人、蜻蜓、蛱蝶"，都是生命体存在。

人类眼中的物象也随之分为两类：一类是生命体物象及其生态与性质，一类是非生命体物象及其性质。

（一）生命体物象与生态的主客观论

那天上午，笔者于办公室茶几上所见文竹新芽生气勃勃之物象而美感油然而生，忽然悟得相似美原理的核心思想。

为什么美感会油然而生？从根本上说，是笔者见文竹新芽生气勃勃之物象，而感知文竹处于良好的生存状态。而良好的生存状态是人类诉求的。

那么，其一：笔者所见"文竹新芽生气勃勃之物象"是主观的还是客观的？其二：笔者通过"文竹新芽生气勃勃之物象"认识到的"文竹处于良好的生存状态"是客观的还是主观的？

这涉及客观的定义。在此笔者对客观的定义是：与人类无关的"自在之物"及其"自在之物之存在状态"，谓之客观的，如星辰、河流、草木、虫鱼。

答其一：笔者所见"文竹新芽生气勃勃之物象"是主观的。

因为具有不同视觉系统的生命体所见"文竹物象"是各不相同的。例如，在以文竹汁液为生的红蜘蛛眼中，文竹的"良好的生长状态"是否亦呈现出"如此生机勃勃的物象"？回答是否定的。据资料介绍：红蜘蛛的眼睛结构与人类非常不同，且视力十分近视，视物模糊不清；红蜘蛛体形不足一毫米，附着于叶背，不可能如人类那样可以俯瞰文竹全貌。仅此两点，即可断言，人类与红蜘蛛眼睛中的文竹物象，是完全不同的。换言之，与红蜘蛛相比，人类所见文竹生长状态"如此生机勃勃"，是由人类的高大体形所处的视角及其视觉系统形成的。因此说笔者所见"文竹萌芽生气勃勃之物象"是主观的。

答其二：笔者通过"文竹新芽生气勃勃之物象"认识到的"文竹处于良好的生存状态"则是客观的。

假设生命体并没有进化出动物，更没有进化出人类，而仅仅进化出了植物，而植物中又进化出了"文竹"一族。有一株文竹生长于良好的环境之中，那么，其生长状态一定是良好的，且一定有与此良好生存状态相应的"本真之外貌"。反之，如若文竹生长于恶劣的环境之中，那么，其生长状态一定是不正常的，且亦一定有与此不正常生存状态相应的"本真之外貌"。因为人类此时还没有诞生，因此，文竹的这种生存状态及其与之相应的"本真之外貌"，铁定是与人类无关的。因此说，"文竹的这种生存状态及其与之相应的本真之外貌"，均是客观的。

此后，人类诞生了，且迄今为止与文竹同为生物群体成员。由于人类进化出了美感之性，有了审美的诉求，而文竹又成为人类眼中的审美对象，常常作为办公室内的盆景点缀以养眼。

办公室内的盆景文竹，非同于人迹不至的深谷幽兰，其生长状态与人类的养护有直接的关系，也即是说，人类的活动直接影响文竹的生长状态。那么，是否可以说，因为文竹的生长状态是与人类有关的，据上述定义，可以说文竹的生长状态是主观的？答曰：不可以。因为人类只是通过影响文竹的生存环境来影响文竹的生长状态。"文竹的生存环境"与"文竹的生长状态"之间的关系，是客观的，是人类的影响所不能改变的。人类之所以能够通过影响文竹生存环境影响文竹生长状态，正是因为"文竹生存环境"与"文竹生长状态"的关系是客观的，非是人类可以改变的。

同样地，人类对于文竹的生长影响，并不能影响"文竹生长状态"与其"本真之外貌"的相应关系，也即是说，"文竹生长状态"与其"本真之外貌"的相应关系，是客观的、无一例外的，且是永恒不变的。正是因为"文竹生长状态"与其"本真之外貌"的相应关系，是客观的、无一例外的，且是永恒不变的，所以，笔者能够通过所见"文竹萌芽生气勃勃之物象"而认识到文竹此时之"生长状态是良好的"，从而感知其与人类诉求的"相似性"而生美感。

由于各生命体的视觉系统不同，与文竹生长状态相应的本真之外貌，在具有不同视觉的生命体眼中是各不相同的。但是，这种各不相同的"外貌"所对应的生长状态是同一的。换言之，这种不会随人类的见与不见，或不会随任何生命体的见与不见，抑或不会随不同生命体所见外貌的不同而改变的"生长状态"，只能是客观的，而不可能是主观的。

综上所述，归纳言之，人类所见的文竹萌芽生长状态物象是主观的，此物象所反映的生长状态则是客观的。

（二）生命体物象与性质的主客观论

那么，是否可以这样推论：因为人类通过所见文竹物象而认识到的文竹生态是客观的，所以人类通过生命体物象认识到的"性质"，也有一个与之相应的客观存在？

答曰：其一，"无"之；其二，"有"之。

其一，"无"之：如人类所见莲花之高洁、牡丹之富贵、兰花之逸隐、菊花之清雅，均非有相应的客观存在。换言之，莲花中没有高洁，牡丹中没有富贵，兰花中没有逸隐，菊花中没有清雅，所谓高洁、富贵、逸隐、清雅，都是人类赋予它们的性质。这些人类所谓的性质，仅仅存在于人类认识之中，然后以"比德"形式赋予相应之物象。

其二，"有"之：如松柏之坚。松柏与蒲柳相比可谓之坚，与磐石相比，则不可谓之坚。因此说，人类所谓的松柏之坚，仅仅存在于人类据于比较的认识之中，并不存在松柏之中。但是，人类之所以在与蒲柳的比较中会认为松柏是坚的，是因为有"坚"这个称谓所指称的"材质"即康德所谓的"自在之物"存在于松柏之中。换言之，与蒲柳相比，松柏的材质"坚"而蒲柳的材质"松"，这是由松柏与蒲柳本体的自在之物决定的，是客观的。而牡丹的材质中无论如何是没有富贵的。

（三）非生命体物象与性质主客观论

生命体与非生命体，是两类本质不同的存在。非生命体存在无"生态"可言，但在人类的认识中亦有"性质"可言。

那么，人类认识中的物理存在的所谓"性质"，是否亦如人类所见生命体存在的"性质"一样或"有"或"无"相应的客观存在？回答是肯定的：磐石之"坚"于磐石中有相应的客观存在，在"水"中则无"仁、义、勇、智"四德之客观存在。

（四）结语

1. 人类所见一切"物象"都是主观的；

2. 人类通过所见生命体物象认识到的"生态"都是客观的；

3. 人类所见一切物象的"性质"有的有相应的客观存在，有的则无相应的客观存在。

二十三、唐肥晋瘦与美论

郭沫若先生在《武则天》中说，唐朝人喜欢的女性比较丰满，"方额广颐"，正是唐朝所尚好的美人型。然而，唐朝以前的魏晋人却以纤瘦为美，这从他们的壁画和雕塑中可以看出。郭沫若先生的话，是有魏晋唐朝两个不同时期的壁画和雕塑支持的。

那么，为什么唐人以肥硕为美？魏晋人以清瘦为美？传统的美学家从社会历史中去寻找原因，认为唐朝是封建社会的强盛时期，经济上繁荣，"公私仓廪皆丰实"，人们自然体肥脸胖。魏晋时代则战争频繁，社会动荡不安，人民生活极其痛苦。曹操《蒿里行》有如此描述："白骨露于野，千里无鸡鸣。生民百遗一，念之断人肠。"人们自然面黄肌瘦。如果说，唐朝、魏晋的壁画与雕塑各自反映了本时代的人物体貌特征，应该说是成立的。

说唐朝人以肥胖为美，也是符合相似美原理的：肥胖说明食物充足，在食物经常性匮乏的古代，追求肥胖，以显富态，而富态是人类诉求的。今日非洲西北部小国毛里塔尼亚一直推崇快速增肥餐，目的在于让女孩足够肥胖，以充分显示家庭的富裕与女孩的生育能力。"胖女人"成为毛里塔尼亚人心目中的标准美女。但是毛里塔尼亚的"以肥胖为美"，如同过去流行的"镶装金牙"为美一样，不再是纯粹的达尔文"性选择"意义上的相似之美，已经掺杂着财富诉求之"美"。

但是，说魏晋人以"纤瘦为美"是不成立的。魏晋壁画与雕塑人物的"纤瘦"，反映了那个时代人物的体貌特征，是成立的。但是，因此而说由于那个时代战乱频繁极端贫困吃不饱饭魏晋人普遍纤瘦，所以魏晋人以"纤瘦"为美，是不成立的，如同大家都贫困也不会以贫困为荣是一个道理。今日富裕国家的人以瘦为美，减肥之法五花八门，甚至于有人割去一段肠子，以缩短吸收营养的肠子长度，从而达到减肥的目的。今人以减肥致瘦，与魏晋人之纤瘦的原因，有着根本的不同。魏晋人是因饥饿而瘦，今人之瘦则是因吃得太多太好导致肥胖影响健康而诉求"减肥"所致。

事实上，人物之美，与肥瘦并无一定关系。

如果以肥为美，那么，我们见之肥胖之人就会感其美，而这是违反我们的审美经验的：我们见之"方额广颐"之肥胖之人，不一定会产生美感，据历史记载，安禄山很胖，长得也丑；肥胖也不一定不会产生美感，如杨贵妃，她可是"回眸一笑百媚生，六宫粉黛无颜色"的大美人。我们见之瘦骨嶙峋之人，也不一定会产生美感。童话中画出的老妖婆，大多是骨瘦如柴、指甲尖尖长长的，那可是奇丑无比的。但也不一定不会产生美感，如仙风道骨之人，大致都是瘦骨嶙峋的。

人物之美丑，与肥瘦是有直接的关系，因为肥瘦与高矮一样是人物最显著的形象，总是首先进入人们的眼帘，成为第一映像。其次才是五官是否端正，眉目是否清秀，皮肤是否白皙……但是，不论肥瘦与美的关系多么直接，影响多么巨大，如同"距离"一样，仅仅是与"美的"有关的一个因素，而与"美本身"无关。

二十四、三类审美疲劳及其不同原因与同一结果

（一）熟视无睹型审美疲劳

"再好吃的东西，假如你天天吃它，很快就不想吃了。再美的东西，你天天看它、听它，也就不一定感到美了，在北京的人，如果天天去北海，便会感到没多大意思。"[①]

"天天去北海，便会感到没多大意思。"此类经验，是人人都有的。笔者所在小区的不远处，有一个自然景观可与杭州西湖相媲美的石湖，曾是吴越争雄时的古战场，也是南宋诗坛四大家之一的田园诗人范成大的落叶归根之地。范乡贤在此写出了许多别开生面的不同于陶渊明、王维、孟浩然的田园诗，如《四时田园杂兴》六十首。钱钟书在《宋诗选注》这样的大部头学术著作中，评价范成大时，还露出其写作《围城》时常作俏皮比喻的风格，也不忘幽范成大一默，谓其"也算得中国古代田园诗的集大成"。有自创"仿真绣"，曾任清宫绣工科总教习的苏州绣娘沈寿的故居"渔庄"。若有朋友来，我会陪他们去游石湖，做诸如此类的介绍。而平时自己去，都是因为累了散步休息去的，并不是去做审美的。因为石湖对于我而言，是再熟悉不过的了。

（二）好奇心缺失型审美疲劳

---

① 选自《华夏美学·美学四讲》，李泽厚著，三联书店出版，2008.6，第343页。

对于大多数景点，游览过一次，往往就不再想去了。不是因路途遥远不可能再去了，也不是因这个景点不美，去了后悔。景点是美的，但就是不再想去了。除非美其名曰开会"考察"，实则公费旅游，才会随队而去，也是游兴索然。如自己有时间出去，总会选择之前没有去过的地方做"到此一游"。因为人类具有好奇之心，总想看一些新奇的东西。

（三）生理性局部疲劳型审美疲劳

此类审美疲劳，是真正意义上的审美疲劳。有一年我接待西藏来的一批客人，当然要请他们游览最美最具特色的苏州园林。但他们行程紧，苏州园林又很多，为让他们多游览几个园林，不留下遗憾，就排得很紧凑，一个园林接一个园林，又接一个园林……西藏地旷人稀，哪里见过如此精致的园林？上午游览时，客人们感到惊艳莫名，目不暇接，美不胜收……从下午始，渐渐地显出疲态，至傍晚时，疲态尽显……当终于结束游览，从最后一个园林出来时，我见他们中间有一位客人，竟然打了一个很大的呵欠！现在想来，这次游览安排可谓是盛情相待，却款待不当：把客人赶鸭子似的从一个景点赶往另一个景点，似请客人一顿大餐接一顿大餐似的大吃大喝，最后弄得客人实在吃不下去了，再也不想吃了，又不能对接待者明言……于是从最初的美不胜收，到最后有点苦不堪言。

何为"局部疲劳"？我写作时间长了，特别是"绞尽脑汁"思考一些十分挠头的问题时，精神会感觉很疲劳。此时放下，找人去下几盘象棋，或者打半天扑克，精神就爽了。之前我感到有些奇怪，下象棋，打扑克，也是动脑子的活动，怎么能消除脑子的疲劳？后来我推测是这样的：不同的脑力活动，消耗的是不同的定向能量，或者是不同的脑力活动，使用的是不同组合的中枢神经，因此，在我下象棋或打扑克的时间里，原来思考问题的那些中枢神经在休息，或者说原来被消耗了的那部分定向能量获得了恢复。简言之，假设大脑可分为几个模块，当一个模块疲劳时，不等于其他模块也疲劳了。笔者下厨房做肉丸剁肉浆时，剁长了，右手臂的肌肉就酸了，必得歇一歇，而左手并不疲劳着，就换用左手剁肉浆……这就是局部疲劳的概念。

造成三类审美疲劳的原因，虽然是各不相同的，但是最终的结果是同一的：对审美对象的不再关注。因为，对美的感受是由美的信息引发的。任何信息的获得与关注度成正比。美的信息的获得也不例外。

第一类审美疲劳是因"熟视"而不去关注，第二类是"无心"关注，第三类是"无力"关注。

二十五、"美素""玩味""鉴赏""浸淫"

一块有皮色、沁色、和瑕疵的玉石籽料，可能在一个高级的玉雕工艺人眼中，感觉是一块好料，又说不清它好在什么地方，会对此石把玩许久……突然有一天，灵感迸发，艺象之蓝本如出淤泥之荷花从脑海中绽放出来，于是据此艺象之蓝本，雕刻琢磨出一件精妙绝伦的玉雕作品。原先璞玉上的一块皮色，或许琢磨成一个美女的披纱，原先的瑕疵与沁入瑕疵中的金黄色，或许雕刻成美女头上的一枚金钗……

玩石者，都有这样通过玩味化寻常为神奇的审美经验。玩味的过程，就是玩味者在原石上寻找与"美素"的相似性。这种寻找，是有意识的，但是，寻找的过程是在潜意识中进行的，如同在没有灯光的房间中寻找东西一样，是靠"摸索"的……因为"美素"是抽象的，是看不见的。

《天下收藏》是由主持人王刚、藏宝人、明星嘉宾、知名鉴定家与收藏家，对"宝物"作鉴赏评价的娱乐类节目。持宝人持宝上场，由鉴宝人做鉴定。如是一件瓷器，鉴宝人则持瓷器转动着凝视片刻，又作沉思状片刻，然后娓娓道来：断代、断窑口……其间当然有不同意见的争论，最后作出真伪的鉴定。如是真的，持宝人自是欢天喜地；如是假的，则由王刚所握的一把名号"紫金锤"的锤子，当场砸碎。鉴定者凭什么可以做出鉴定？凭其心中存在着的"古董真相"，与"真相"符合的，即判为真品，反之，则是赝品。古董鉴赏，类似于审美，与"美素"相似的，即是"美的"。与此同理，与"古董真相"相似者，即为真古董。

包含着"美素"的"美感之性"，是得之于遗传，"古董真相"的获得，则是源于对文物知识与实物的"浸淫"。记不清是在哪一篇文章中读到的，大概是谈古董界"作假"与"防假"的手段，总的意思是：道高一尺，魔高一丈，防不胜防。其他情节都忘记了，有两个情节还依稀记得。一个情节说有个做假画的高手，能将一幅真迹变成几幅"真迹"，可以将宣纸一层一层揭开来，一张画就变成几张画了。说它是假的，它原纸原墨，是真的；说它是真的，却又不是原画了。另一个情节是：古董店老板如何防止收到假货？招收学徒后，一直让学徒待在真品库房里，与之朝夕相处，耳濡目染，绝不让其接触假货……数年之后再上柜台接货，一眼就能看出是真古董还是假古董。

为什么一眼就能看出？你让他讲出个道道来，他可能不像现在电视里所见的鉴宝专家，能说出个子丑寅卯来，但就是能一眼看出来，此就是所谓的"直觉"。为什么会有此"直觉"？因为在他的心中，已有"古董真相"在。所以，一眼见之外物，与心中的"古董真相"一比较，即刻就知道真假了。他心中的"古董真相"从何而来？是由其长年累月浸淫在真品库房中建立起来的。

"美感之性"可以遗传，对"古董真相"的认识能力是否可以遗传？如果能够遗传多好啊，那么，那个一眼就能看出古董真伪的"学徒"的儿子，就不用再当学徒了。但是，对"古董真相"的认识能力是不能遗传的。

为什么"美感之性"可以遗传,"古董真相"不能遗传?因为前者已经进化形成了遗传基因,而后者不具备形成基因的必要条件:足够的时间长度与"古董真相"在人类群体中扩散的广度等因素。

二十六、"点石成金"的奥秘

艺术品的定义:意象外化之物象,谓之艺术品。

据此定义,一块现成的太湖石、灵璧石,并非是意象外化之物象,如何可谓之艺术品?

其奥秘就在于:虽然此块石头不是由玩石者的意象外化的,但是玩石者在"把玩"中从某个角度于石头上见到了与某种诉求的"相似性"而生成美的意象时,那么这块石头就成了艺术品。事实上,"把玩"就是一个审美过程,就是一个"创作"过程。这个创作不是去改变石头,而是寻找到能够见之"美"的角度——这就是"点石成金"的奥秘。

于现成之石头上见之美,实与摄影艺术家寻找到合适的角度于自然景物上捕捉到美,是一个道理。

二十七、"病态美""残缺美""柔弱美"成因论

病态本身不是美的,残缺本身不是美的,是另有原因使它们成为所谓的"病态美"与"残缺美"。

柔弱本身是美的。

"病态美""残缺美""柔弱美"均是混合型美感。

（一）病态美

不同阶级对美物的诉求不同及其原因，车尔尼雪夫斯基在《艺术与现实的审美关系》中有精彩的论述："……在农民，'生活'这个概念同时总是包括劳动的概念在内：生活而不劳动是不可能的，而且也是叫人烦闷的。辛勤劳动，却不致让人精疲力竭那样一种富足生活的结果，使青年农民或农家少女都有非常鲜嫩红润的面色——这照普通人民的理解，就是美的第一条件。丰衣足食而又辛勤劳动，因此农家少女体格强壮，长得结实——这也是乡下美人的必要条件。'弱不禁风'的上流社会美人在乡下人看来是断然不漂亮的……""红润的脸色和饱满的精神对于上流社会的人也仍旧是有魅力的；但是病态、柔弱、委顿、慵倦，在他们心中也有美的价值，只要那是奢侈的无所事事的生活的结果。"①

其实，对女子弱不禁风"病态美"的欣赏，不仅仅能在上流社会见之，在社会的任何阶层都可能发生，只是上流社会因是"有闲阶级"而更为普遍而已。

故事诗《阿丽娜与阿尔辛》：

> 可爱的是鲜艳的容颜，
> 青春时期的标志；
> 但是苍白的面色，忧郁的症状，
> 却更为可爱。②

《红楼梦》对林黛玉病态美的描写："……态生两靥之愁，娇袭一身之病……行动如弱柳扶风……病如西子胜三分。"

---

① 选自《艺术与现实的审美关系》，[俄罗斯] 车尔尼雪夫斯基著，周扬译，-2 版，人民文学出版社，1979 年 6 月，第 6-7 页。
② 同上，第 8 页。

欧阳修《燕归梁》："鬓云谩亸残花淡，各娇媚、瘦岩岩。离情更被宿醒兼，空惹得、病恹恹。"秦观《满江红》："翠绾垂螺双髻小，柳柔花媚娇无力。"在中国古典诗词中，此类描写病态美的诗词，可谓如秋山之落叶，俯拾皆是。

但以相似美原理烛照之，弱不禁风之病态不可能是美的。因为弱不禁风之病态，既不利于生存，也不利于生殖。因此，弱不禁风之病态是不可能被人类中的任何人视为美的——不论其是什么民族，也不论其是什么阶级。

那么，弱不禁风之病态为什么会被人认为是美的？且这种误解是世界性的？既是世界性的误解，一定有非出于人类个体意志的共同的深刻的原因在。

这个原因是：人类具有一种以爱屋及乌名之的基因心理，如当我见到与我的名字相似的名字之时，甚至与我的车牌号相似的车牌号之时，都会油然而生一种亲切感。此即"爱屋及乌"的心理使之然。

在"混合型美感"中，伴随"相似美"发生的某种情感，由于爱屋及乌的心理作用，往往被我们误认为是"美感"，从而将引发此"美感"的对象，视为是"美的"。

在弱不禁风之病态者身上一定可见之，且比较多的可见之"美"：或如见之性感美中的婀娜多姿、眉清目秀、肤白态媚，或如见之社会美中的心灵美、仪态美。简言之，是因为对弱不禁风之病态者本有美感，而在爱屋及乌心理作用下对弱不禁风之病态者心生怜爱。此种怜爱不是性感美意义上的美感，而是怜香惜玉意义上的怜爱情感。

因这种"怜爱情感"是伴随着性感美发生的，因此在"爱屋及乌"心理作用下，将此"怜爱情感"误解为美感而视病态为"美的"。

且由于这种误解，使得在对"病态美者"的美感之上叠加了怜爱之情感，而使美者益显其美。

再则，"病态"会在一定程度上改变原有引发性感美的体态而生成新的体态。新的体态可能会生成原有之性感美所没有或与之有差异的"别有一种风情"之新的美感，而使美者益显其美。

这种审美现象，在《庄子·天运》里有着生动幽默、栩栩如生的描写："西施病心而颦其里，其里之丑人见而美之，归亦捧心而颦其里，其里之富人见之，坚闭门而不出；贫人见之，挈妻子而去之走。彼知颦美而不知颦之所以美。"

颦之所以美？因颦者本美也，因爱屋及乌之误解也，因别有一种风情也。

（二）残缺美

百度网上见有一篇《残缺美，到底美不美？》的文章，是一位名叫残凋蓁的先生或者女士写的，有些观点笔者亦以为然，有些观点则不以为然。全文如下：

在法国卢浮宫，有很多残缺雕塑，最最著名的就是断臂女神维纳斯和胜利女神。看到这样的雕塑，从仅存的身体部位，确实能感受到罗马石雕艺术的魅力。人物的神态、动作，身体的曲线、肌肉，皮肤的凝脂、白皙、细腻、光滑、弧度，各个方面，各个角度，看上去都很精美绝伦。然而，在享受艺术品的同时，总有一种如鲠在喉的感觉。

由于种种原因，以及连绵不断的战火，这些艺术品，没有得到很好的保护，在隐藏或转移的过程中，被损坏，变成了艺术残品。再也无法一睹艺术品的原貌。

试想，这些残品，如果保存完好，展现在我们眼前的，就是更加完美无瑕的艺术圣品，比我们现在看到的，就该完美成千上百倍。那我们的惊叹远远不止这些。

在没有亲眼看到这些艺术品之前，我也被动接受一种叫残缺的美，但又一直不能理解，残缺和美的关系。直到我亲眼看见这些艺术品，我才知道，残缺和美无法相容，是一个伪命题。残缺是美的遗憾。

如果残缺和美一定要拉上关系，那就只能想象残缺复原后的美。每个人有每个人的想象，每个人会复原出不同的美。

但作品原本的美，再也无法复原，我只能说，这是残缺的遗憾。

笔者不以为然者："残缺和美无法相容，是一个伪命题。"

如果"相容"是指"残缺和美可以在一起"，则是符合事实的，卢浮宫中的那些残缺的雕像就是明证；如果"相容"是指"残缺可以是美的"，则笔者是不以为然的，因为以相似美原理烛照之，残缺与病态一样，是不可能成为美的。

笔者亦以为然者："残缺是美的遗憾。"

正是这种称之为"遗憾"的情感，或者可以称之为"惋惜"的情感，与在残缺的艺术品上仍然可见之由相似美原理所成之美而引发的美感一起，混合形成了"残缺美"。

假设在残缺的艺术品上已不可再见由相似美原理所成之美，那么，不论其怎样残缺，也无论如何不能生成"残缺美"。

（三）柔弱美

"病态美"的主体，一般是特定的，即指病弱之女子。柔弱美的主体，则非是特定的，虽然往往多指女子，但亦可指动物、植物，甚至非生命体。且此处语境中的"柔弱"是指形态的纤柔与弱小，无"病弱"、"残缺"的含义。

"恒河沙数"中的一粒沙子，是弱小的，不论其形状有多美——英国摄影爱好者格雷·格林伯格教授曾经拍摄了一组令人叹为观止的放大了250倍的沙粒照片。在他的镜头下，不起眼的沙粒呈现出惊人的美：绚丽的颜色和精巧的结构仿佛雪花一般——能不能见之"柔弱之美"？答曰：不能。一棵枯死的小草，假设其被太阳晒干的茎叶碰巧搭成了美丽的几何图案，能不能见之"柔弱之美"？又答曰：不能。一只破壳而出的小鸭子，其茸毛湿沥沥地被粘着，是名副其实的"丑小鸭"，能不能见之"柔弱之美"？答曰：能。一条向着大海流出山谷的涓涓细流，不论其是否可见蜿蜒曲折之美，能不能见之"柔弱之美"？答曰：可能的。

由此可见两点，其一：于"柔弱"对象上即使不能见之其他美，也有能见"柔弱之美"者，如上述"涓涓细流"与"丑小鸭"；其二：于"柔弱"对象身上即使能见之其他美，也有不能见"柔弱之美"者，如上述"恒河中的一粒沙子"与"枯死晒干了的一棵小草"。

为什么？

原因就在于"恒河中的一粒子"与"枯死晒干了的一棵小草"，不能见之成长发展壮大的趋向；而于"涓涓细流"与"丑小鸭"可见之。

由此可见，柔弱之对象，之所以能够成为"柔弱之美"，根本原因是在于柔弱者身上可见之人类诉求的成长发展壮大的趋向，或谓之潜能。而"成长发展壮大"是人类之诉求，"柔弱之美"是相似美原理使之然。

二十八、夸张型浪漫美及其归类于"壮美"的理由

夸张型浪漫美物象，是由人类想象而成的。现实中没有这样的客观存在，包括人类自身的行状。

以相似美原理论之，夸张型浪漫美应归类于壮美。因为人类总是诉求强大，而不会诉求弱小。一般而言，浪漫主义者想象出的物象总是大异于现实

中的物象，且总是比现实中的物象或强或大的。

例证一：堪称我国浪漫主义诗人鼻祖的屈原《离骚》："……麾蛟龙使梁津兮，诏西皇使涉予。……驾八龙之婉婉兮，载云旗之委移……"人类于现实中不可能有这样的"行状"：能指挥蛟龙搭成桥梁，能命令西皇将"予"渡过河去；能驾驭八龙为"予"拉车；能扯下云霓做成旗帜插在车上……这个想象中的"行状"，是诗人的幻象！这个"幻象"的背后，站着一个人类意志中的巨人。

例证二：屈原以降，堪称浪漫主义代表的李白《望庐山瀑布》："日照香炉生紫烟，遥看瀑布挂前川。飞流直下三千尺，疑是银河落九天。"事实上，据资料记载，所有22处庐山瀑布中，最大的落差为"三叠泉瀑布"也就155米，李白诗中所写到的"香庐峰瀑布"还居其次为150米，"三千尺"何来之有？位于委内瑞拉的世界最大瀑布"安赫尔瀑布"，落差为979米，倒与"三千尺"接近。但李白无缘与之相见，且诗中还有"银河落九天"这样的"巨无霸"物象，即使是安赫尔瀑布，也无从比拟。

"力量异常之强""体积异常之大"，是与"壮美"相应之物象。因此说，夸张型浪漫美应归类于壮美。

二十九、夸张型浪漫美感与一般壮美感的区别及原因

夸张型浪漫美感中除了具有一般壮美感的一些特点外，还有一般壮美感中没有或不一定有的奇美感：夸张型浪漫美感中，必有新奇美感的成分。因为由浪漫主义者想象出的物态总是异于常态的。而异于常态之物象，是引发新奇美感之直接原因。

由此带来一个问题：一般壮美物象也是异于常态的，为什么会没有或不

一定会有新奇美感产生？原因何在？

这就涉及到此情感与彼情感之间的关系问题。简言之，当某一情感反应十分强烈之时，会压抑其他原本理应发生的情感。记不确切在哪本书上有这样一个比喻——似乎是在莎士比亚的某一剧本中——至今不忘：以"小火被大火所吞食"比喻"巨大的痛苦使小的痛苦不再有感觉"。比如当一个人处于巨大的悲痛之时，见到平时见之会对之产生倾慕之情的美女，则这种"倾慕之情"会被暂时压抑在潜意识之中。与此同理，因为一般壮美感总是伴有恐惧、惊愕或敬畏的情感，当这种情感比较强烈时，就会压抑新奇美感的产生；当这种情感并非十分强烈时，则壮美感中会伴有新奇美感。

而夸张型浪漫美之物象，是浪漫主义者自己想象出来的，对此不会有恐惧感产生。因此，在夸张型浪漫美中，总会有新奇美感相伴随，且新奇美感的程度与夸张的程度成正比。

三十、狞厉美与壮美与图腾

李泽厚先生将以饕餮为代表的青铜器纹饰，名之为"狞厉的美"，并描述了狞厉美的特征："各式各样的饕餮纹饰样及以它为主体的整个青铜器其他纹饰和造型，特征都在突出这种指向一种无限深渊的原始力量，突出在这种神秘威吓面前的畏怖、恐惧、残酷和凶狠。"[①]

问题一：为什么如此"畏怖、恐惧、残酷和凶狠的饕餮纹饰"能够引起人们的美感，且将此美感归类于壮美？

问题二：为何名之"狞厉的美"？

---

① 选自《美的历程》，李泽厚著，文物出版社，1981 年 3 月第一版，第 36 页。

答一：在以自然法则为生存之道的动物世界中，具有制敌致胜的强壮与强力，以及展示其强壮与强力的能威慑与阻吓天敌的形态，是每个动物诉求的。人类自然不能例外。而"饕餮纹饰"就是这种诉求外化的青铜艺术。狞厉的造型一定是令人恐怖的，而表现令人恐怖的造型又一定是"粗壮""有力"的，不可能以纤细柔弱的造型表现"恐怖"。因此，"狞厉"包含着"粗壮""有力"这两个壮美要素。这是"饕餮纹饰"之所以能够引发美感的根本原因，以及归类于壮美的理由。

为什么作为原始部落保护神的图腾大都取"狰狞恐怖"之象？原因恐怕正在于此。请看世界各国的图腾：中国龙、俄罗斯双头鹰、印第安人羽蛇神、中东狼群、印尼鳄鱼、墨西哥金雕、土耳其狮子、吉尔吉斯雄鹰⋯⋯都具有狞厉美。

答二：威慑与阻吓来犯者的形态，不可能是温良恭俭让的，也不可能是笑脸相迎的，一定是以狰狞恐怖的面目出现的。我家的老猫一见有狗狗接近，即刻会"弓腰""耸毛""吹胡子""瞪眼""龇牙"，一改平常温柔之形态，显得体形膨胀面目狰狞。故以"狞厉的美"名之。

归纳而言，"狞厉美"之所以归类于壮美，因其狞厉是强壮与强力的展示；狞厉美之所以于壮美中单列一类，因为引发"狞厉美"的对象之特征是"面目狰狞"，而引发一般壮美感的对象之特征是"巨大的体积与强大的力量"。

三十一、自然美与艺术美何者更美的最终判断标准

是自然美比艺术美更美，还是艺术美比自然美更美？这是一个美学史上争论不休、莫衷一是的问题。意见截然分为两派。

黑格尔属于"艺术美高于自然美派"。在其皇皇巨著《美学》（全书绪论）

中，一开始就斩钉截铁地写道："……我们可以肯定地说，艺术美高于自然美。因为艺术美是由心灵产生和再生的美，心灵和它的产品比自然和它的现象高多少，艺术美也就比自然美高多少。"①

尽管黑格尔说得斩钉截铁，但笔者以为，他的"艺术美高于自然美"观点是片面的；他的论据是武断的，经不起推敲的。一经推敲，就令人疑惑不解了：心灵和自然如何可以比高低？从什么角度比高低？黑格尔没有说。黑格尔还根据"艺术的哲学"这个名称，将自然美除开了。最后竟然"把自然美排除于美学范围之外"了。②

英国学者罗金斯与车尔尼雪夫斯基是"自然美高于艺术美派"。罗金斯说过："从来没有见过一座希腊女神的雕像比得上一位血色鲜丽的英国姑娘一半美。"车尔尼雪夫斯基在《艺术与现实的审美关系》中用大量篇幅论证了自然美高于艺术美。他说过与罗金斯意思类似的话："一个塑像的美决不可能超过一个活人的美，因为一张照片决不可能比本人更美。"③

罗金斯的"姑娘比雕像美"与黑格尔的说法一样是武断的，这要看什么姑娘与什么雕像比。如果是一个见之不能使人生有美感的姑娘与维纳斯雕像比，对谁的美感会强烈，是不言而喻的。

车尔尼雪夫斯基以"一张照片决不可能比本人更美"论证其"一个塑像的美决不可能超过一个活人的美"，也是片面和武断的。现实中，照片往往比真人更美，不然的话为何有这么多的"见光死"？

笔者以为，有的自然美比艺术美更美，有的艺术美比自然美更美，且还与个人的审美味蕾有关。

---

① 选自《美学》第一卷，［德］黑格尔著，朱光潜译，商务印书馆，1979.1，第4页。
② 同上，第6页。
③《艺术与现实的审美关系》，［俄罗斯］车尔尼雪夫斯基著，周扬译，-2版，人民文学出版社，1979年6月，第63页。

一个美女的艺术照，肯定比本人还要美。但如果同时见之艺术照与本人时的美感反应，就我的审美经验而言，见美女本人时的美感更为强烈，因为见美女本人时，见到的是一个活生生的人，较之艺术照会有许多的媚态动人心弦，且还会引起其他的一些生理反应，此时之美感，则诚如罗金斯所言"雕像不如姑娘美"。

　　但是，不能由此便推论断定"自然美比艺术美更美"，因为还有更多的反例可以说明"艺术美比自然美更美"。一个爹妈给的脸蛋，与整容后的脸蛋，何者为美？一般状况下，可答曰后者为美。在我可举出的一个最明显的例子是，中央电视台一位著名女主持人整容后出镜，确实比整容前美多了；再如，一棵自然状态的树桩，与人为修剪成盆景的树桩，何者更美？答曰：后者更美。

　　但是，也不能由此推论断定"艺术美比自然美更美"。因为，"越弄越坏"的现象虽然不是主流，但也屡见不鲜。试想，会不会有这种状况出现——修剪后做成盆景的树桩，反而显得矫揉造作而不美？回答是肯定的。整容后的脸蛋，反没有爹妈给的脸蛋美？回答也是肯定的。曾见一讽刺盲目整容的文章：有一位原先还比较美的少女，硬要按照某一女明星的尖下巴整容。整容下来，下巴是尖了，但脸的样子则显得有些不对劲了，因为破坏了原先五官的和谐，反显得丑了。

　　由此可见，即使是同一个审美对象，也有艺术状态比自然状态更美的，亦有自然状态比艺术状态更美的。

　　不同的审美对象之间的比较，则更为复杂：米勒的著名油画《拾穗者》与黄山自然风景，何者更美？或者希腊女神雕像与"自然状态下的那根树桩"，何者更美？似乎是难以比对的。

　　从理论上说，是可以做比对的，只需要确定一个比对的标准即可。

　　那么，确定一个什么样的比对标准是合适的？比对标准是不是唯一的，还是可以任意设定的?

我的回答是，以"美感"为标准，且是唯一的：不论自然美还是艺术美，只要何者美感更强烈，则何者更美。以此标准衡量，如果欣赏《拾穗者》时的美感，与游览黄山自然风光时的美感对比，前者强烈，则前者更美；反之，则后者更美。由此可类推一切之比对。

如此比对，理论上是成立的，但事实上却往往难以确定。因为美感是很微妙的心理感受，不像两个不同物体的"重量"一样，可以确凿无疑地认定孰轻孰重。同时，由于美是主观的，还与个人的审美味蕾与取向有关。是《拾穗者》者更美，还是黄山自然风光更美?其中有"仁者见仁,智者见智"的因素在。

结论：自然美可以比艺术美更美，反之亦然。

而从相似美原理来讲，不论是自然美还是艺术美，何者更美的最终判断标准是与"美素"的相似度——谁更相似，谁就更美。

三十二、物甲与物乙的区别与主客观定性

朱光潜先生有一个著名的"物甲"与"物乙"说，认为物甲是客观的，物乙是主观的，据此而言"美是主客观的统一"。

笔者认同朱先生所说的物甲与物乙有一个"情感"上的区别，但否定朱先生所说的"物甲是客观的"。

物甲的生成因素及其家族。假设一，人类每一个体的视觉系统是绝对同一的，没有诸如色盲等任何差异。假设二，人类每一个体在视物时不带任何一点感情色彩。假设三，人类每一个体于同一时刻、同一位置，看同一物体。当此三个条件同时成立时，那么，人类每一个体所见的物体的"物象"就是"物甲"，且人类每一个体所见的"物甲"是同一的。假设四：人类每一个体在

视物时不带任何一点感情色彩，但是有诸如色盲的差异——或者视角的差异，那么，每人所见的仍然是物甲，但已经有了差异。这些有差异的物甲，组成"物甲族"。

物乙的生成条件及其家族。假设视觉系统没有任何差异的两个人，同一时刻、同一位置，看同一事物，没有理由说他们看到的"物象"会是不同的。那么，为什么会不同？如杨度与夏午贻站在同一个亭子中看见同一个景色，却作出截然不同的诗来，唯一的解释就是两人当时的"情感不同"。杨度与夏午贻所描绘的不同诗象，就是不同的"物乙"——不同的物乙，组成物乙家族。

由此可见，物甲与物乙的根本区别在于：前者的生成因素中，没有情感因素，后者则有之。换言之，无情感因素参与生成的物象，是物甲；有情感因素参与生成的物象，是物乙。

笔者所言之物乙的内涵，与朱光潜先生所言物乙的内涵，是完全相同的，都是在物甲上加之"情感色彩"而成的。所不同的是对"物甲"与"物乙"是主观的还是客观的定性。

朱先生说，"物甲是客观的，物乙是主观的"。

笔者认为，物甲与物乙都是主观的。

三十三、论人类诉求的主客观性及与美的关系

作为美的源因的人类诉求，是客观的，还是主观的？

这涉及客观与主观的定义。如果客观的定义为，与人类意志无关的存在，谓之客观存在，那么，人类诉求中有客观存在；如果主观的定义为，与人类意志有关的存在，谓之主观存在，那么，人类的诉求中又有主观存在。

人类诉求的客观性，有两个层次。

第一层次，诉求本身的客观性。生命体之所以不同于非生命体，是其需要从外部世界摄取能量，才能维持自己的生存。"从外部世界摄取能量"，是一切生命体之诉求。此诉求，是由生命体的存在方式决定的。生命体的存在方式不是由生命体自身意志决定的，而是由宇宙演化决定的。因此说，生命体"从外部世界摄取能量的诉求"，是客观的。人类是生命体的一种，人类在这一层次上的诉求，自然也是客观的。

第二层次，诉求对象的客观性。人类从外部世界的什么对象上摄取能量，是由生命体自身进化形成的。有些生命体进化成"自养生命体"：从阳光、水等非生命体存在中摄取能量，如绝大部分植物；深海硫磺泄放口的细菌则以硫磺为食；有些生命体进化成"异养生命体"，以别的生命体为食，如包括人类在内的一切动物。人类吃什么与不吃什么的对象范畴，不是由人类意志决定的，而是由自然进化形成的。如人类吃果子，吃根茎，吃肉食，甚至断炊之后"易子为食"；但不能以硫磺为食，不能以石头为食……因此说，人类摄取对象范畴是客观的。

人类个体在诉求对象上的主观性，亦有两个层次。

第一层次，在由进化决定的食用对象上，选择吃什么与不吃什么有主观性：佛教徒从其"信仰"，不杀生，不吃荤腥；素食主义者，则从其"主义"，不吃动物。笔者则既非佛教徒，也非素食主义者，是荤素都喜欢吃的。

第二层次，选择食用什么后，食用多少、如何食用是主观的。《论语·乡党·第十》记载了孔子的饮食主张："食不厌精，脍不厌细。"且有几不食："食馇而餲，鱼馁而肉败，不食。色恶，不食。臭恶不食。失饪不食。割不正，不食。不得其酱，不食。"依现在的语言而言，孔子不仅是个"吃货"，还是个美食主义者。但我想这是孔子做鲁国司寇时可做的选择。如果在"孔子厄于陈、蔡，从者七日不食"之时，则孔子必不能如此讲究美食矣。

《朱子语类》："问：'饮食之间，孰为天理，孰为人欲？'曰：'饮食者，天理也；要求美味，人欲也。'"

人类诉求本身，即为朱子所言之"天理"。孔子之"食不厌精"与"几不食"，即是人欲。

那么，美之源因，是天理之诉求，还是人欲之诉求？

这个问题的回答，涉及"人欲"的定义问题。

如果将"人欲"定义为出于人类意志的欲望，那么自然美的源因是天理之诉求。

如果将"人欲"定义为仅是人类具有的欲望，那么，自然美的源因既有天理之诉求，亦有人欲之诉求。分别论之：

其一，自然美源因在于天理之诉求：何以见得？因为，除了人类以外，没有任何一类生命体会对食物进行加工之后再食用，它们吃的是真正的天然食品，不加任何添加剂或调料。纪录片《动物世界》中常见这样的镜头：非洲群狮合作扑倒野牛之后，大嚼一通，天理之诉求获得满足后，显得踌躇满志，即使还有大块的余肉在，也不再理会，舔着嘴巴上的血迹，扬长而去，任凭其他动物如鬣狗、秃鹫抢食"残羹剩饭"……人类在成为人类之前，茹毛饮血，同样如此。而自然美是在人类成为人类之前就已经形成了的，其形成不是出于人类之意志，而是由自然进化形成的。因此说，自然美源因，是天理之诉求。

其二，自然美源因在于天理与人欲诉求：优美的生存环境，是一切生命体共同诉求的，因此说，优美类中的"环境美"源因是天理之诉求，其他一切自然美，包括优美类中的"空灵""宁静"之源因，都是人欲之诉求。为何说它们都是根源于人欲之诉求？笔者以为，凄美、壮美、奇美、谐趣美、音乐美，这类美只存在于人类之中，是人类"理性"发育到一定高度的产物。既然"凄美、壮美、奇美、谐趣美、音乐美"只存在于人类之中，且是人类理性发育到一定高度的产物，所以说，它们的原因是人欲之诉求。"性感美"

虽然不是人类所特有的，某些动物亦有之，但是"性感美"之源因，亦归于人欲。因为不同的物种，有不同的性感美。猴子有猴子的性感美，凉棚鸟有凉棚鸟的性感美，人有人的性感美。

社会美的源因，是人类之"应是理念"。"应是理念"只存在于人类之中，因此说，社会美的全部源因都是人欲之诉求。不过，这个"人欲"的内涵，不是一般意义上所指的个人欲望，而是相对于上述"人欲"定义之人欲。

不论美的源因定义为主观的还是客观的，美都是主观的。因为美不存在于客观事物之中，只存在于人类与极少数动物的认识之中。

三十四、论真善美相互关系及其与形式的关系

（一）真善之内涵

何谓"真"？有两个层次之真：一是哲学层次之"真"，以"本真"名之；二是认识层次之"真"，以"识真"名之。

本真，是指"存在本体"，也即是康德所谓的物自体。一切物自体，也即笔者所谓的"实在"都是本真的。

"识真"，分为两个层面：一是真理层面之"识真"。指导实践获得预期效果的理论，是谓"真理"；二是"真相"层面之"识真"。人类正常视觉所见之物象，是谓"真相"。

何谓"善"？利于养生者谓之善。善亦有两个层面：一是个体层面，二是集体层面。

（二）真善美三者总关系

关系之一：哲学之本真中，不存在道德层面的善，但有些本真中，存在着相对于人类的客观层面的善——具有着利于人类生存的物质要素。

关系之二：哲学之本真中，不存在"美"。

关系之三："善"——具有着利于人类生存的物质要素——因与人类理想诉求相似，而成为"美"。

真善美三者是有"先在"与"后在"的逻辑关系的，因本真而有善，因善而有美。

为何说有些本真中存在着善是相对于人类的客观层面的善？其一，因为这些利于人类生存的物质要素，不是因人类的主观需要而存在，而是因自然进化形成的人类的生存方式与摄取对象范畴，而成为利于人类生存的诉求对象。这些存在与以"这些存在"为人类生存需要对象的，都不是由人类的意志所决定，因此说其是客观的。其二，这些存在对于非人类生命体而言，可能是无用的，甚至是不利的，也即是说不具有"善"。

（三）真善美三者具体关系

其一，本真与善的关系：没有本真，一切都不存在，就不可能存在善。因此说，本真之存在，是善得以出现的前提。

本真，有有利于生存之本真，如人类所食之粮食、居处所需之建材、衣服所用之棉麻；亦有有害于生存之本真，包括病毒、地震、海啸……换言之，本真，对于包括人类在内的一切生命体的生存而言，是有善有恶的。

其二，善与美的关系：美的根源是人类之诉求。人类诉求生存之善——由此而使善成为美。

其三，美与真的关系

1. 本真与美的关系：对于存在本体，人类是不能认识的。所以说，本真与美没有直接的关系。

2. 真理与自然美的关系：因为自然美是由自然进化形成的，所以与真理没有关系。

3. 真理与社会美的关系：因为社会美源于应是理念，而"应是理念"不一定是真理，因此，两者不一定有关系。

4. 真相与自然美的关系：仅与美素相似的真相有关系。

5. 真相与社会美的关系：仅与应是理念相似的真相有关系。

（四）真善美与形式的关系

其一：真与形式的关系

本真与其形式是不可分离的。

真理与真相，全部与形式有关。不过此"形式"，是相对于人类感觉器官的形式，与存在本体之形式是否如此无关。因为存在本体之形式，不是人类所认识那样子的。

其二：善与形式的关系

善与形式无关，只与存在对于养生的价值有关。一只人类眼中美丽的公鸡，或一个丑陋的土豆，都是善的。

其三：美与形式的关系

社会美中的心灵美，取决于内容，与人的外形无关。庄子《德充符》中，有六个形体残缺的人物：他们或断足，或无趾，或瘸腿，或驼背，或缺唇，还有一个脖子上长着瓮盎一样巨型囊状肿瘤的人，但他们个个道德充实高尚。

自然美则取决于形式，与内容无关：一朵有毒的花，可以是美的，如一品红，如相思豆；一个帅哥也可以是政治上的"渣男"，潘安是历史上有名的美男子，却趋炎附势，卑躬屈膝，阿谀权贵至"望尘而拜"……

三十五、"美与形式"与"纯艺术"

何谓"纯艺术"？就是"为艺术而艺术"。

"为艺术而艺术"的口号，是法国人发明的，并成为 19 世纪法国唯美主义运动的一面醒目的旗帜。

19世纪30年代以后，法国浪漫主义文学逐渐演变为不同的倾向，其中一种倾向就是所谓的"社会小说"。乔治·桑的空想社会主义的小说、雨果的《悲惨世界》等，都是这种社会小说的代表作。与此同时，出现了与"社会小说"对立的倾向，反对文学为现实生活所限制，反对文学艺术反映社会问题，反对文学艺术有实用目的。

"为艺术而艺术"的倡导者、法国诗人戈蒂耶为他的小说《莫班小姐》写了一篇长序："只有毫无用处的东西才是真正美的；一切有用的东西都是丑的，因为那是某种实际需要的表现，而人的实际需要，正如人的可怜的畸形的天性一样，是卑污的、可厌的。"这篇序文在当时产生了很大影响，被认为是为艺术而艺术的宣言。

笔者以为，戈蒂耶的宣言是极端的、片面的，并且至少有着两个错误。

错误之一：说"一切有用的东西都是丑的"是错误的。饭碗为什么总是圆形光滑的，而不是三角形粗糙的？因为圆形实用、顺手，光滑便于清洁；而三角形碗实用时不顺手，粗糙容易积垢。同时圆形、光滑又是美的。因此，实用与美并不是排斥的。不仅不是排斥的，且综观人类实用器物的历史，总是将实用物在实用的前提下，同时追求形式的美。简言之，从粗糙到精致。其根本原因就在于，产生美的源因，是人类生存所需的实用诉求。

错误之二：将人的实际需要与天性说成"畸形的""卑污的""可厌的"，是糊涂之语。没有人的实际需要，就不可能产生美；没有美，何来艺术？没有艺术，又何来之"为艺术而艺术"？

那么，是否可以全盘否定戈蒂耶的宣言？换言之，是否可以全盘否定"为艺术而艺术？"

我的观点是：不可以。"为艺术而艺术"虽然是极端的、偏面的，但应该有其一席之地。有三个理由：

其一：全部自然美，只与形式有关，与形式背后的"内容"无关。郁金香，花中含有毒碱，据说人和动物在这种花丛中待上几小时，就会头昏脑涨，出现中毒症状，但并不影响其具有观赏价值；一个绝世之美女，亦可能是一个绝世之歹妇。《红楼梦》中的王熙凤是也。但是，其歹毒之心并不妨碍她仍然是一个美女。因为是不是美女，是由"性选择"进化原理决定的。性选择进化原理，只考虑利于生存与生殖的两个因素，不考虑其心是毒的还是甜的。且在按性选择原理进化之当时，处于丛林法则时代，根本就不存在心灵毒与心灵美这回事。

其二：自然美形成之时，尚无今人所谓的那些社会内容。自然美的形成时点远远早于人类社会的形成，因此说类似《悲惨世界》社会小说之内容，空想社会主义或者什么其他主义……统统都还不存在。即是说，在产生自然美时，根本不存在这些内容。因此说，可以有完全没有社会内容在其中的纯艺术。

其三：事实上也无法避免纯艺术作品的存在。一幅风景画，如黄山的云海，可以是纯粹的"美象"。"大漠孤烟直，长河落日圆"之诗句，有什么社会"内容"可言？完全是王维对旅途所见自然景色的描绘。一个美女画像，如"西施病心而颦"之美，与今日所倡导之心灵美有什么搭界之处？一个核雕或者一个根雕，纯粹可以是一个玩物而已。

据此三个理由，应有"为艺术而艺术"者的一席之地。

当然，人类社会发展至今，已经与自然美产生之时的人类生活完全不同，因此，表现"社会内容"以及与此社会内容相应的情感，理应成为文学艺术的主体。

三十六、从《伊尼特》到《拉奥孔》见相似美原理作用

拉奥孔是希腊神话中的悲剧人物。

背景：人间最漂亮的女人海伦，和特洛伊王子帕里斯私奔。希腊人为了夺回美丽的海伦，与特洛伊发生了持续十年的战争，久攻特洛伊城不下，最后用"木马计"，把精兵埋伏在一个大木马腹内，遣一人诈降特洛伊，佯言希腊军已潜逃回国，木马是供奉雅典娜女战神的祭品，可以使敬重它的国家强盛。特洛伊人信以为真，要把木马移进城去。任海神司祭的拉奥孔识破了希腊人的计谋，竭力反对，并用长矛去刺木马，因此得罪了偏袒希腊人的海神，海神遂驱使毒蛇去袭击咬死了拉奥孔父子……

《拉奥孔》雕像群，是以史诗《伊尼特》为蓝本，雕像表现了拉奥孔父子被毒蛇咬死时的悲壮情景……

同一事件，一是史诗，一是雕塑，属于两个完全不同的艺术门类。18世纪德国文艺批评家、美学家莱辛，在他的专著《拉奥孔》第二章"美就是古代艺术家的法律，他们在表现痛苦中避免丑"、第五章"是否雕刻家们模仿了诗人"中，详细地评论了诗与雕塑的界限。诗与雕塑的具体不同，至少可见四点：

其一：在史诗描写中，拉奥孔"正在祭坛上宰一头庞大的公牛献祭……"那么，拉奥孔一定是穿着司祭道袍的。而在雕塑上，拉奥孔却是赤身裸体的。莱辛这样评论道："艺术家宁愿违反真实，也不让拉奥孔穿上衣服。因为穿上衣服，就会妨碍雕塑对拉奥孔抵抗蛇绕时筋肉绷张活动的表现。"

其二：在史诗描写中，大蟒蛇"又缠住他，拦腰缠了两道，又用鳞背把他的颈项捆了两道……"在雕塑上，蛇绕拉奥孔的腿和脚。莱辛评论道："如果蛇绕身两道，就会把躯干完全掩盖住，结果那种富有表现力的腹部痛苦和抽搐就会看不见了。……如果蛇绕颈两道，那种金字塔尖式的优美构图就会

完全遭到破坏。……把蛇的缠绕从颈项和胸腹移到腿和脚……那些缠绕就产生一种欲逃未脱和无法动弹的印象，这对于使这种姿势获得艺术的持久性是非常有利的。"

其三：在史诗中，拉奥孔是戴着头巾的："他的头巾已浸透毒液和瘀血。"雕塑中则没有头巾。莱辛评论道："假如拉奥孔戴上头巾，表情就会大为削弱。额头就会有一部分被遮掩起来，而额头正是表情的中心。"

其四：史诗中描写，拉奥孔"这时他向着天空发出可怕的哀号……放声狂叫。"雕塑：侧头，闭目，皱眉，嘴巴微开，一副痛苦呻吟的样子，并无"可怕哀号，放声狂叫"的样子。为什么？莱辛在第二章中这样评论道："只就张开大口这一点来说，除掉面孔其他部分会因此现出令人不愉快的激烈的扭曲以外，它在画里还会成为一个大黑点，在雕刻里就会成为一个大窟窿，这就会产生最坏的效果。""它就会变成一种惹人嫌厌的丑的形象了……"

综上所述，雕刻家在依据史诗《伊尼特》雕刻"拉奥孔雕像群"时，至少做了四点不符合史诗描写的变动。

《拉奥孔》雕像群，为什么不"尊重"原著，与史诗的描写有如此明显的不同？莱辛做了具体的评论，并在第五章的最后，表达了这样的艺术观：艺术的最高目的可以导致习俗的完全抛弃。美就是这种最高目的。

那么，为什么"艺术的最高目的可以导致习俗的完全抛弃"？莱辛并没有对此论述。

笔者答曰，其原因即在于，由相似美原理生成的艺术规律之作用：同一对象，不同的艺术门类各自有表现其美的特殊性，因此，必各自依己之特殊性为艺象——与相似美原理合者存之，不合者去之，或移植之、或虚构之，使之与相似美原理相符合。

附：古罗马诗人维吉尔在《伊尼特》①史诗中关于拉奥孔的描写：

> 不幸我们又遭到另一件更严重，
> 更恐怖的事实，使昏乱的心神惊惧；
> 抽签指定任海神司祭的拉奥孔
> 正在祭坛上宰一头庞大的公牛献祭；
> 看啊！从田奈多斯岛，从平静的海上，
> （我提起都要发抖，）有两条大蟒蛇
> 冲着波涛，头并头向岸边游来；
> 它们在浪里昂首挺胸，血红冠高耸，
> 露出海面，粗壮的身躯在海里
> 荡起水纹，蜿蜒盘旋，一圈又一圈，
> 听得见它们激起浪花的声音；
> 它们爬上岸，两眼闪闪，血红似火，
> 闪动的舌头舐着馋吻，嘶嘶作响；
> 我们一见到就失色奔逃，但它们
> 一直就奔向拉奥孔，首先把他两个孩子的
> 弱小的身体缠住，一条蛇缠住一个，
> 而且一口一口地撕吃他们的四肢；
> 当拉奥孔自己拿着兵器来营救，
> 它们又缠住他，拦腰缠了两道，
> 又用鳞背把它的颈项缠了两道，
> 它们头和颈项在空中昂然高举。

---

① 选自《拉奥孔》，［德］莱辛著，朱光潜译，商务印书馆，2015.6，第229—231页。

拉奥孔想用双手拉开它们的束缚，

但他的头巾已浸透毒液和瘀血，

这时他向着天空发出可怕的哀号，

正像一头公牛受了伤，要逃开祭坛，

挣脱颈上的利斧，放声狂叫。

接着这两条大蟒蛇爬向神庙高耸，

去寻凶残的特尼通尼亚女神的高堡，

藏在她脚下，让她的圆盾遮盖着。

这时人人战栗，感到空前的恐惧。

我们都认为拉奥孔罪有应得，

因为他曾把罪恶的矛抛向木马，

用矛头刺伤了那神圣身体的腰，

大家都喊着，要把木马移到神庙，

以便祈求女神的宽饶。

三十七、"摹状词"是一切好诗之要素与相似美原理

纵观《诗经》《楚辞》《魏汉六朝诗选》《唐诗》《宋词》《元曲》，少见无"摹状词"之诗词，差别仅在于"摹状词"诗句数量占全诗诗句数量的比值以及主旨的不同而已。

据此诗史可以推论，"摹状词"是一切诗词之要素。

那么，为什么一切诗词必见"摹状词"？且一切脍炙人口的好诗词，必出于有"摹状词"的诗词之中？

答曰：古人所谓的好诗必备的品质如意境开阔，如韵外之致，如言尽意

不尽……可以说都是由摹状词及其摹状词之间的组合营造出来的。而根本的原因，是由相似美原理决定的。

相似美原理者，于物象所见与人类诉求相似者为美也。摹状者，对所见物象之描摹也。没有物象，也就无以见之相似者；无以见之相似者，也就无以见之美者；无以见之美者，则作为美的载体的诗词，就失去了根本。

即使如刘邦、项羽这样的帝王之直抒胸臆之诗，也有摹状句可见。刘邦《大风歌》："大风起兮云飞扬，威加海内兮归故乡。安得猛士兮守四方！"项羽《垓下歌》："力拔山兮气盖世，时不利兮骓不逝，骓不逝兮可奈何！虞兮虞兮奈若何？"

虽极少有，但也有无一句"摹状词"的诗，如乐府古辞《箜篌引》："公无渡河，公竟渡河！堕河而死，将奈公何！"翻译成现代语："老头子啊，你怎么竟然渡河！你渡河而死，我拿你怎么办呢？"再如南朝民歌《华山畿·奈何许》："奈何许！天下人何限，慊慊只为汝！"翻译成现代语："没办法啊，天下人无数，不尽思念只为你！"还有如陆游的《示儿》："死去元知万事空，但悲不见九州同。王师北定中原日，家祭无忘告乃翁。"无"摹状词"诗，即是所谓之"直白诗"。直白诗胜在以强烈的感情色彩感染读者，但从美感角度说，则难以引发快乐素的超常分泌，也即少有美感可言。

以笔者体会，摹状诗给人的美感最为醇厚隽永，如读王维诗。

三十八、美人与鲜花与布袋与相似美原理

朱光潜先生说："称赞一个美人，你说她像一朵鲜花，像一颗明星，像

一只轻燕，你决不说她像一个布袋，像一条犀牛或是像一只癞蛤蟆。"①朱先生所言极是，人人觉得这样的说法是理所当然的。

但是，为什么能说"美人像一朵鲜花，像一颗明星，像一只轻燕"？而不能说"美人像一个布袋，像一条犀牛或是像一只癞蛤蟆"？其理所当然之"理"何在？

从形象上说，美人不像布袋、犀牛、癞蛤蟆，美人亦不像鲜花、明星、轻燕。既然两者都不像，为什么美人不能以"布袋、犀牛、癞蛤蟆"比喻之，而可以用"鲜花、明星、轻燕"比喻之？

答曰：理在两个相似性。

其一，"美的"相似性：美人在人们眼中是"美的"，鲜花、明星、轻燕在人们眼中亦是"美的"。两者都是"美的"，即两者在"美的"上具有相似性，因此可以比喻之。而布袋、犀牛、癞蛤蟆在人们眼中是不美的，甚至是丑的，因此不能比喻之。

其二，心理反应相似性：人们看见美人产生美感，看见鲜花、明星、轻燕亦产生美感。两者在美感上具有相似性，因此可以比喻之。

其一是其二的前提。如果没有"其一"相似性，就不会有"其二"相似性。因为有此"两个相似性"，所以如此比喻是理所当然的。

而为什么会有上述"两个相似性"？其根本之理，在于相似美原理。

三十九、快乐素态与美感与"情感门槛"及原因

这是人人可有的审美经验：优美感不同于凄美感，不同于壮美感，不同

---

① 选自《谈美》，朱光潜著，中国青年出版社，2011.10，第50页。

于性感美，不同于奇美感……

即使是同类美感，也有明显的差异。如感受"空山不见人，但闻人语响。返景入深林，复照青苔上"宁静之美，与感受"清晨入古寺，初日照高林。竹径通幽处，禅房花木深。山光悦鸟性，潭影空人心。万籁此俱寂，但余钟磬音"宁静之美，是有差异的；小家碧玉与大家闺秀给人的性感之美，是不同的……

对美感有不同感受的生理原因何在？在于"快乐素态"的不同。

何谓"快乐素"？神经递质"多巴胺""血清素"及"脑内啡"者是也。

何谓"快乐素态"？三种快乐素不同组合状态者是也。

不同组合有两个要素：一是三种快乐素各自的分泌总量，二是三种快乐素各自的分泌速率。

何谓分泌总量？一个美感全过程中的三种快乐素分泌量之和，谓之分泌总量。

何谓分泌速率？单位时间内的分泌量，谓之分泌速率。

三种不同的快乐素分泌量与不同分泌速率之间的组合，可以形成无数种快乐素态。例如，假设在两个美感的全过程中，三种快乐素分泌的总量是相等的，由于它们在单位时间内的分泌速率不同，快乐素态亦是不同的；且在此全过程中，不同时段内单位时间里的分泌速率亦是可能不同的……

简言之，快乐素态由量与分泌速率决定。量不同，快乐素态不同；量相同，分泌速率不同，快乐素态亦不同。不同的快乐素态决定不同的美感。

其实，之所以有这样的美感而不是那样的美感，快乐素态不是全部原因，还有由快乐素态引发的人体中其他的一系列生理反应。只是为了论说的方便，仅以快乐素态的不同解释美感的不同。

快乐素态有三个特别的临界数值，我谓之三个特别的情感门槛。跨过某个临界数值，就进入与此临界数值前截然不同的另一种情感状态。

第一个门槛，谓之"常情门槛"。于物象上所见之相似度超过能够引发美感发生的那个临界数值，谓之"常情门槛"。如散步时，忽见邻居家"一枝红杏出墙来"，即从原先熟视无睹的常情状态，跃入了美感状态。

第二个门槛，谓之"迷醉门槛"。于物象上所见之相似度引发的美感超过令人一时进入无意识状态的那个临界数值，谓之迷醉门槛。《陌上桑》："行者见罗敷，下担捋髭须。少年见罗敷，脱帽著帩头。耕者忘其犁，锄者忘其锄。"诗中之"耕者"与"锄者"，在"忘其犁"与"忘其锄"之时刻，即处于迷醉状态。

一般审美状态，处于常情门槛与迷醉门槛之间。但迷醉状态亦时常发生，传统美学理论中所谓的物我两忘，实际上说的就是迷醉状态。

第三个门槛，谓之"痴狂门槛"。引发美感的快乐素态是难以达到痴狂门槛的，在我所见的美学资料中，未见有"为美而痴狂"之案例可援引。引发其他快乐感的快乐素态，也很少能达到"痴狂门槛"，但尚有案例可引，《儒林外史·第三回》就有对范进中举后狂喜状态的精彩描写："范进三两步走进屋里来，见中间报帖已经升挂起来，上写道：'‘捷报贵府老爷范讳高中广东乡试第七名亚元。京报连登黄甲。’范进不看便罢，看了一遍，又念一遍，自己把两手拍了一下，笑了一声，道：'噫！好了！我中了！'说着，往后一跤跌倒，牙关咬紧，不省人事。……他爬将起来，又拍着手大笑道：'噫！好！我中了！'笑着，不由分说，就往门外飞跑，把报录人和邻居都吓了一跳。"——此时的范进即处于痴狂状态。

为何会出现痴狂状态？快乐素分泌总量异常之大，且分泌速率异常之快，由此引发的人体内的后续生理反应，同样处于异常状态。痴狂即是人体内异常反应状态的外在表现。

为何快乐素分泌总量会异常之大，且分泌速率异常之快？这是由诉求的强烈程度与结果决定的。如果是一个很小的诉求，再好的结果，也不会引发痴狂;如果是一个对于人生有极大意义的强烈诉求,如学子对于功名的诉求,久求不得,突然降临,就有可能引发痴狂,如上述范进中举。

诉求越强烈,积聚的定向能量越大,突然降临,如同水库溃堤……此即快乐素分泌总量异常之大,且分泌速率异常之快之比喻。

那么,引发美感的快乐素态,为什么难以达到"痴狂"的程度?因为美感是由虚拟满足引发的。虚拟满足不是生存所必需的,因此,一般而言,实际满足与虚拟满足各自可达到的最大快乐峰值,前者高于后者。

四十、"高峰体验"与"迷醉美感"及"快慰感"

马洛斯在《马洛斯谈自我超越·高峰体验》中,举了两个例子。

例一:一位年轻的母亲在厨房为丈夫和孩子们准备早餐而转来转去奔忙不止。这时一束明媚的阳光泻进屋里,阳光下孩子们衣着整洁漂亮,一边吃东西,一边叽叽喳喳地说个不停;丈夫也正在轻松悠闲地与孩子们逗乐。当她注视着这一切的时候,她突然为他们的美所深深感动,一股不可遏止的爱笼罩了她的整个心灵——她产生了高峰体验。

例二:一位女主人在宴会顺利结束后,最后一个客人已道别离去。她坐在椅子里,望着杯盏狼藉、乱七八糟的屋子,想到度过了一个多么愉快的夜晚,她体验到了一阵极度的兴奋与幸福。[①]

此类情感,马洛斯名之为"高峰体验"。

高峰体验应当人人有之,不过不知其名为"高峰体验"而已。本人有

---

① 选自《马洛斯谈自我超越》,〔美〕马洛斯著,石磊编译,天津社会科学院出版社,2011.4,第156-157页。

过多次这样的情感体验:当中篇小说《红薹》于电脑键盘上敲完最后一个字,向后仰躺在靠背椅上时,当久思不得,见之文竹新芽生机勃勃突然获得"相似美"原理核心思想之时……我想这种情感体验,应该就是马洛斯所谓的"高峰体验"。

这种高峰体验,与美感中的迷醉状态是极其相似的,如同马洛斯所举的两个例子中的高峰体验也是经视觉器官而获得——那么,此类高峰体验是否可据此而划归为"美感"?

笔者以为:不可以。尽管高峰体验与美感中的迷醉状态,在生理反应层面上极其相似,即都是所谓的物我两忘状态,但是,引发两者的原因是根本不同的。

美感是由在对象上见之与理想诉求印象的相似性引发的。而所见对象如此之状态,与所见者本人没有任何关系,仅仅是见之而已,如"明月松间照,清泉石上流""一川碎石大如斗,随风满地石乱走"并非因所见者本人使得"明月照松间,清泉流石上",也并非因所见者本人使得"大如斗的碎石随风满地乱走"。

引发高峰体验的对象,则有着高峰体验者努力付出的"烙印"。事实上,这种高峰体验,是对高峰体验者努力付出的回报——与美感一样也是一种进化形成的"生存激励机制"。

前一位家庭主妇因其"准备早餐而转来转去奔忙不止",换来了丈夫与孩子们早晨的幸福时光;后一位家庭主妇,其在宴会之前与宴会之中,一定是在忙里忙外的……现见"宴会顺利结束,最后一个客人已道别离去……她坐在椅子里",精神颓然松弛,一种极度的满足感油然而生。

马洛斯对这种情感体验名之为"高峰体验"。笔者以为,此命名没有"着落感",因此是不恰切的。由于高峰体验实际上是对高峰体验者努力付出的回报,因此,笔者以"快慰感"名之。"慰"者,慰问之意也;"快"者,快乐之意也。以"快慰感"之名，比之"高峰体验"之名，内涵既外延宽广，又界限分明：一切由己之努力付出获得的预期成果引发的快乐感，均以"快慰感"名之。"高峰体验"仅仅是程度极高的快慰感之一种而已。

四十一、人类各类美感产生始点前后之推测

自然美感之性是遗传基因。随着科学技术的发展，如同其他人类基因被破译出来一样，有朝一日也可能被破译出来。

但是，美感之性的质料是中枢神经，不可能像人类的骨头那样，在一定条件下能够转化为化石，且被幸运的生物考古学家碰巧挖掘出来，成为人类学某一结论的支持证据。因此，对美感始点的推测，是毫无考古依据的。那么，凭什么做如此的推测？凭的是哲学思考与逻辑推理。如同爱因斯坦的相对论，许多结论根本无法来自实证，唯有来自爱因斯坦称之为的"思想实验"。

其一：优美感

最早进化形成的美感，应该是"优美感"。优美感的始点早于一切美感的始点。何以见得？

生命体的诞生是及其困难的。其困难程度，曾经有人做过这样的一个比喻：如同一阵大风吹过一堆垃圾，致使那堆垃圾变成了一架飞机。那么，既然如此困难，生命体以单数形式诞生的可能性，比以多数形式诞生的可能性，就更为可信。根据达尔文的进化论，迄今为止的一切生命体，都指向一个共同的祖先——此论也支持生命体以单数形式产生的推测。

生命体一定诞生于适宜其诞生的环境之中，且这个环境一定是适宜其诞生后生长其中的。这个适宜于生命体生存的环境，一定维持了非常长的

一个时期。

笔者认同科学研究的一个推测——生命体是诞生于海洋之中的。那时的海洋，谓之"生命汤"。笔者以此科学推测为起点，做如下的推测：第一个生命体于生命汤中诞生之后，在其蠕动之时，于生命汤中摄取了营养，维持了自己的生存，随后，在其天性的作用之下，分裂为两个一模一样的生命体……又分裂成四个一模一样的生命体，其间并不排除，且一定会发生并非达尔文物竞天择意义上的自然进化——由某种偶然因素引起的变异，使后一个生命体与它的母体有所不同。如此以往，直到生命汤中拥挤不堪，再不能满足全部生命体生存所需为止。在这之前，生命体是"悠哉悠哉""无忧无虑"的。在生命体的"眼"中，其生存环境是优美的。

其二：壮美感

壮美感有两个对象。原始壮美感的对象是人类自身。原始壮美感在今人的眼中，归属于"性感美"，但其产生时间远远早于其他性感美，如婀娜多姿，如美目盼兮。

生命体因为持续不断的分裂，"生命汤"中的生命体迅速增加，到达一定数量后，一个从未有过的"生命体与自然""生命体与生命体"之间最原始最基本的矛盾出现了：全部生命体维持生存所需的摄取总量，大于"生命汤"中可供的被摄取总量。被摄取总量不足以维持全部生命体所需的摄取总量，是生命体产生痛苦的原始根源。各个生命体为了满足天性使然的生存诉求，从原先的各取所需生存状态，进入到生存竞争状态。

生存竞争最原始的制胜武器，就是自身的强壮——"壮美感"由此而生。

今人所言壮美感的对象是物理存在，此是原始壮美感的衍生美感。以物理存在为对象的壮美感的产生时间则远远迟于"性感美"，因为其必待人类理性发育到一定高度能够发生"移情"于物理存在之后才能够发生。

其三：性感美

从逻辑上说，以人类自身为对象的壮美也必定早于性感美，因为对壮美的诉求目的首先是有关自身生存的，性感美则是有关后代之事，因此，前者优先于后者。

从事实上说，性感美必定迟于以人类自身为对象的壮美，因为性感美只可能发生在异性繁殖的生命体身上，而异性繁殖的进化是很迟才发生的。

其四：奇美感

奇美感因探索未知领域而诞生。从猴子亦有一定的好奇心看，其产生始点距今无疑已经很遥远了，但应该迟于性感美。因为性感美是直接有关自身后代的，而"探索"虽然有关自身之生存，但毕竟是有关未来之生存，因此，从逻辑上说，性感美感应该早于奇美感。

其五：凄美感

凄美感只有在痛苦产生之后才可能发生。痛苦的产生始于"摄取总量与被摄取总量"这个最原始最基本的矛盾出现之时，先于"壮美"的产生始点。因为生命体诉求自身的"强壮"，就是为了取得生存竞争优势，以摆脱"痛苦"。因此说，痛苦感产生始点一定早于壮美产生始点。那么为什么说凄美感迟于壮美感诞生？因为凄美感是"混合型美感"，其中有痛苦感的成分，但痛苦感不是凄美感的核心情感。凄美感的核心情感是"因郁结于心中的'块垒'获得宣泄而导致的松弛感"。

个人心中的块垒形成需要积累，而积累需要时间；人类心中共有之块垒的进化形成需要非常长的时间……由此而使凄美感的产生迟于壮美感。

那么，凄美感迟于奇美感的理由又何在？理由是普及度。笔者以为，除了上述分析的原因导致美感出现的先后顺序外，某一美感在人类中的普及度亦应可作为一个判别依据。一般而言，越是最早出现的美感，在人类中的普及度越高。奇美感之源好奇之性的普及度高于凄美感，因此说，奇美感先于凄美感产生。

其六：谐趣感

生存竞争与探索未知领域，使人类紧张。而谐趣感使之放松。没有紧张，就无所谓放松，因此，谐趣感诞生时点应该迟于奇美感的诞生时点。

谐趣是为了"找乐子"。为什么要"找乐子"？其中一个原因就是为了忘记痛苦。因此说，谐趣感应该迟于根源于痛苦的凄美感。

其七：艺术美

包括音乐美在内的艺术美是美的表现形式。因此，只有美产生之后，表现美的艺术美才能够产生。

其八：社会美

最后一个产生的美，是社会美。作为社会美源头的"应是理念"，其产生至少需要有三个前提条件：一是人类理性发育到了一定高度，二是合作生产，三是生产力发展到有了剩余产品。最早的社会美，也应该是有关如何分配剩余产品的。因为只有有了剩余产品，人类才有了脱离丛林法则按"人为法"行为的物质基础，因此说，剩余产品是产生社会美的充要条件。而这有待于畜牧业与农业的诞生。根据考古资料，畜牧业与农业的诞生，距今约一万年左右。因此说，社会美的始点，迟于艺术美——距今约四万年的贺兰山岩画，可为例证。

美的始点，是指某一美素家族中的第一个"美素"生成之时。优美家族中有许多"美素成员"，如丰盛，如宁静，如空灵……它们不可能是同时诞生的，且时间相隔可能会十分久远。丰盛之美应该是优美中的第一美，因为对食物的诉求在人类所有诉求中是处于第一序位的。而空灵之美笔者以为其始点距今不会太遥远，因为其有待于"空"与"灵"的概念出现之后才会产生。因此说，某一美素家族的始点早于另一美素家族，不等于说，前者中的一切美素的始点都早于后者。如许多艺术美，就要比许多社会美的始点迟许多。因为许多用于艺术的材料，是随着生产力的发展而出现的，近代才有的电影艺术固然不必说，青铜艺术出现之前，已有了许多社会美。

以上美的始点前后顺序仅仅是基于思想实验的逻辑推测，并无实证。

事实究竟如何？只能望历史迷雾而兴叹。

四十二、狗屎之"美"与粪气如"兰"

这是我少年时的两个十分特殊也很奇葩的经历。时隔四五十年，竟然从中见到了"相似美原理"之倩影。

事情极其"下里巴人"，说来也必粗鄙不雅，原本羞于启齿，但若不道出，如鲠在喉，就顾不得许多斯文了，以《红楼梦》林黛玉指点香菱"诗论"先期自嘲之。黛玉言："若是果有了奇句，连平仄虚实不对都使得的。……词句究竟还是末事，第一立意要紧。若意趣真了，连词句不用修饰，自是好的，这叫做不'以词害意'。"

为什么有的物体能够引发美感，有的则不能？这只能用"相似美原理"才能做最终之解释。有的物象，一般情景下不能见之于相似性，而无以生美感，如面对一堆"不齿于人类的狗屎堆"。但是，只要于对象上见之"相似性"，不论何物都有可能生出美感来，即使是"一堆不齿于人类的狗屎堆"。

笔者大约十来岁时，有冬天里去捉狗屎的劳动经历。何谓捉狗屎？农谚有云："庄稼一枝花，全靠肥当家。"家中自留地上种菜，需要肥料。乡下狗多，满地拉屎，浪费了可惜。于是大人就让小孩子去捉狗屎：用一把与《西游记》中的猪八戒所用武器"九齿钉耙"款式相似之钉耙——当然我们小孩子捉狗屎所用之钉耙，比猪八戒所用之九齿钉耙要小许多，齿也仅有三齿——挑着一只长柄竹编畚箕，满地里去转悠。说是捉狗屎，其实只要是屎，就都要"捉"。特别喜欢捉人屎，因为人屎大，且肥力足。人屎都在田中土墩的向阳处。因为捉狗屎的小孩子并非个别，所以，亦存在"生存竞争"。……当转过土堆，突然见到一堆金黄色的新鲜人屎，或者一堆暗黑色的风干了的人屎时，特别是见到一堆异常大的人屎或者狗屎时，心中会有一阵欣喜油然而生……所欣喜者，实非为屎也，见之与诉求相似之物者是也！

当碰巧有两人从不同方向同时转过土墩发现屎堆时，则钉耙先到者先得，他人不可再染指——此亦捉狗屎群体内不成文之规则。得屎者扬扬得意，扒入畚箕之中，失之者悻悻然而去……

捉来风干之"屎"，浇菜所用之时，需要用水稀释到一定程度才可使用，太浓，则菜要被"烧"死；太淡，则肥力不足。白天时，浓淡可目测之，凭经验即可知道浓淡是否已经适宜，如同一个烹饪大厨调味一般无异。那是一个晚上，笔者摸黑在自家自留地上浇菜，无法目测浓淡，于是，俯首于粪桶边上，如同日后所见实验室中科学家测试烧瓶中化学试剂的气味一般，以手撩之，嗅之其臭，浓则加水，淡则加屎，直至"其气如兰"……气实非"兰"，其乃如其"臭"，但笔者心中则满意之；既满意之，心理上已不觉其臭而似"兰"也。

并非十分离题之话：为什么单说"冬天捉狗屎"？因为冬天气温冷，屎不会生蛆，也不会有屎壳郎之类的昆虫将之消化，能时久保存，可以被捉到。其他季节都不行。笔者捉狗屎是很有经验的，总是去土墩向阳、背风处寻找人屎。因为老农田头劳作之间，在此一边拉屎，一边晒阳，如果还能够有一支烟吸着，是一件十分惬意的事。且借拉屎小憩是天经地义之事，旁人无可非议，但不能拉得时间太长。时间太长，则有借故偷懒之嫌疑，多次如此，则在评工分时，会被降低等级。因此，拉屎时间长度的控制，亦是一个技术活。……非亲历亲为者，不能体会上述情景之美妙。

诉求之不同，所见美妙之不同：人类之臭，屎壳郎之香；人类争之金玉，鸡鸭抢之谷粒。生命各有各的活法，各有各的诉求，各美其美，各丑其丑，与物为何物如金玉谷粒屎粪无关——与诉求之"相似"者，是为美者也。

四十三、"物理公式之美"与相似美原理

物理公式，在常人看来都是冷冰冰的数字与符号，毫无感情可言，更无美可见，如爱因斯坦的质能方程式：$E=MC^2$。

但是，在许多顶级科学家们看来，这些公式是美的，且无比美妙。

"'以极度浓缩的数学语言写出了物理世界的基本结构'，是一种深层的美。杨振宁认为，牛顿的运动方程、麦克斯韦方程、爱因斯坦的狭义相对论与广义相对论方程、狄拉克方程、海森堡方程和其他五六个方程是物理学理论架构的骨干，它们'达到了科学研究的最高境界'，可以说'是造物者的诗篇'。研究物理学的人，在这些'造物者的诗篇'面前，会产生'一种庄严感，一种神圣感，一种初窥宇宙奥秘的畏惧感'，他们会感受到哥特式教堂想要体现的那种'崇高美、灵魂美、宗教美、最终极的美'。"[1]

为什么"以极度浓缩的数学语言写出了物理世界的基本结构"会成为一种深层的美？因为"研究获得复杂的物理世界真相"以及用"简洁"的公式表达这个"真相"，是科学家孜孜以求的。

为什么科学家要追求用"简洁"的公式表达？因为，以简洁驾驭复杂是人类诉求的。人类之所以会诉求"简洁"，而不诉求"复杂"，有更深层的原因：复杂意味着要付出更多的能量去应对，且比简洁具有更多的不可控性，而人类总是试图以简单有效手段操控事物。因此，"公式之简洁"虽然是科学家有意识的诉求，但是，这种诉求的动力之源，远远地根植于

---

[1] 选自《美在意象》，叶朗著，北京大学出版社，2010.2，第308页。

人类的集体无意识之中。

但是简洁不等于是美的，复杂也不等于是不美的。美与不美，不取决于是简洁的，还是复杂的。中国明式家具因其造型简洁而美，欧式古典家具如巴洛克式家具，则因其线条、雕刻之复杂而见其美。因此说，"公式简洁之美"原因，不在其"简洁"，而在于其与科学家对"公式简洁"之诉求相似而见其美。

有些科学家对公式简洁之美的诉求，甚至到了迷信的程度，竟有了些本末倒置的意思。如英国物理学家狄拉克认为，公式的优美是非常重要的，如果一个物理方程在数学上不美，那就标志着一种不足，意味着理论有缺陷，需要改正。他曾说："使一个方程式具有美感比使它去符合实验更重要。"

公式简洁之美感，是由顶级科学家特殊诉求形成的特殊美感。与笔者少年对"狗屎"与"粪气"的特殊"美感"同理。当然，科学家之美感是高大上的，"捉狗屎"的美感是上不了台面的，但是，两者都是"相似美原理"之"道"的体现。诚如庄子《知北游》中所言：道，无所不在，在蝼蚁，在稊稗，在瓦甓，在屎溺。

四十四、个人特殊美感与人类共同美感的异同

个人特殊美感可分两类。

其一：以丑为美。如我少年时所见狗屎之美。

其二：以常人眼中"非美者为美"。如杨振宁先生见物理公式之美。

相同点：个人特殊美感是由个人特殊诉求引发的，人类共同美感是由人类共同诉求产生的。两者之美感都是由"诉求"而引发，在生理层面，都有快乐素的超常分泌。

相异点：

之一：人类共同美感是得之于遗传的性反应；个人特殊美感则不是得之于遗传的性反应，也不是习得之性反应，而是由现实诉求引发的情感反应，会随诉求的改变而改变。得之于遗传的美感之性是不会改变的，但可使其处于隐性状态。

之二：个人以丑为美的特殊美感，较之人类共同美感是微弱的、短暂的。因为在常识中，狗屎是丑的，粪水是臭的，而在特殊诉求者如笔者以为美的当时，"狗屎是丑的"常识会在潜意识中对美感的发生产生抑制。这是笔者的个人经验。

之三："以常人眼中非美者为美者"引发美感之时，不会有类似的抑制，如杨振宁先生见物理公式之美感。此类美感没有常识的压抑作用，其强烈与持久程度，是否亦有异于共同美感？笔者认为，答案是两可的。一般而言，是微弱与短暂的；但当由强烈诉求引发的美感，则应该是强烈的，这里有笔者的类似经验体会可证。当我突然获得一个之前百思不得其解的问题答案时，会有一种强烈的喜悦感，尽管这种喜悦感笔者不名之为"美感"，而是名之为"快慰感"，但在本质上与美感是相同的，都是快乐素的超常分泌。

四十五、以"实际满足""虚拟满足"定义美感快感论

柏拉图《大阿庇希斯篇——论美》说了这样的意思：从各种快感中单选出视听这两种快感名曰"美感"，那么，视听快感中应该有其他快感所没有的特质。

传统美学对于快感与美感的定义，是以感觉器官定义的：由视听器官获得的快乐感，谓之美感；其他器官获得者的快乐感，谓之快感。

以感觉器官划分快感与美感，简洁明了，也符合人们的审美经验。但是，与引发美感与快感的原因，也即柏拉图所谓的"特质"没有联系，是为缺憾。

那么，这个特质是什么？柏拉图没有回答。

笔者以为：这个特质即是人类诉求的"虚拟满足"。

何谓虚拟满足？非由生理实际需要获得的满足，而是由与诉求的相似性引发的满足，谓之虚拟满足。具体而言，视觉美感，是始于光子进入眼帘而引发的；听觉美感，是始于空气振动耳膜而引发的。而进入人体的光子，与人体接触的空气，均非此时人体实际需要而诉求的。

何谓"实际满足"？则有两层含义：

第一层是生理实际需要的满足，是谓"实际满足"。如饥饿后由大快朵颐引起的满足。

第二层是引发快乐感的物质是源于生理实际需要的生存资源，且快乐感的部位有接触此物质的感觉器官在内，如味觉之甜咸、嗅觉之香臭。而虚拟满足的快乐感部位不包括眼睛与耳朵在内，换言之，经由眼睛、耳朵引发的美感无论多么强烈，眼睛与耳朵是无缘享受的。（注：实际满足"第二层含义"的阐述比较复杂，将在下节结合"香味"的论述展开。）

由此可见，虚拟满足是区分快感与美感的特质。从这个角度，可得到的"快感"与"美感"的定义为：

由实际满足引发的快乐感，谓之"快感"。

由虚拟满足引发的快乐感，谓之"美感"。

四十六、闻香归类于快感的理由与推论

中国文人骚客大都有此雅好：焚香读书，焚香抚琴，焚香吟诗，焚香作

画。陆游："官身常欠读书债，禄米不供沽酒资。剩喜今朝寂无事，焚香闲看玉溪诗。"李清照在"人比黄花瘦"的忧郁之中，也还不忘"瑞脑消金兽"。《圣经》有许多"香料与圣迹"的记载，《旧约·箴言》："涂香油与香水将使人欢悦满足。"甚至有学者认为，印度莫卧儿王朝的灭亡与香料直接相关——因为东方的香料贩运到欧洲，销量极大。为了掠夺东方的香料，才会出现新航路的开辟，也才会出现英国侵略印度，最终导致莫卧儿王朝的灭亡。

一个不争的事实是：嗅觉之香气，能够给人沁人肺腑的快感，且超越了时代、地域与民族，是全人类共有的情感。

香气并非是人类维持生存所需要的资源。试想，如果没有香气，人类能不能生存？回答是肯定的。换言之，香气不是人类原始诉求的。那么，按照相似美原理，不是人类诉求的，不会进化成为引发人类快乐的对象。那么，为什么香气能够？

其实，闻香而生快感并没有与相似美原理相悖，只是通过曲折的途径体现了相似美原理。……人类有无比漫长的采集阶段，以果子为食。香气是果子成熟的信使，果子成熟后逸出的分子，飘入人类远祖的鼻子，由此引发的感受，人类今天以"香气"名之。因为香气意味着果子的成熟。果子的成熟，意味着可以大快朵颐了，由此闻香岂不快哉！由此而进化形成了对香气的特殊生理反应，这种特殊生理反应，即是"闻香之快感"。由此而言，人类诉求香气不是最初之目的，最初的目的是通过香气辨别与获得人类生存诉求的食物。香气作为诉求之对象，是伺后进化形成的。此与"赚钱不是目的，而后成为目的"同理。

相反，臭气意味着食物的腐败。食物的腐败，一是使人类远祖失去了食此食物的机会，二是如果人类食之腐败物，会危害健康——我们的祖先一定在此付出过包括丧失生命在内的惨痛代价。由此"闻臭"岂不厌恶！于是，人类亦进化形成了"闻臭之厌恶感"。

有客难曰：香气既然不是人类生理实际需要的，且符合相似美原理，为何不把它归类于美感，而归类于快感？

这就需要在"虚拟满足"内涵与"实际满足"中第二层内涵的比较中解释之。

"实际满足"的第二层内涵是：有诉求对象被诉求者摄入体内或者与其接触，并由这种摄入与接触的物质本身直接引发快乐感。如闻香之沁人心脾是由香气分子本身引发的快乐感，如与丝绸本身接触引发的轻柔爽滑感。

美感不是由进入人体或与人体接触的物质本身引发的，如对一片风景的优美不是由反射而来进入眼帘的光子本身引发的，而是由其形成的映像与诉求的相似性引发的，且从风景处反射而来的光子，也不是本源于风景，而是本源于太阳，不像香气是本源于诉求对象。即使在特殊情况下与其接触或者进入人体的物质，是源于美感对象本身，美感也并非是由此物质本身所引发。"飞泉不让匡庐瀑，峭壁撑天挂九龙"，说的是黄山九龙瀑的壮观，此乃笔者平生第一次所观之瀑。其时正山风大作，有飞瀑之水汽如烟雾般飘扬而至，沾在脸上，吸入鼻腔……与笔者亲密接触并吸入笔者肺部，但是，笔者的壮美感，并非是由此接触与吸入肺部的水汽分子引发的，而是由眼见之瀑布物象及其淹没山谷中其他一切声音的轰鸣声所引发。

简而言之，由香气引发的快乐感是由吸入人体的香气分子本身所引发，而壮美感非是由吸入人体的水分子本体引起的。

推而广之，一切美感均非由进入或接触人体的物质本身引发的；一切快感则是之——味觉之苦甜是之，嗅觉之香臭是之……

肤觉之凉爽与温暖亦是之：人体摄入外在物质，并非仅限于口鼻，皮肤亦是一个很大的摄入器官。经皮肤引发的凉爽快感，是由于比人体温度低的外在物质如冷空气分子与人体交换了能量而导致人体产生的快乐感；温暖则是人体接受了比人体温度高的外在物质，如太阳光子或者寒夜篝火之热辐射而导致人体产生的快乐感。

且自然进化形成了生命体生存能够适应的"温度"范畴，因此，"凉爽"与"温暖"不仅与香气一样是由进入人体的分子本身引起的，同时也是由生理实际需要满足引发的。

四十七、"性灵说"与"美感之性"

清代袁枚"性灵说"认为：不必讲境界的大小、格调的高低，只要能自然地风趣地反映诗人一时之感受，就是好诗。袁枚强调"兴会"，《随园诗话》（卷二）有言："改诗难于作诗，何也？作诗，兴会所至，容易成篇；改诗，则兴会已过，大局已定，有一二字于心不安，千力万气，求易不得……"

何谓"兴会所至"？笔者以为，即是"美感之性"所致最初之感受也。在袁枚看来，只要将此最初之感受写出来，便是好诗！笔者深以"性灵说"为然！

袁枚《苔》："白日不到处，青春恰自来。苔花如米小，也学牡丹开。"非常平常的一首小诗，随口说来，毫不做作，却触动了无数平常人的心灵。因为诗中的旨意反映了人的真性情——活出自己的精彩！

活出自己的精彩是人人诉求的，所以它能够打动我们的心灵。

那么，为什么将最初之感受写出来便是好诗？因为，如果写的不是最初之感受，则会有非真情夹杂于诗中。诗人生活于社会之中，必有某种拘束、某种忌惮；"兴会所至"之时，这种"某种拘束、某种忌惮"，并不在意识之中；"兴会所至"过后，当想到所写之诗将为时人所读，则"某种拘束、某种忌惮"就会进入诗人的意识而顾及之，从而对"兴会所至"之作做有违初心的修饰；

既违初心，即非真情，非真情之诗，如何可成好诗？即使诗人有非常好的文字功力，修饰得非常之美，如盛妆之贵妇，亦必无"清水出芙蓉，天然去雕饰"之浣纱女美也。

笔者读宋人士大夫游记，往往在美不可言之际，煞尾处忽遇一段"微言大义"……如嗑瓜子最后嗑到一粒霉瓜子一样而倒胃口。前所记述者，真性情之文字也；微言大义者，后思之说教，已非游时之情趣也。

四十八、性感美两源因与男女性感美差异

"性感美"形成有两个源因：其一，生存优势之诉求；其二，生殖优势之诉求。生殖优势有两层含义：其一，拥有交配权；其二，异性有良好的遗传基因。

在这两个源因中，生存优势之诉求是比生殖优势更上位的诉求。换言之，只有满足了生存优势的诉求，才能有满足生殖优势诉求的可能。但是，两个诉求毕竟是不同的诉求，因此，由两源因分别产生的美素，有重叠部分，也有不相重叠部分。

相对于男性而言，高大、强壮，既是获得生存优势的条件，也是获得生殖优势的条件。但大鼻子猴的大鼻子之性感美，则不仅与生存优势诉求无关，且还有妨碍之嫌疑。但是为了生殖优势诉求，处于第一序位的生存优势诉求做了一些无关紧要的让步。

相对于女性而言，其眼中男性的性感美，与生存优势、生殖优势诉求都有关。男性的高大与强壮，既是女性生存优势的保障（女性有怀孕期与哺育期，这个期间女性自身生存能力十分脆弱，需要男性提供食物保障），又是生殖优势的保障，因此在人类的动物阶段，这成为女性的首选。纪录片《动

物世界》中，雄性间争夺交配权时，雌性总是若无其事地在一旁观望，胜出者就成为其"如意郎君"。

男性眼中之美女，则主要源于对女性具有包括生殖与抚育后代能力强在内的良好的遗传基因。如女子之丰乳肥臀，就是生殖与抚育后代能力强的体形特征。但秀发皓齿、婀娜多姿以及其他一些女性之美，是如何与生殖优势相关的，类似歧途亡羊，已因通向历史源头的长途中有无数的岔路口而茫然了。

四十九、"文字排偶"之快感与相似美及惯性定律

朱光潜先生在《诗论》中说："几上的花瓶，门前的石兽，喜筵上的红蜡烛，以至墓道旁的松柏都是成双成对，如果是奇零的，观者就不免觉得有些欠缺。图画、雕刻、建筑都是以对称为原则。音乐本来有纵无横，但抑扬顿挫也往往寓排偶对仗的道理。美学家以为这种排偶对仗的要求像节奏一样，起于生理作用。人体各器官以及筋肉的构造都是左右对称。外物如果左右对称，则与身体左右两方面所费的力气也恰相平衡，所以易起快感。文字的排偶与这种生理的自然倾向也有关系。"[①]

朱先生所言"对称"现象是事实，但对由对称引发的快感原因归于"起于生理作用"，笔者是不能苟同的。

其一，生理器官以及筋肉本身并非全是对称的，如鼻子就只有一个，脑袋也只有一个。

其二，即使生理器官以及筋肉全是对称的，由"文字的排偶"引发的快

---

① 选自《诗论》，朱光潜著，上海古籍出版社，2005.4，第158页。

感"起于生理作用"也令人费解。说"外物如果左右对称，则与身体左右两方面所费的力气也恰相平衡"整句话，亦令人匪夷所思。朱先生对此并没有论证，只是说了一个结论。

笔者认为，朱先生视人体生理器官对称为"文字排偶"快感的原因，是难以说通的。

那么，"文字排偶快感"的原因究竟何在？笔者以为，其直接原因是排偶形成一种排山倒海式的气势，在此种气势的推动下，使人读之异常铿锵顺畅。文字排偶引发的快感，实即是由这种铿锵顺畅带来的畅快感。笔者很多年前读过梁启超的《少年中国说》，至今内容全忘了，但读时的那种畅快淋漓的感觉一直记得。现摘录如下，与诸君共读之，以体验那种由排偶形式带来的畅快感：

> "故今日中国之责任，不在他人，而全在我少年。少年智则国智，少年富则国富，少年强则国强，少年独立则国独立，少年自由则国自由，少年进步则国进步，少年胜于欧洲，则国胜于欧洲，少年雄于地球，则国雄于地球。……美哉，我少年中国，与天不老！壮哉，我中国少年，与国无疆！"

那么，"顺畅"之所以会引发畅快感，此与人类进化形成的人体器官如耳朵是偶数对称，或者如鼻子是奇数不对称的均无关系，而是与人类进化形成的"生理运行惯性"有关。

生理运行惯性，与物理惯性定律类似。惯性是物体的一种固有属性，表现为物体对其运动状态的保持或者对其运动状态变化的一种阻抗。所不同的是，物理存在对其受阻除了自然具有惯性阻抗外，别无其他反应，但生理运行惯性则不同，一个既定的生理运动过程受阻时，人体会相应做出以不舒服或难受名之的生理反应。受阻与不快已经由进化形成了相耦关系。人人都有这样的生活体验：当我们在进行一项工作的过程中，或者思考一个问题时，突然被打断，一定会感到不适或者难受。我有一个同事，是一位微雕艺术家，曾耗时多年在象牙上雕成《盛世滋生图》。他说他在雕刻之时，即使一个很小的声音，如不小心房门未关紧，被风一吹"咯"的一声碰撞一下时，虽然很轻，却似一个响雷炸在身后，会使他一阵颤抖，打断他的雕刻，非常难受。"不快"的程度与生理运动的惯性大小成正比，生理运动的惯性大小则与当事者所从事工作的专注程度成正比。

反之，当一个既定之生理运动过程顺畅进行时，人体相关各部门的运动都处于和谐的运动状态，与之相伴随的则是快乐感。顺畅与快乐同样是相耦关系。

因此说，生理运动惯性与"顺畅与快乐"的相耦关系，是"文字排偶"之快感的真正原因。

那么，人类之所以会进化形成"顺畅与快乐"以及"受阻与不快"的相耦关系，以相似美原理论之："顺畅"是人类诉求的，因此，顺畅与快感相耦。反之，读诘屈聱牙之文章，一定令人不快。为何不快？时时受阻，不顺畅所致。

但生理运动惯性的形成原因，则与人类诉求无关。且不仅于人类诉求无关，与人类本身也无关，其根源于物理惯性定律——因为生理运动的原始质料是物理的，其同样受制于物理定律。

五十、"优美"与"壮美"始点推测再论

李泽厚先生有言："所有民族都一样，无论从历史或逻辑说，崇高、

壮美、阳刚之美总是走在优美、阴柔之美前面，古埃及的金字塔，巴比伦、印度的大石门，中国的青铜饕餮，玛雅的图腾柱……黑格尔称之为象征艺术的种种，都以其粗犷、巨大、艰难、宏伟，而给人以强烈的刺激和崇高的感受。"[1]

在此段论说中，李先生从历史与逻辑上断言，壮美总走在优美前面。

如果李先生的意思是说"壮美"的产生在时间上早于优美，则笔者是不能苟同的。理由有二：

其一：仅见李先生如此"断言"，并不见李先生有何论证。以历史事实而言，李先生所列那些壮美对象是确凿无疑的历史存在，但是，这如何可以认定壮美历史起点先于优美历史起点？李先生在此论中缺失了"优美对象"的历史陈述。只有在两者历史起点的对比中，才能确论两者谁早谁晚。但是，由于壮美与优美的历史起点，淹没在重重的历史迷雾之中，无人可以知晓，自然也就无从比较。既然无从比较，断言壮美总是早于优美就失去了依据。

其二：以"逻辑"而言，壮美与优美之间有何逻辑关系？如有，此逻辑关系如何能说明壮美先于优美？李先生的历史断言是"语焉不详"，逻辑断言则是"子不语"。因此，李先生之言，并无令人信服的理由。

笔者对壮美与优美历史起点的推测结论，正好与李先生相反，是"优美"早于"壮美"。这个结论，并无什么历史事实证据——依据是逻辑推理。这个推理的前提是对生命体生存历史状态的推测：

在生命体产生之初，一定有一个环境稳定、食物充足的快乐的童年。在这个童年时代，生命体不受限制地分裂繁衍，且无忧无虑美滋滋地生活着。假设生命体不是诞生在优美的摇篮之中，并有很长一个历史时期生活

---

①《华夏美学·美学四讲》，李泽厚著，三联书店出版，2008.6，第63页。

于优美的摇篮之中，而是诞生且生活于生命体无力抗衡的被今人名之为"壮美的摇篮"之中，那么，生命体就一定会在这样的摇篮中夭折。试想今日一个初生的婴儿，不是生活于包括母亲温柔的怀抱在内的适宜其存活的优美环境之中，而是放之于旷野，经受电闪雷鸣、暴风骤雨的壮美的洗礼，能够存活下去吗？由此可言，生命体所居优美环境的历史，一定早于"壮美"的历史。

由于生命体不受限制地分裂繁衍，总有一天，生命体所需食物总量与自然可供食物总量之比小于"1"，而形成生命体之间的生存竞争，以及生命体与自然环境的搏斗，从而促使生命体进化出对强壮勇猛的诉求。因为只有自身的强壮勇猛才可能在生存竞争中取胜。依据相似美原理，有了对强壮勇猛的诉求，才能见之于"壮美"。

据此生命体所历优美环境早于壮美环境的推理，得出"优美早于壮美诞生"的结论，在逻辑上是可信的。

那么，"优美"与"壮美"的诞生顺序，在历史的事实上是否与逻辑推理相符合？因为"美"不可能像人类骨骼、旧石器、新石器那样，留下考古遗迹，所以，没有实证可以"历史地说"的。

但是，有以下两点可以作为"优美"是最早诞生的间接证据。

其一，人类美感的普及程度。在人类中普及度越高的美感越早诞生。而优美感是人人具有的，也即是说，引发优美感的"美感之性"是全人类个体都具有的完全之性。而壮美感不一定是人人有的，换言之，有些人欣赏不了壮美景色。据此可言，优美早于壮美诞生。

其二，人类诉求顺序。这个诉求顺序应该是最根本的逻辑证据。生命体的第一诉求是什么？是生存，生命体对赖以生存的自然环境的诉求是宜居，即优美的环境。且此诉求既是第一位，也是唯一的、最终的诉求。生命体对生存环境的诉求除了优美之外，笔者想不出还会有什么样的诉求，生命体不可能诉求处于无力抗衡的"壮美"环境之中。因此，从诉求角度上说，人类的"优美感"也应该是最先诞生的。

五十一、从"焦大不爱林妹妹"说起

鲁迅先生在《"硬译"与"文学的阶级性"》一文中说："穷人决无开交易所折本的懊恼，煤油大王哪会知道北京捡煤渣老婆子身受的酸辛，饥区的灾民，大约总不去种兰花，像阔人的老太爷一样，贾府上的焦大，也不爱林妹妹的。"

笔者以为，焦大为什么不爱林妹妹？并不是说林妹妹不具有性感美，而是说林妹妹不具有与焦大诉求相似的性感美。焦大会看中什么样子的女人，这是由他的人生史态决定的：焦大是一个有几分草莽英雄气概的低等奴仆，以他的经济与社会地位，此时只能选择能吃苦耐劳的粗使丫头，类如"傻大姐"者。但是，假设焦大以后发达了，成了大老爷，会不会抛弃傻大姐，讨一个美貌如林妹妹那样的美妹呢？古今中外历史上无数人间悲喜剧证明，"焦大们"大都会如此。由此说明，不是因为林妹妹不美而焦大不爱，而是林妹妹所具有的那种美，被焦大身为奴仆时的人生史态压抑在隐性状态而不能感受其美。

假定鲁迅言"焦大不爱林妹妹"是符合事实的——因为曹雪芹并没有写焦大爱不爱林妹妹，鲁迅也不过是推定如此，那么，是不是可以由此推断，一切身处奴仆地位的人都是不能感受林妹妹之美的？笔者的答案是否定的。这个依据在《红楼梦》第六十五回"贾二舍偷娶尤二姨，尤三姐思嫁柳三郎"就可见到。兴儿与焦大一样是贾府的奴仆，在他与尤二姐的一段对话中，可见此奴仆对"小姐之美"能够感受并津津乐道，他说："三姑娘的诨名是'玫瑰花'……玫瑰花又红又香，无人不爱的。……另外有两个姑娘，真是天上少有，地上无双。一个是咱们姑太太的女儿，姓林，小名儿叫黛玉。面庞、身段和三姨不差什么，一肚子文章，只是一身多病。这样的天，还穿夹的。出来风儿一吹，就倒了。我们这起没王法的嘴，都叫他'多病西施'。还有一位，姨太太的女儿，姓薛，叫什么宝钗，竟是雪堆出来的。"

还有高鹗续作中对妙玉被强盗抢走的情节，也间接可证——粗鄙凶恶如强盗，也不妨碍他们会喜欢妙玉冰清玉洁之美。

事实上，古今中外的历史中，有无数类似于"卖油郎独占花魁"的故事发生。

由此可见，人生史态会压抑某类美感之性处于隐性状态，使之对某类美不能感受；但并不尽然，如身为低贱之奴仆的兴儿，仍然能够感受林黛玉、薛宝钗之美，只是不敢想而已，但又如其所言："每常出门，或上车，或一时院子里碰见了，我们鬼使神差，见了他两个，不敢出气儿。"——奴仆兴儿对小姐之美的惊艳、偷窥、不敢造次的神情，跃然纸上。

以上都是笔者经验本身之外的例证。而笔者有一个亲身经历，原先一直沉睡在记忆的深处，并不记得它曾经存在过，却因今日之研究唤醒了它，又鲜活地浮现在眼前，并显出其在美学上的意义。我的父亲原是一位地道的农民，年轻时曾去上海石门二路学做过"红帮"裁缝。后因家庭变故，回乡重新务农。当我高中毕业，到了该找对象的时候，父亲曾经一本正经地向我提过找对象的要求：找身体胖壮一些、面孔红润的，不要找好看是好看、干不了活的。由此可见，我的父亲并不是不知"身体胖壮""面孔红润"以外的美，而是从现实生活考虑，认为其他的美不适合他的儿子而已。

综上可言，"焦大不爱林妹妹"是鲁迅之推断，不一定符合焦大的心理事实。

由此可以得出三个结论，这也才是本节主旨所在：

其一，性感美早于阶级产生之前已经进化形成，今人是得之于遗传的，它与阶级性没有关系；

其二，人生史态可以压抑某类性感之美处于隐性状态，也可能并不影响某类性感之美处在显性状态；

其三，人类择偶常态是门当户对，"阶级性"由此而显示，此"阶级性"仅仅影响对性感美类别的选择，无关性感美本身。

五十二、"心弦的共鸣"与"酥到骨头里"

其一：心弦的共鸣

音乐能够引起"心弦的共鸣"，而语言不能。此处的"心弦"是指中枢神经活动节奏层面的情感。

朱光潜先生说："音乐不但最能表现心灵，它也最能感动心灵。其他艺术感动人心常不免先假道于理智，有了解然后有欣赏，音乐固然也含有理智的成分，但是到极精微的境界，它能直接引起心弦的共鸣。"①

为什么音乐能直接引起心弦的共鸣，而语言不能？答曰：这是因为语言与音乐表达情感的方式有着根本不同：语言是情感的符号，中间是有隔膜的；音乐不是情感的符号，两者的关系是直接的，中间没有任何隔膜。

语言与其所指称的情感没有任何关系，两者的关系是人为建立起来的。在大脑中，语言系统与情感系统是两个不同的系统，两个系统中间是有隔膜的。当我们听到一个特定的语言时，我们知道它所指的特定的意义，如指一个特定的情感。但是，这个"知道"不会去触发出这个特定情感本身——

---

① 选自《文艺心理学》。朱光潜著，安徽教育出版社，2006，第283页。

一个中枢神经活动片段。例如，当我们听到一个人说"我很愤怒"时，我们知道他所说的愤怒表达的是什么意思，但是，我们不会因听到"愤怒"而真的"愤怒"起来。

那么，为什么语言不能触发情感本身？因为作为符号的"语言系统"与其所指称对象的"情感系统"，虽然两者的"物质载体"都是大脑中的中枢神经组织，但是两者是各自独立的系统。从听到"愤怒"到明白"愤怒的意思"这个过程 A，是在语言系统中完成的。一般而言，过程 A 不会越过"隔膜"到达另一边的"情感系统"而触动与之相应的情感 A。

具体分析过程 A 是如此的：在过程 A 发生之前，先要建立一个前提：通过学习已经明白了"愤怒"这个词是什么意思，且已经形成了以中枢神经组织为载体的一个特定的"愤怒印象"。从生理层面说，明白"愤怒"这个词是什么意思，实际上是一个中枢神经活动片段；以中枢神经组织为载体的这个特定的"愤怒印象"内存着还原出这个"中枢神经活动片段"的程序。……当听到"愤怒"这个词时，触发了"愤怒印象"，使之还原出当初形成"愤怒印象"的那个中枢神经活动片段，从而使听者明白了"愤怒"这个意思。"愤怒印象"与由愤怒印象还原出的那个中枢神经活动片段都在语言系统之中。

音乐与情感的关系不是人为联系起来的，而是由自然进化形成的固有关系，其间并无任何隔膜的存在。我们听到什么样的音乐，就会触动其所表达的情感本身，如听到忧伤的《二泉映月》会使我们感到忧伤，如听到欢快的《百鸟朝凤》会使我们感到欢快。

音乐与情感的这种固有关系，即是音乐相似美原理根本之所在，也是产生心弦共鸣的根本原因：某一音乐节奏引发的中枢神经活动节奏，与某一情感神经活动节奏相似之时，就是心弦共鸣之时。

其二：酥到骨头里

笔者有位同事是音乐爱好者，曾自吹自录长笛独奏《世界名曲 100 首》。平时，每当他听到一首动听的曲子时，常听他说的一句话是："好听的来，酥到骨头里。"

"酥到骨头里"是一句苏州方言，本意是肉炖得烂透，骨头也酥了，没有一处生硬不烂熟。引申为全身没有一处不畅快。

音乐为什么能使听者"酥到骨头里"，而语言却不能？这是由语言、音乐反映情感的程度决定的。

人类的情感是极其丰富复杂的，有许多情感特别是有许多细腻的有差异的情感，并无语言可以表达。换言之；语言不能表达全部情感，如同"烤全羊尚有烤不熟透的地方"。笔者十几年前与十来个同事去新疆喀纳斯湖旅游时，吃过一次烤全羊。烤全羊端上来时，焦香扑鼻，至今仍然记忆犹新，但有些骨缝中的肉尚有未熟透的，撕扯不下。

音乐则不同，音乐直接引发听者的情感。因为音乐之节奏就是由情感之节奏外化的，所以，音乐可以使听者"酥到骨头里"。

五十三、"击鼓鸣金"与"音乐相似美"渊源之探

《荀子·议兵》："闻鼓声而进，闻金声而退。"古代战争以击鼓令冲锋，以鸣金令收兵。

为什么以击鼓令冲锋，以鸣金令收兵，而不是反用之？是约定成俗还是另有必然之原因？

据《击鼓鸣金历史探源》一文介绍：

其一，击鼓进军的来历：黄帝在与蚩尤作战时制造的是革鼓。他从东海流波山上猎获了一种叫作"夔"的动物，它的形状像牛，全身青黑色，发出

幽幽的光亮，头上不长角，而且只有一只脚。这种动物目光如电，叫声如雷，十分威武雄壮。当时黄帝为它的叫声所倾倒，就剥下它的皮制成八十面鼓，让玄女娘娘亲自击鼓，顿时声如雷霆，直传出五百里。

其二，鸣金收兵的来历：来自阴阳五行的说法。古时以东南西北中来对应五行，即东木，西金，南火，北水，中土。由于古代战争一般日落前收兵，来日再战。日落时，太阳正在西方。西方对应"金"，因此谓鸣金收兵。

笔者以为，此历史探源可做趣闻看，作为原因则属无稽之谈。那么，其真实原因何在？

"击鼓冲锋"与"鸣金收兵"，且两者不可反而用之的真实原因，与音乐相似美原理同。因为，鼓声使人亢奋，而金声使人收敛。

现代战争不再击鼓鸣金，而用军号声。以音乐相似美原理推论，冲锋号节奏应该急速高昂，以与战士冲锋时所需的生理节奏相吻合；熄灯号节奏则应舒缓，以与休息时所需的生理节奏相吻合……行文至处，忽然想起笔者小时候的农村学校，利用的大都是解放前大户人家的祠堂。笔者六年级与初一就是在名叫"陈家祠堂"的一个祠堂中读的书。祠堂前对称植着两棵盘槐，再前边是一个月牙形池塘。一棵盘槐上挂着牛耕地用坏了的半爿犁头。祠堂四周全是农田。夏天下了课，我会与要好的同学到水田里去"踩黄鳝"——一种捉黄鳝的原始方法：找到黄鳝洞，用脚塞住洞口拼命地踩，把浑水踩进洞里去，黄鳝被浑水搅得吃不消了，就会从另一个洞口钻出来……于是正中下怀，逮个正着。到了上课的时间，老师就敲那半爿犁头，"当——当——当"地老远传过来……于是即刻收了顽皮的心，带泥带水地跑进本来就是泥地的教室之中……

我小时候所见的乡村学校，都是用敲铁片什么的作为上课铃声，从未见过用鼓声的。现在想来，不用敲鼓而用敲犁头作为上课的铃声，与"鸣金收兵"的根源应该是同一的。

有客难曰：那么下课不也是敲的铁犁头吗，这如何解释？笔者以为，非得如此事事落实于一个原因，就有些胶柱鼓瑟了。现在铃声已经成为一个符号，其指称的是上课或者下课，与最初之根源已经分离了。最初之起源是一回事，现实可以是另一回事，因为其间已经有了许多的曲折变化。

五十四、同一音乐可唤起有边界的不同意象及其原因

不同的人听瞎子阿炳演奏的《二泉映月》，或者听唢呐独奏《百鸟朝凤》，会有不同的具体感受与联想，也即会产生不同的意象，这是由不同的人生史态与时态决定的。

但是这种不同的意象却有共同的边界。如忧伤的音乐《二泉映月》只能唤起忧伤的意象，不能越出这个边界生出欢乐的意象；反之亦然。这个边界是由音乐总基调决定的。而音乐总基调只能唤起与之相应的情感意象，是由音乐相似美原理决定的。

此"边界现象"是音乐爱好者人人可有的审美经验，也有科学实验做支持："美国梵斯兹和贝蒙两教授常叫一班学图画的学生听两曲性质不同的乐调，每次都随时把音乐所引起的意象画在纸上。乐调和作者的名称都不让学生知道。拿这些图画来比较，各人所起的意象彼此很少类似。但是有一点很值得注意，在听同一乐调时所作的图画其中情景虽各各不同，而情调和空气则很相似。乐调凄惨时各图画空气都很黯淡，乐调喜悦时各图画的情调都生动。从这个事实看，我们可以见出音乐虽不能唤起一种固定意象，却可以引起一种固定的情调。"[1]

---

① 选自《文艺心理学》，朱光潜著，安徽教育出版社，2006，第288页。

五十五、文艺作品价值评价标准及经典作品要素论

如何评价文艺作品的价值？莫衷一是。具体对一部文艺作品的评价，往往仁者见仁，智者见智，差别很大。

仁者见仁、智者见智的原因，在于没有一个统一的评价标准。那么，评价文艺作品价值，是否可以建立标准？笔者以为是可以的。笔者的标准有三个：一是美类量，二是美素相似度，三是思想高度。

文艺作品的价值与美类量、美素相似度、思想高度成正比。

苏州有条古山塘，至今仍依稀可见"君到姑苏见，家家尽枕河"的唐诗意境。常见有艺术学校的一群学生，摆开架势，做素描练习：小桥、流水，与两岸斑驳的民居……虽然同画一个景色，却给人有"像"与"不像"的差异。我看到杨民义先生的苏州古山塘的水墨画，则与学生所画真有天壤之别之感。从形似上说，杨先生不似学生之素描；从神似上说，则学生差之远矣。杨民义所画之"小桥流水人家"，小桥似断，流水如练，民居欲倒……全部笼罩在一片水汽淡雾之间，画角还有一抹月色……全画既气韵生动，又静谧空灵……杨先生充分画出了水乡黄昏月色之意境。而这个意境，与人类诉求之"静谧空灵"，说得烟火气些，就是对安居乐业的诉求，是充分相似的。充分相似，几分相似，或不怎么相似，就是相似度的差别。相似度越高，则艺术作品越美，品位越高。

一般而言，一部作品中蕴含的美的种类越多，与美素相似度越高，则作品越美，如一部《红楼梦》，可以说包含了全部种类的美：大观园景色之优美，黛玉葬花之凄美，乌进孝交租单子之新奇美，薛蟠作诗之谐趣美，宝玉、蒋玉涵、秦可卿、尤三姐之性感美……文艺作品内涵的所谓单薄与厚实，主要取决于美的种类的多少。

美类量不足，但某一方面的相似度异常高者，也即异常之美者，亦可成

为不朽之经典。卓别林之哑剧，给人的凄美感是刻骨铭心的，特别其搞笑之诙谐感令人捧腹不止，可谓登峰造极。更绝的是卓别林将诙谐感与凄美感这两个常人难以拉扯在一起的美感，竟然如此和谐地糅合在一起，且并非一处两处，而是通篇如是。卓别林之哑剧，《红楼梦》与之相比，在谐诙感上，前者胜过后者；在美类量上，则《红楼梦》远超卓别林之哑剧。如果美可以"称重"的话，那么《红楼梦》无疑重出许多。如单挑"谐趣美"称重的话，则卓别林哑剧更重些。

何为思想高度？主要有两个方面：一是对现实的反映广度与深度，二是对人性的反映深度。

李泽厚先生有言："为什么有些作品可以轰动一时，争相传阅，而时日一过，便被人遗忘？为什么有些作品初次接触时使人兴奋激动和满足，再读却已索然无味，有些作品则长久保持其生命力量？为什么大量的商业电影（娱乐片）装饰艺术看过便忘，而卓别林却长留记忆？唐诗、宋词，可以百读不厌，《红楼梦》《安娜·卡列尼娜》还想再看一回，听《命运》《悲怆》亦然。"①

为什么一些作品能够轰动一时，而随即又被人遗忘？笔者以为：因为作品触动了当代人的神经，所以能够轰动一时，如"文革"过后宗福先的《于无声处听惊雷》等伤痕文学、蒋子龙的《乔厂长上任记》等改革文学……

一些文艺作品之所以能够成为经典，除了作品对所在时代现实反映的深度与广度外，一定是对人性揭示得异常深刻。时代是变化的，热点会转移，因此，曾经轰动的，会成为昨日之黄花。而人性是普世的、恒久不变的。因为时代与社会的不同，人性的表现也会不同，如原始人的贪婪本性表现为对食物的贪婪，而今人的贪婪本性表现为对财富的贪婪。贪婪本性，古人如是，今人如是，后人还将如是。贪婪本性与其表现，如同美素与其所成之美象一样，

---

① 选自《华夏美学·美学四讲》，李泽厚著，三联书店出版，2008.6，第397-398页。

美素是不变的，其所成之美象是随物象的不同而变化的。

《飘》主人公斯佳丽以某种庸俗的手段，如利用自己的漂亮、虚情假意，在现实生活中挣扎所表现出来的艰苦创业自强不息的精神，虽然因其背景是美国的南北战争，所以她的故事是独特的。但是形成故事背后的"人性"却是自古以来相同的；再有《蝴蝶梦》中的主人公吕蓓卡，在小说开始时即已死去，从未在书中出现，却处处时时音容宛在，并通过其忠仆、情人等继续控制曼陀丽庄园，最后直至将庄园烧毁。作品通过死去的女主人以及她的同伙"不甘心"将自己原先享有的一切留给新的女主人的"阴魂不散"的描绘，揭示了深刻的人性。

人性是千古不变的，因此深刻反映了人性的作品，可成为经典。

一部文艺作品，可分为艺术价值与社会价值两部分。艺术价值由"美的程度"决定，社会价值由"思想高度"决定。艺术价值加上社会价值，等于一部文艺作品的整个价值。

但是，笔者以为，没有思想价值，而有艺术价值，仍然可以成为经典："大漠孤烟直，长河落日圆。""落霞与孤鹜齐飞，秋水与长天一色。"有什么思想性？反之，只有思想性，没有艺术价值，不能成为经典作品。

为什么艺术价值是文艺作品成为传世经典的要素，而思想性是充要条件而非必要条件？因为，美使人快乐，快乐是人类永恒诉求的；思想虽然使人深刻，但并不一定能使人快乐，甚至思想越深刻，越使人痛苦。且思想随时代变化而变化，不是永恒不变的。

五十六、"痛苦的甜蜜回忆"形成原因与凄美感

往事如烟散去。一般而言，当回忆痛苦往事时，其痛苦的程度总没有身

临其境当时之强烈。诚如有诗人所言，"时间会抚平一切创伤"。

时间如何抚平创伤？是通过当事人在时间中的变化来抚平的。变化之一：创伤对人的痛苦刺激会随时间流逝而减弱。减弱的原因有两个，一是心理性的——自我调节走出创伤的阴影。二是生理性的，创伤的持续刺激会使人体产生适应性变化——减少痛苦素的分泌量，此与持续用药会产生抗药性同理。变化之二：时间改变了当事人的人生史态。

在上述两个变化之中，变化之一产生不了"痛苦的甜蜜回忆"，只有变化之二才有可能产生。

季羡林先生的《月是故乡明》："见月思乡，已经成为我经常的经历。思乡之病，说不上是苦是乐，其中有追忆，有惆怅，有留恋，有惋惜。流光如逝，时不再来。在微苦中实有甜蜜在。"

类似于季先生"微苦中实有甜蜜在"的回忆，是回忆之一种，且是一种既普遍又特殊的回忆。

那么，既是痛苦的回忆，为什么会有甜蜜在？根本原因在于"往事之当时"与"回忆之此时"，人生态是相反的，而且一定是"前苦后甜"者，也即一定是成功人士，才能够有"痛苦的甜蜜回忆"——这就是此类回忆的特殊性所在。且许多成功人士不仅不避免回忆往事之痛苦，还往往时不时地提起往事，甚至以此痛苦经历为"傲人"的资本。常人如此：当年之"知青"，今日也往往以"当初下乡吃苦"说事；伟人亦见如此——这就是此类回忆的普遍性所在，且伟人的痛苦回忆中的甜蜜程度更高一些，因为"甜蜜度"与成就成正比。笔者曾经见过一段影像：曼德拉成为南非总统之后，重新踏上罗本岛监禁其二十七年的监狱，透过铁窗眺望大海……尽管其已经放下仇恨，但此时此刻，在他个人情感的翻腾中，一定夹杂着痛苦的浮沫与甜蜜的浪花。

从"痛苦的甜蜜回忆"生理层面的形成原因而言：因为回忆者成了今日

的成功者，所以，当其回忆之时，已经对于当初的痛苦往事赋予了新的意义与新的感受。如：因当时之痛苦而发愤图强，而使往事之痛苦成为今日成功之基石。由此"新的感受"引发的"快慰感""自豪感"之类似情感，与"痛苦往事回忆"引发的痛苦感相交汇——"痛苦的甜蜜回忆"由此而生。

不是"前苦后甜"的成功者，或者是相反的"前甜后苦"的不幸者，不仅不会有"痛苦的甜蜜回忆"，且之前曾经有过的"甜蜜"反会变为现时回忆的痛苦。当然也有能够说出"我们先前比你阔多啦，你算什么东西！"的精神胜利法者如阿Q者，但毕竟是少数。诚如罗曼·罗兰在《约翰·克利斯朵夫》中所言："世界上最痛苦的事，莫过于在不幸的时候回忆起幸福的日子。"

"痛苦的甜蜜回忆"应归属于凄美感。因为凄美感是由"痛苦情感的宣泄"形成的。而今日之成功，可谓是对"往事之痛苦"情感最直接与彻底的抚平。

五十七、"闲愁"与"凄美"的共同点

何谓"闲愁"？非由人生时态实情引发的伤感，谓之"闲愁"。落花流水与林黛玉的人生时态没有关系，但与林黛玉的人生史态有关。林黛玉见落花流水而生伤感之时，并非处于凄苦的人生时态中，而是处于锦衣玉食之中，因此，林黛玉此时之伤感，就是"闲愁"。如果林黛玉的悲伤是由人生时态引发的，那么，就不能称之为"闲愁"，而是"实愁"，如林黛玉临终之时的那一声"宝玉，你好……"

闲愁发生之原因：对于林黛玉而言，是因见落花流水联想起了自己不幸的身世，而对于"少年不识愁滋味……为赋新词强说愁"的辛弃疾而言，则

可能是因少年精力过剩不知如何消磨而带来的惆怅……

从能量平衡的角度说，闲愁的过程，就是对心中块垒所郁结的能量的释放过程。经此释放，块垒中郁结的能量有所平复，于是，身心获得些许放松。这种放松是于潜意识领域发生的。

闲愁与凄美感有两个共同点：其一，都是非由人生时态实情引发的忧伤；其二，都是由心中块垒所郁结的能量释放而引发的。

五十八、丑石之美

清代美学家刘熙载《艺概·书概》："怪石以丑为美，丑到极处，便是美到极处。"

既是丑石，为何见美？

《郑板桥集·题画》："米元章论石，曰瘦，曰绉，曰漏，曰透，可谓尽石之妙矣。东坡又曰：石文而丑。一'丑'字则石之千态万状，皆从此出。彼元章但知好之为好，而不知陋劣之中有至好也。东坡胸次，其造化之炉冶乎！爕画此石，丑石也，丑而雄，丑而秀。"

读此《题画》，知丑石之美，美在米元章所言之"瘦、绉、漏、透"，美在东坡所言之"文"，美在郑板桥所言之"雄"与"秀"。

那么，见丑石之"瘦、绉、漏、透"、之"文"、之"雄"、之"秀"，为什么会感到美？

笔者以为：其一，"雄"与"秀"，直接与人类诉求相似；其二，因"瘦、绉、漏、透"与"文"，一定形成了某种与人类诉求相似之物象，如气韵生动，如玲珑剔透，如孤峰独立……其三，丑石必有奇形怪状之"奇象"可见而生奇美感。

那么，刘熙载于《艺概·书概》中为什么说丑石"丑到极处，便是美到极处"？

答曰：因为，丑石越丑，必然越奇，越奇则奇美感越甚——丑石之奇美与丑石之"丑"成正比。也即是说，越丑越使人多生奇美感，丑到极处，自然就美到极处了。

五十九、音乐起源"性欲说"与最早之音乐推测

达尔文的音乐起源说，是很奇特与美丽的："音乐起源于对异性的吸引，所以在动物中以雄的声音为最洪亮和谐。"此即是"音乐起源性欲说"。

虽然达尔文的音乐起源说是奇特而美丽的，但笔者却不以为然。

音乐是艺术的一个门类，因此，艺术的起源，也就是音乐的起源：艺术起源于情感的外化表达诉求。有情感外化表达的诉求，才有外化的形式。情感外化表达诉求是产生包括音乐在内的一切艺术形式的根源。

但是，如果说最早的音乐是引诱异性的"音乐"，或许是成立的。在纪录片《动物世界》中，可见雄鸟为了吸引雌鸟的青睐，总是竭尽所能，在树枝上跳来跳去，亦歌亦舞……

从逻辑上说，因为摄食先于繁殖，因此最早的音乐或许是有关摄食的。如此而言，响尾蛇摇动尾巴发出的"嘎啦嘎啦"声音，算不算音乐？如果说雄鸟对雌鸟的引诱声可以视作音乐，那么，响尾蛇摇动尾巴发出"嘎啦嘎啦"的对猎物的引诱声也应该算作音乐，因为两者都是通过声音表达诉求。所不同的是，雄鸟的歌声在对雌鸟表达爱情，响尾蛇摇动尾巴的声音，在引诱小动物跑来，以便捕捉它们，或者吓阻敌人。

综上所述，达尔文的"音乐起源性欲说"是难以成立的。将雄鸟的歌声

视作最早的音乐或许是成立的，但依据人类诉求序位摄食先于繁殖的逻辑分析，其间仍存有疑问。

六十、"风光之美"疏义

笔者曾写有中篇小说《红薯》，写的是笔者怀念乡村小学老师的一段刻骨铭心的情感。其中有对稻田"风光"的描写：

"转眼间夏去秋来……阿牛坐靠在一棵松树上向山下野望。山风带着已有些腐朽的气息，一阵阵地吹过。四边的林子里，偶尔传来一两声同学们打闹的尖叫声。山下铺展着一望无际成熟待割的稻田，村庄似孤岛静卧其间。风吹过，稻浪翻滚，一时低下去，一时弹起来，阳光一照，稻穗和叶面上就有了亮度的变化。而田间纵横的水沟是一直银亮着的。"

那时，感知其美而不知其美在何处，更不知其之所以美，只有无以言之的美感油然而生。时至今日，已可言知其之所以美矣。

美并不在"风"，也不在"光"，而在于：

其一，"风吹"使稻田改变了物象，且风之大小、方向等状态有着无穷的变化，而使受其作用的"稻田之象"也随之变化无穷。稻秆随风吹过而偃之，随风停息而昂之；稻叶则随风翻飞不已……

其二，来自太阳到达地球的光线可视作是恒定不变的，但因受云朵的遮挡，或透过云朵的光照，随云朵厚薄、形状的无穷变幻而忽明忽暗，还有，云朵于空中移动，其阴影与之相随，亦于田野上移动……

"风"使物象形态变化，"光"使物象色彩随物象形态的变化而变化，两者组合更有无穷之变化。"风"虽然可以使人凉爽，产生快感；"光"虽然可以使人温暖，产生快感。但，"风"，无形态可见；"光"，亦无形态可见。无形态可见，也就无物象可见。无物象可见，则无以见之美象。因此，人类不能于"风""光"两物本身之上见之美象。但在"风""光"两物作用下的存在，如稻的物象之形态与色彩，会有无穷的变化而使之成为"美的"，或使"美的"更显其美。

而美是难以言说的，也是难以尽说的……说稻浪之起伏、叶片之翻飞，而有灵动之美？是，亦不全是。还有叶片上细碎光影闪烁，田野上大块云影飞移、明灭、变化……

于是以"风光"代言不能尽言之美。换言之，"风光"是符号，其所指代之美，全由个人的审美经验印象充填之。

斯言之妙，妙在意会。

六十一、橡树与小树之殇与相似美

《歌德谈话录》中说道："……一棵橡树如果长于密林之中，周围有许多大树围绕着，它就总是倾向于朝上长，争取自由空气和阳光，树干周围只生长一些脆弱的小枝杈……树干与树冠的比例不相称……"[1]

不仅仅是生长成"这副模样"的橡树不美，任何"树干与树冠的比例不相称"之树木，在人类眼中都是不美的。为什么？

因为这副模样是由恶劣的生存环境造成的。恶劣的生存环境不是人类诉求的，因此，人类不可能在"这副模样"上见之美。

但在某种心境下，或许可见之"凄美"。笔者一次去山中闲游，下山时忽然觉得随人流而行索然无味，就一人攀岩而下，没有现成的路，就在无路的

---

[1] 选自《歌德谈话录》，［德］爱克曼辑录，朱光潜译，人民文学出版社，2001.12，第130页。

岩石树林间磕磕碰碰地穿梭，只望着山脚的方向下去……半山腰的山谷中有一处乱石堆，大概是下雨天常有山水汇集此处冲刷流过，泥土被冲走了，大大小小的岩石就裸露了出来，一棵小树从一个很深的乱石洞中生长上来，树干很细却很长，给我一种岌岌可危的感觉。更不幸的是，洞口很小，阵阵山风吹来，树干与洞口的岩石时常发生碰撞，本来就很细的树干，已经磨蹭掉了将近一半，见之似乎随时有折断的危险。且因山谷中地形关系，风大都是从一个方向吹来的，因此，迎风一侧的半面树皮完好无损，逆风一侧的半面树皮却被磨蹭掉了，露出了白色的树干，可谓触目惊心。见此情景，笔者的人生感叹一齐涌上心头，感慨唏嘘不已：由所见此树生存环境之艰难，联想到了人生道路之坎坷……

六十二、"物我两忘"与"美感之性"及"习惯之性"

"物我两忘"状态可分两类。

其一，陶渊明《饮酒·其五》："采菊东篱下，悠然见南山。此中有真意，欲辨已忘言。"撞见美景，特别是撞见美女，一时心醉神迷、物我两忘之审美经验，可谓人人有之。

此类物我两忘状态，是由先验之美感之性引发的。

其二，苏轼《书晁补之所藏之与可画竹》云："与可画竹时，见竹不见人。岂独不见人，嗒然遗其身。"苏轼描述的是画家作画时物我两忘的状态。此类审美经验非常人所有。因为这是由"习惯之性"引发的。

习惯之性是由书画家经过后天长期的艰苦努力进化形成的。当书画家沉醉于创作状态，凭借其已经内化为习惯之性的技法，将心中之美象外化为艺象时，便进入了"物我两忘"的状态。

物我两忘状态，不仅仅会发生于审美之中，只要是"性反应"的展开，都可能发生——如性高潮时。

有客难曰：既然已经物我两忘，即忘了外物与自我，美感如何可以存在？

笔者答曰：美感被引发之后，是受自我中的"美感之性"控制的，不再与外物有关。如同"印象"一样，即使不见印象对象，或者印象对象已经消亡，其建立于自我中的印象仍然可以存在与发生回忆。与此同理，自我不能控制美感的发生与后续的存在，但此时的美感处于潜意识领域，自我是不能感知的。当物我两忘的短暂过程结束之后，美感过程就从无意识领域转入了有意识领域而被审美者所感知。

六十三、眼睛是美形成的"中介"与美的成因无关

"美"的生成源因是人类之诉求，附因是"诉求对象"。没有诉求，没有诉求对象，就没有两者的相似性，也就没有美本身可言。

从根本上说，在美本身生成的源因与附因中，不必有"见"这个因素参与其中。只要人类诉求存在，诉求的对象存在，就会有相似性存在。没有"眼睛之见"，只是缺失了"眼睛之见"这方面的美象，并不影响人体的其他感知器官对"相似美"之感知。如由大快朵颐引发的快感、凉爽与温暖引发的快感……一切快感都是由诉求的满足，也即由获得的诉求对象与诉求对象相似引发的。至于说将由这个相似性引发的快乐感名之什么并无关系，美感与快感是人为划分与命名的，从人体生理角度说，都是多巴胺等快乐素的超常分泌。

事实也是如此。没有眼睛之见，并不会影响经其他器官引发"快乐素"的超常分泌，如天生的盲人，同样可以因"口鼻肤的满足"而引发快感。不

仅仅是人类如此,笔者相信,没有眼睛的其他生命体,当其生存需要满足之时,其生理反应一定与不满足的反应是不同的,即其满足之时的生理反应,本质上与人类的所谓快感是一样的。但是,没有"眼睛所见",就缺失了经过眼睛所见美象而引发的美感。

眼睛非是美产生的源因,亦非是附因,是美产生的中介。

六十四、真实情感与虚拟情感与美感的关系

此处所说"真实情感"与"虚拟情感"的内涵:由实际生活引发的情感,谓之真实情感。由艺象—— 一切文艺形式,如诗、书、画、音乐——引发的情感,谓之虚拟情感。

李清照《声声慢》:"寻寻觅觅,冷冷清清,凄凄惨惨戚戚。乍暖还寒时候,最难将息。三杯两盏淡酒,怎敌他,晚来风急?雁过也,正伤心,却是旧时相识。满地黄花堆积,憔悴损,如今有谁堪摘?守着窗儿,独自怎生得黑!梧桐更兼细雨,到黄昏,点点滴滴。这次第,怎一个愁字了得!"真实生活中的李清照,唯有孤独凄凉之痛苦情感,不会有后人读此诗时所生之凄美感。

为何真实的痛苦情感不能引发凄美感,而由读诗词听音乐感受之痛苦情感,却会引发凄美感?如听二胡独奏《二泉映月》、越剧清唱《黛玉葬花》、小提琴协奏曲《梁祝》。

原因在于,由诗词音乐引发的痛苦情感,不是真实情感,而是虚拟情感。之所以能够引发凄美感,是由郁结于潜意识中的痛苦情感之块垒获得消融而引发的。而真实生活中的痛苦情感不仅不能使郁结于潜意识中的痛苦情感之块垒获得消融,而是使块垒更加增大。

六十五、以"移植法"解读李白《望天门山》诗

李白《望天门山》："天门中断楚江开，碧水东流至此回。两岸青山相对出，孤帆一片日边来。"可以想象，诗人舟行江中所见之景，一定并非仅有"青山""碧水""孤帆"与"落日"，一定还有其他许多景色，如长空白云，如青松翠柏，或许还听到了一两声猿啼。这四句诗中的景物，是李白从整个景色之中裁剪出来的，组成了一首不可能再有后来者的诗之绝唱。因为，今日旅行者乘坐的是游轮，无帆可见。

李白诗中，仅说"日边来"，并没有指明是"落日"还是"朝阳"，笔者以为是"落日"。何以言之？理由是：能够与江中孤帆合成"孤帆一片日中来"景象的，一定是接近地平线之日。如果是"锄禾日当午"之日，可与"迁飞的大雁"合成"大雁日边飞"之象，不可能与"孤帆"合成"日边来"之象。那么，接近地平线之"日"，不是朝阳，就是夕阳。我则断定其是"落日"，理由可于诗象中见出：长江自西向东而流，帆影自西向东急流而下，才有诗中那种"来"的动态感。反之，由东往西逆流而上的帆影，则很难有这种动态感。

但是，由此又带来一个疑问：要见"孤帆一片日边来"，李白则必定要从东向西逆流而上。因逆流而上，行船必定缓慢，又很难使两岸青山夹江而峙所形成的静止的天门有"相对出"的动态景象。

由此而言，要见到"孤帆一片日边来"的动态景象，李白必须溯流而上；而要见到"两岸青山相对出"的动态景象，李白又需顺流而下。

李白不可能在同一时间，既乘坐上行之船，又乘坐下行之船。那么，唯一的解释是，李白这首诗的景象，不是在一个视角的视图中裁剪出来的，而是至少在两个视角的视图中裁剪出来的。

由此可以做这样的解读：李白使用的是"移植法"——"孤帆一片日边来"

是李白从东向西乘船逆流而上西望所见的"夕阳帆影","两岸青山相对出"则是李白从西向东乘船顺流而下所见的两岸青山动态景象。将两个不同视角下的景象移植在一起,而成千古之绝唱。

上述解读全是臆测,借以例说"移植法"而已。

六十六、宜用"列象法"解"晨钟云外湿"诗意

对"列象法"所成之诗,古人多有误解。

误解之一:认为于理不通。苏州乡贤叶燮先生在其《原诗》中,专门从杜甫四首诗中分别挑出四句,做了"于理不通"的分析:"碧瓦初寒外""月傍九霄多""晨钟云外湿""高城秋自落"。对"晨钟云外湿",乡贤评论道,"声无形,安能湿?钟声入耳而有闻,闻在耳,止能辨其声,安能辨其湿?"

误解之二:在于对诗意的硬说,甚至曲解。如有人将"晨钟云外湿"译成今文:"……早晨的钟声从云外传来,因'沾湿',似显沉闷。"如此一译,诗意显得单调乏味。

近人搬来西方美学理论中的"通感说"解释之:从生理学之大脑中枢神经活动说起,远道而来,说得很吃力,最终归于一言,直白即是耳朵可以听出声音之"潮湿"。此超出了常人之经验,是难以置信的。

据通感说理论,耳朵听见某种声音,可以看见某种视觉映像,或者产生某种味觉感受。有实验为证:"J.W.和大多数人体验到的世界不一样。他可以'尝'到词语。例如,单词'精确的',尝起来就像酸奶;单词'接受',尝起来就像鸡蛋。多数谈话尝起来不错,但是当他招待顾客时,只要一个名叫Derek的常客出现,他就会感到汗毛直竖。因为对J.W.来说,单词

Derek 是耳垢的味道。"[1]笔者以为，如此"通感说"大大超出了常人的经验，是令人生疑的。

同为常人，笔者亦无这样的通感经验。但我相信存在一定程度的通感，是可信的。我们似乎也都有一定的"通感"体验，只是原先并不知这就是通感而已。我们有时猛地撞到一个门框，撞得眼冒金星。"撞击"怎么会出现属于颜色之"金"，属于形状之"星"？可能就是撞击引发的中枢神经活动与出现"金星"的中枢神经活动是相似的。《水浒传》第二回"史大郎夜走华阴县，鲁提辖拳打镇关西"中有一段似乎亦可视作是对通感现象的描写。鲁提辖第一拳打歪了镇关西的鼻子："便似开了个油酱铺，咸的、酸的、辣的，一发都滚出来。"第二拳打得"眼棱缝裂，乌珠迸出，也似开了个彩帛铺，红的、黑的、紫的都绽将出来"。第三拳打在太阳穴上："却似做了个全堂水陆道场，磬儿、钹儿、铙儿一齐响。"

但笔者不倾向以通感说解释"晨钟云外湿"，宜以列象法解释之。一以列象法解释之，则有豁然开朗之感，很轻松地就能说通了。

"晨钟云外湿"，一字一象。"外"是空间方位象，"湿"是云雾湿度，或者雨后空气湿度之象。"晨""钟""云""外""湿"五个物象并列在一起，其中的相互关系可因读者不同的想象而形成不同的诗意。"钟因沾湿而撞出的声音沉闷"，也可以是一种较直接的解读。但如果说这是唯一解读，则与原诗所成的意境相距甚远。

且单就"湿"字讲，至少可做四种解读。其一，"湿"是对早晨山中空气潮湿的特征描写；其二，钟因沾湿而钟声不同；其三，钟声因在潮湿的云气中传播而与在晴天干燥的空气中传播有所不同；其四，也可做"杜甫有'听声'

---

① 选自《认知神经科学——关于心智的生物学》，〔美〕葛詹尼加等著，周晓林、高定国等译，中国轻工业出版社，2011.2，第171页。

而'见空气潮湿'的特异功能，所以能写出如此异于常理的诗句"之解。四种解读都是说得通的，且不能取一种而排斥另外三种，宜于并存。

"列象法"所成之诗，因可由读者做不同的解读，而使诗意隽永绵长。

六十七、不同性质的疲劳与恢复方式及审美

人体有两种性质完全不同的疲劳状态。

其一，全身能量匮乏性疲劳。此种状态下人体内的能量整体上处于匮乏状态，需要休养。此时如进行体能活动、思想活动包括审美活动，会感觉力不从心。因为这些活动都需要消耗能量，而此时身体中没有足够的能量可以提供。

其二，局部细胞机能性疲劳。此种状态下人体内的总能量并非处于匮乏状态，是局部生理组织细胞因过度运作而疲劳。如用脑过度。此类疲劳，转换一下活动方式，如去打一场乒乓球，则脑部细胞运行机能即可恢复运作起来。

"全身能量匮乏性疲劳"恢复的方式只有休息，别无选择。休息是使以脂肪形式储存着的能量转化为可提供运动的能量。老农干活累了，坐在田埂上吸一袋烟，歇息一会儿，身体感觉力气又来了，大概就是脂肪中的能量释放了出来的缘故。

"局部细胞机能性疲劳"才有恢复方式的选择。审美活动，往往是人们恢复局部疲劳的首选。为什么? 因为审美活动不仅能够使局部疲劳获得恢复，还能享受美感，如沉浸在音乐的旋律之中，而其他恢复方式则无美感之享受。

审美活动只能在非疲劳状态下进行。全身能量匮乏性疲劳时不能，大脑

发生审美之局部细胞机能性疲劳时也不能。《相似美论·上卷》"审美原理"所言非"闲暇"状态不能进入审美状态，是从"心境"角度说的。而从生理状态角度说，在此两类疲劳状态下也无以审美。

六十八、工笔画少见凄美之画与"景情相耦"及推论

笔者所见工笔画大都是优美的，少见凄美者，更难见"张飞怒目"式、"钟馗捉鬼"式之画。原因何在？

其一，工笔画少见凄美之原因：画工笔画之时，心情是需要静之又静的，而"优美"与"心静"是相耦的。为何"优美"与"心静"相耦？这是由人类进化形成的"景情相耦之性"决定的：人类处于优美的生存环境之中，没有安全与生存资源之担忧，其心情必然是安宁的；反之，凄美之景必是人类见有不利于生存之物象，或有安全之忧，或有资源匮乏之虑，或有其他与生存诉求相反诸情形，而必致其心神不宁。因为有此"景情相耦之性"作用，工笔画少见凄美之画。

其二，见凄美之景，致使见者处于"心神不宁"状态，但亦并非会使其进入"张飞怒目"式的激愤状态。因此，工笔画亦难为"钟馗捉鬼"式之图画。

景情相耦之性，不仅作用于工笔画，也作用于一切艺术领域，如缓慢低沉的节奏与悲伤心情相耦，与喜庆心情相悖；高亢节奏与喜庆心情相耦，与忧伤心情相悖；轻歌曼舞与优美之情相耦，摇滚乐霹雳舞与狂热之情相耦……除了作用于艺术领域，可以说人类一切言行均不离其作用：情人相见柔情蜜语仇敌相见怒目而视；冲锋杀敌者则号声嘹亮，败下阵去者则偃旗息鼓……

六十九、同类艺术作品有趋于雷同的必然根源

造成艺术作品的雷同有诸多原因，但其中有一个必然性根源，在潜意识中驱使艺术家作品趋向于雷同。

假设两个画家人生史态类似，人生时态相同，在薄暮时分的同一地点，见到《拾穗者》似的同一景象，则所生美象类似，如都用水墨画将此美象外化成艺象，是否会雷同？我的回答是肯定的。

纵览历史画廊，剔除模仿之作不算，也总可见到似曾相识之作。当然绝对雷同之作不会有，因为在形成画作的诸多因素中，不会每个因素都类似。例如《清明上河图》与《盛世滋生图》，尽管在艺象上有很大的不同，但总体上却有雷同之处：表现的都是风土人情，主题都是为统治者歌功颂德。

更有奇者，在不可能存在相互抄袭之情况下，会做出十分相似之诗。清代袁枚对此十分诧异，在其《随园诗话》（四三）"诗似人不识"中详细记述了一则逸事："宋维藩字瑞屏，落魄扬州，卢雨雅为转运，未知其才，拒而不见。余代为呈《晓行》云：'客程无晏起，破晓跨驴行。残月忽堕水，村鸡初有声。市桥霜渐滑，野店火微明。不少幽居客，高眠梦不禁。'卢喜，赠以行资。苏州浦翔春《晓行》云：'早出峁山口，秋风襟被轻。背人残月落，何处晓鸡声。客久影俱瘦，宵阑气更清。行行远树里，红日自东升。'二人不相识，而二诗相似，且同用'八庚'韵，亦奇。"

那么，同类艺术作品趋于雷同的必然根源是什么？答曰：是相似美原理。可通过"映像相似—美象相似—美素相同"，一直可追溯至人类心灵的最深处——诉求相似。

七十、快感与美感始点推测及其对人类生活的影响

生命体的原始情感有两个：快乐与痛苦。原始情感的快乐感中只有获得实际满足的快感，而无美感。美感的产生始点，要比快感的产生始点迟得多。快感的始点在逻辑上说最早可追溯到生命体第一次抽动获得外部能量之时；具有人类现说意义上的美感，则要待到生命体进化出视听器官，对生存环境以及竞争制胜有了充分的认识之后，且在美素产生之后才能够产生。

迄今为止，绝大多数生命体连视听器官都没有，遑论人类现说意义上的美感，且绝大多数进化出了视听器官的生命体，也没有进化出美感。但是，说它们没有快感，则是没有理由的。

例如，蚕尚没有完整的眼睛，只有一些感光细胞，没有耳朵，它是凭借振动来感知外物的，因此说，蚕不可能有美感。但是，笔者相信蚕有快感。

笔者儿时，母亲养了几大圆蚕宝宝，它们吃桑叶的样子至今历历在目。蚕宝宝爬在桑叶上面，很有规律地昂起头从上至下啃食桑叶，蚕头低至极限时，又昂起头来，重新从上至下啃食，遇到硬的叶脉啃不动，就留下，从叶脉的另一侧重新啃起……不需多长时间，一柄桑叶就仅剩下叶脉。当时，笔者跟在喂桑叶的妈妈后面，看着到处都是全神贯注闷头吃桑叶的蚕宝宝，听着满屋子下雨般"沙沙沙"的啃叶声音，觉得很好玩儿。现在回忆起当时的情景，则体会到了美学层面的意义，那些蚕宝宝一定有类似于人类大快朵颐时的那种快感。

快感与美感始点的早晚，看似时间问题，实际上对人类行为有着两个重要的潜规则。其一：决定了快感与美感的诉求顺序。首先诉求的是快感，然后才能诉求美感。如果没有快感，也不可能产生美感，因为快感源于实际满足，

美感源于虚拟满足。而如果没有实际满足，何来虚拟满足？其二：决定了人的诉求的退行顺序。人可以没有美感，但不能没有快感，也即可以没有审美活动，但不能没有生存活动。从人的生存角度说，快感的重要性无疑是美感所不能比拟的。因此说，"为五斗米而折腰"是人世间的常情，诗与远方有时是一种奢望。类似《红楼梦》中的石呆子"为几把折扇而拼命"者，毕竟是少数。

七十一、快感对象可成美感对象

一般而言，快感对象及有关的物象亦可成为美感的对象。

例一，香味快感对象成为美感对象。王安石《梅花》："墙角数枝梅，凌寒独自开，遥知不是雪，为有暗香来。"辛弃疾《西江月·夜行黄沙道中》："明月别枝惊鹊，清风半夜鸣蝉。稻花香里说丰年，听取蛙声一片。"

"香"是快感对象，在诗中成为美感对象。

例二，味觉快感对象成为美感对象。陆游："传方那鲜烹羊脚，破戒尤惭擘蟹脐。蟹肥暂擘馋涎堕，酒绿初倾老眼明。"杨万里《闲居初夏午睡起》（其一）："梅子流酸溅齿牙，芭蕉分绿上窗纱。日长睡起无情思，闲看儿童捉柳花。"

"鲜""酸"是味觉，在此两诗中成为美感对象。

例三，触觉快感对象成为美感对象。如对皮肤光滑快感的描绘："回眸一笑百媚生，六宫粉黛无颜色。春寒赐浴华清池，温泉水滑洗凝脂。"（白居易《长恨歌》）如对皮肤凉爽快感的描绘："夜热依然午热同，开门小立月明中。竹深树密虫鸣处，时有微凉只是风。"（杨万里《夏夜追凉》）

那么反过来，是否可以说，美感对象亦可成快感对象？一般而言，不可以。读"稻花香里说丰年"，或"遥知不是雪，为有暗香来"，不会产生闻香之快感。但有些特殊的美感也是可能的，如见之美妹，亦有可能会引起一定的生理反应而生快感。

七十二、性感之美与仪态之美

人物美有性感之美，极美者谓之"风情万种"。此美是由自然进化形成的，归属于自然美。

人物美有仪态之美，极美者谓之"仪态万方"。此美是由后天培育形成的，归属于社会美。

"仪态万方"必以一定的"性感之美"为基础，至少要有几分姿色。如果连几分姿色也没有，则一定不能仪态万方。苏州人讽刺一个人天生长得丑，却又喜欢打扮的人，谓之"装煞也鹅头鸭颈颈"——意为：任你怎样打扮，也不见得美的。

仪态万方与梳妆打扮有关，但更主要的是指言行举止适宜得体，精神气质超凡脱俗。

李渔在《闲情偶寄》中，对仪态之一种有生动的描写："……春游遇雨，避一亭中，见无数女子，妍媸不一，皆踉跄而至。中一缟衣贫妇，年三十许，人皆入亭中，彼独徘徊檐下，以中无隙地故也；人皆抖擞衣衫，虑其太湿，彼独听其自然，以檐下雨侵，抖之无益，徒现丑态故也。及雨将止而告行，彼独迟疑稍后，去不数武而雨复作，乃趋入亭。彼则先立于亭中，以逆料必转，先踞胜地故也。然臆虽偶中，绝无骄人之色。见后入者反立檐下，衣衫之湿数倍于前，而此妇代为振衣，姿态百出，竟若天集众丑，以形一人之媚者。"①

仪态之美，后天修养之美也。

七十三、人类美感丰富性是在独立进化过程中形成的

从现见的事实看，人类有如此丰富的美感，而动物似乎只有与"性选择"有关的一些美感，如雄凉棚鸟"羽毛之色相之美"，也仅仅是为了展示给雌鸟看而已。即使是据现生物学认定的人类的直接祖先猴子也未见它们有多少美感。据研究，雄性大鼻子猴的大鼻子是性选择的硕果，在雌性看来是很美的，如此而已，似乎再无什么美感可见了。

那么，人类有如此丰富的美感，唯一的合理解释是：人类是在与狭鼻猴分道扬镳后的独立进化过程中形成的。也即是说，此时人类虽然还属于动物，但已是一群与其他动物"相揖别"了的独立进化的特殊动物了。

七十四、性感美的代价与潜意识与内引力

生命体为了获得"性感美"，也即获得生殖优势，会付出一些代价。这些代价在笔者看来，对生存便利会有一定的影响，也即是说，会失去一定的生存优势。

例一，大鼻子猴的大鼻子，在人类看来不仅不是美的，而且有碍观瞻，是丑的，且对其生存便利有妨碍，至少对进食有所不便。其实，人类也有类

①选自《闲情偶寄》上下册，［清］李渔著，杜书瀛译注，中华书局，2014.2，第276页。

似的现象，只是将"大鼻子"换成了"大胡子"：有些"美髯公"，吃饭前必先用钩子将胡子钩向两边才可进食。每当笔者在电视中见到阿拉伯人的大胡子时，就会与剧情毫无关系地想到他们的吃饭问题。

例二，孔雀开屏是为了展示其性感美，在人类看来也是非常美丽的。但拖着可以开出如此巨大之屏的尾羽，对其行动的方便性想来是有所拖累的。

例三，无独有偶，在《动物世界》节目中，见到有一种长尾巴鸟，其尾巴之柔长、色彩之艳丽令笔者惊叹！于是联想到了昆剧女旦善舞之长袖。其飞行之姿态美则美矣，但毕竟拖着一条长尾巴，给人有累赘之感。

"大鼻子""孔雀屏""长尾巴"在异性眼中是"美的"，这为它们赢得了生殖优势，但也失去了一定的生存便利。

这种"获得生殖优势"与"损失一些无关紧要的生存优势"之间的权衡，肯定不是如今日人类有意识地精心计算后的选择，但事实上，是动物们在潜意识中对"生存优势诉求"与"生殖优势诉求"权衡后的选择。

换言之，这种性选择，是在"生存优势诉求"与"生殖优势诉求"这两个进化方向内引力的共同持续作用下实现的。

七十五 、同一景象悲者见凄美乐者见优美之奥秘

同一自然景色，为什么忧伤的人可见之凄美，欢乐的人可见之优美——如同杨度与夏午贻于陶然亭见同一物象而写出截然不同的诗来。

答曰：这是由诉求目的规定的关注方向决定的。陶然亭作诗之时，杨度有悲伤情感宣泄的诉求，夏午贻有欢乐情感宣泄的诉求。而能够宣泄悲伤情感需要的物象必然是悲景，能够宣泄欢乐情感需要的物象必然是美景。如同林黛玉之忧伤必然宣泄于《葬花吟》，祝寿的喜庆对联必然写成"福

如东海寿比南山"，两者不可能反而用之。

因为宣泄悲伤情感需要的物象必然是悲景，所以由此诉求目的规定的关注方向，必然在潜意识的作用下"寻找"悲景。因此，与悲伤情感相应的物象信息映入眼帘，而与悲伤情感不相应的物象信息则被屏蔽于外，于是便会见之悲景而不见美景。反之亦然。

此与"螳螂捕蝉，黄雀在后"原理相同。因为螳螂此时诉求的是蝉，所以与此诉求无关的信息则被屏蔽于外，只专注于捕蝉。

那么，为什么"诉求目的会规定关注方向"？又为什么"关注方向上的信息会被接收，其他的信息会被屏蔽"？

答曰：此已不是美学问题，并超出心理学范畴，其奥秘深藏于自然进化形成的生命体的生存机制之中。

简要言之，生命体要获得诉求对象，必然得关注诉求对象。而要有效地关注诉求对象，只有不分心，也即屏蔽掉与诉求目的无关的信息，接收由诉求规定的关注方向上的信息，且屏蔽量与关注度成正比：越专注，屏蔽量越大，以至诉求目的之外的信息完全被屏蔽，如同捕蝉中的螳螂，如同"两耳不闻窗外事，一心只读圣贤书"的学子。

由此生存机制决定了——杨度由悲伤宣泄诉求而见之"凄美之景"，夏午贻由欢乐宣泄诉求而见之"优美之景"。

七十六、唤醒美感之性三途径

途径之一：点醒。袁枚《随园诗话》（一一八）"诗文之道关天分"："诗文之道，全关天分。聪颖之人，一指便悟，霞裳初见余时，呈诗十余首。余不忍拂其意，尽粘壁上。渠亦色喜。遂同游天台，一路唱和，恰无一言及其前所呈诗也。往返两月，霞裳归家，急奔园中，取壁上诗，撕毁摧烧之，对余大笑。余亦对作桓宣武语曰：'可儿！可儿！'"

途径之二：悟醒。《儒林外史》王冕成"没骨画"名家，书中未见有何师承，应属于悟醒。

途径之三：顿醒。那年，我的两周岁多一点的孙子午睡起来，去扔一个饼干纸盒。大概是睡意朦胧，应该是开卫生间门的，却去拉开了储藏室的门。我说"开错了"。小孙子怔了怔，露些羞色，转身去开了卫生间的门，将纸盒扔入了垃圾桶。本来这事就此过去了。当小孙子走下楼梯时，我因想到"两扇门的把手很接近"，开卫生间的门与开储藏室的门，很容易搞错，感觉有些滑稽感。就对孙子以诙谐的口气拿腔拿调地说："门，开错了。"不料孙子听了，一怔，露出"想了想"的神情，忽然"咯咯咯"大笑，隔一会儿，又"咯咯咯"大笑，如此再三，大笑不止……我的孙子忽然如此大笑之时，应即是得之于遗传的谐趣之性"顿醒"之时。

七十七、相似美原理中的"相似性"与一般相似性的不同

"相似性"至少必须涉及两个对象，如果仅仅一个对象，则无可言之"相似性"。

"一般相似性"两个对象是由主观任意配对的，并非是由客观规定了的。南朝诗人鲍照《玩月城西门廨中》："始出西南楼，纤纤如玉钩。末映东北墀，娟娟似蛾眉。"李白《古朗月行》："小时不识月，呼作白玉盘。又疑瑶台镜，飞在青云端。"鲍照取"月"与"玉钩""蛾眉"相似，李白取"月"与"玉盘""铜镜"相似。

"相似美之相似性"则是一种特殊的相似性，特指人类诉求与诉求对象

之间的相似性。这个特殊的相似性具有一般相似性所没有的一个特性：相似性所涉及的两个对象的配对关系，是由客观规定了的，非由主观可以任意配对的，且一个对象是永恒不变的，始终是同一个即人类之诉求；另一个对象虽然看似是可变的，如人类对饮食的诉求，可以用米饭满足，也可以用面包满足，还可以用糠菜充饥。但是，饮食诉求满足的对象，有一个范畴。这个范畴不是由人类个体意志所决定，也不是人类集体意志所决定，是由人类自然进化形成了的，是客观的。超出这个客观范畴的对象，如石头，如泥土，就不会成为人类饮食诉求的对象。

以此类推，不在诉求范畴内的存在，不会成为诉求对象；不是诉求对象，就不会与人类诉求形成相似性。

七十八、五象论

"象"是符号。《易经·系辞上》："立象以尽意"——通过"象"这个符号，表达"意"。

那么是否可以说，一切"象"都是符号？回答是肯定的。例如人类眼中的物象，事实上它也是一个符号。它不是客观世界中存在的，而是人类认识中的一个符号，并以大脑中枢神经为载体，建立了一个庞大的符号系统，以指代客观世界。

但这个物象符号系统，与人类自身创造的语言与文字符号系统，有两个根本的不同点：

其一，语言与文字指代的对象是由人类任意约定的，最初约定是什么对象就是什么对象，如最初约定是 A 就是 A，如果最初约定是 B 则就是 B。而物象这个符号所指代的对象，不是人类"为所欲为"的，而是先验地注定了的，是由自然进化形成的对应关系。

"先验地注定"指的是人类的感知器官是自然进化形成的，对某一自在之物形成什么样的物象，是一定的，不是随意的。

其二，语言与文字的载体是物理存在，如语言的载体是空气、文字的载体是墨水等。物象的载体则是生理存在。

人类以"物象符号"为基础，衍生出了更多的符号，与"美"直接有关的符号系统有"映像""印象""意象"，还有意象的符号"艺象"。

美学问题与这些"象"有直接或间接的关系。

（一）物象

何为物象？纯粹由"人类视觉系统""自在之物""媒介"以及"背景"四个因素形成于人类大脑中的"视象"，名之为"物象"。但是，纯粹由此四个因素形成的"物象"，只存在于哲学思考之中，不存在于事实之中。

为什么？原因有三个：

其一，生理因素。人类视觉系统是有差异的，例如，色盲者与正常者所见同一对象的"物象"是不同的。其二，审美味蕾因素，不同的人有不同的审美味蕾，其三，情感因素，视物当时的情感决定"关注方向"与"审美取向"，不同的人有不同的情感，同一人也有不同的情感。

如前所述，曾经有四个画家约定：不带任何感情色彩，同画一个景物。结果，令他们大为惊异的是，四个人的画仍然各不相同。尽管四个画家约定以纯客观的眼光画画，而事实上，在影响他们画画的因素中，上述"视觉系统差异""审美味蕾"这两个因素不是他们的约定意识可以控制的，情感这一因素也不是他们的意识可全控的。

具体而言，他们视觉系统的生理差异是先天决定的，不是他们可以调控的；他们还有先天禀性上的差异，如有人忧郁一些，有人阳光一些，禀性差异会影响审美味蕾的形成——禀性差异自然不是他们的意识可以控制的。

审美味蕾差异是由不同的人生史态决定的。审美味蕾形成之后，内化为潜意识，而成为决定他们以什么目光视物的潜规则。

情感不是他们可以全部控制的。视物当时的情感，是由他们的人生时态决定的。他们可以为了履行约定的承诺，有意识地调控使自己的情感处于无倾向性的平静状态，但是，情感发生于无意识领域，并按照其自身的生理轨迹展开……发生之后才能被人们感受到，人们可以对感受过后的情感活动有所调控，如使激动的情感平静下来，但是，因为情感的展开过程是受处于潜意识领域的"情感之性"的程序规定的，因此，对情感的调控是不可能彻底的。换言之，总有一些残剩的情感因素影响着视物的目光。

因此，四个画家尽管他们约定以纯粹客观的目光画画，而事实上，他们的目光不可能纯粹是客观的。

如果说他们的视觉差异、禀性差异可以定义为是客观的，那么，情感与审美味蕾则无论如何无法定义为客观。客观因素与主观因素对物象的形成影响是不同的。

视觉差异，影响的是物象的色彩与形状；情感不同决定的是关注方向，而关注方向的不同决定对进入"视框"中的各视象取舍的不同，而由此取舍的不同，决定所见"物象"的不同；审美味蕾作用与情感基本相同。

如果将不以人类意志为转移的事物定义为客观的，那么，人类的视觉系统与个人之间视觉系统的差异，都是客观的。因为人类具有什么样的视觉系统，不是人类意志的产物，而是自然进化的产物；个人具有什么样的视觉系统，也不是个人意志的产物，而是得之于遗传。

那么，如果定义视觉差异是客观的，且不考虑"情感""审美味蕾"这两个主观因素的作用，则形成物象有关的四个因素全部是客观的，由此是否可以说物象是客观的？笔者的答案是否定的。这涉及"自在之物"是否可以认识这个哲学上的根本问题，也涉及客观的定义。笔者在此语境中对客观的定义是：和人类的存在与否无关的存在，谓之客观存在。客观存在也即是康德所说的"自在之物"。客观存在是什么样子的，人类是无法认识的。换言之，由上述四个因素形成的物象，不是客观存在的本来面目。既然人类所见"物象"不是客观存在的本来面目，那么，物象只能是主观之物象。仅仅是这个主观之物象的形成与客观存在有关而已。喻言之，水分子的形成与氢原子、氧原子有关，但氢原子与氧原子不是水分子。

但是，只存在于哲学思考中的物象虽然是主观的，但物象与其指代的客观存在的关系，是由自然进化形成的特定关系。这种特定关系是客观的。如对于两个视觉系统没有差异的不同的人来说，假设他们的情感也无差异，那么，他们所见物象必定是相同的，没有理由说他们会见到不同物象。

笔者将物象分为狭义与广义两类。狭义物象，仅指视觉物象；广义物象，则还指听觉、味觉、嗅觉、触觉物象。如一个特定的味道，笔者视作是在味觉系统中形成的一个特定的物象，其对应的是外部世界中的一个特定的对象。

狭义物象与广义物象，虽然在有意识的感觉中是完全不同的，狭义之视觉物象有物象可见，广义之听觉等物象无物象可见，但是，在大脑中留下的痕迹在生理层面是相同的，都是一个中枢神经活动片段。

（二）映像

何谓映像？带有个人先天遗传生理因素与后天思想情感因素的物象，谓之映像。据上节分析已知，物象不可能不带有个人的生理心理因素。因此说，在事实上，个人所见的是映像，而非物象。个人是无法见之存在于哲学思考中的物象的。

比较哲学思考中的物象与事实层面的映像，有三个不同。

其一，经验上的不同。在人们的经验中，物象总是在人类所见到的那个地方，且那个地方总是在人体之外。而事实上，物象不在人体之外，而在人体的大脑之中。在人体之外的是与形成物象有关的自在之物、媒介与背景，而不是其物象。如果物象在人类的大脑之外，那么，梦中如何可以见到"子欲养而亲不待"的已故父母？又如何可想思心仪丽人之一颦一笑？如果古国山河之物象不在李煜的大脑中，他如何能够写出"独自莫凭栏，无限江山，别时容易见时难"？

其二，映像、物象与自在之物三者关系的不同。物象必与自在之物有关，因为自在之物是物象形成的四因素之一。而除了现见之映像与自在之物有关外，以后之映像——由印象器官还原出的映像，都不再与包括自在之物在内的任何一个外部因素有关。

其三，有整体之象与部分之象的区别。一些媒介虽然事实上组成映像的一部分，但会被忽略而视而不见，人类所见的是其关注的映像，也即是在整体映像中挑选出来的一个映像。这个被挑选出来的映像，我名之为主体映像。如"螳螂捕蝉"时，蝉所附着的树干等背景，一定在螳螂的整体映像中，但是，由于其全神贯注的是蝉，因此，对蝉之外的映像会视而不见，与此同理，对蝉鸣之外的声音也会听而不闻。

哲学层面的物象，是所见之全部之象；而事实层面的映像，是所见之部分之象，且是涂上了个人情感色彩的部分之象。假设物象是黑白照片，那么，映像就是彩色照片，且是剪辑过了的"彩色照片"。

映像虽然带有个人生理与心理色彩，但是，不同的人对同一对象的映像，必有相似部分，且相似部分应该占有大部分。如上述四个画家之画，必然是大同小异的。因为除了画家的生理心理因素有差异外，其他场景、媒介、背景因素都是相同的。即使生理心理因素有差异，也仅仅有差异而已。从生理因素说，进化形成的视觉系统毕竟大同小异，个人情感有不同，但人类有着共同的情感。

正是映像具有相似部分，且理应具有大部分的相似部分，人与人之间才能够相互交流。如果映像没有相似部分，如色盲者说不是红色的，视力正常者说是红色的，两人无法交流，且都是对的。"两个黄鹂鸣翠柳，一行白鹭上青天"之所以能够引发笔者美感，就是因为笔者与杜甫有着共同的色彩映像。

影响映像生成还有六个客观因素。主要因素有四个，视角、距离、阻隔、光线；次要因素有两个，背景与空气。

北宋郭熙《林泉高致·山水训》："……山，近看如此，远数里看又如此，远十数里看又如此，每远每异，所谓'山形步步移'也。山正面如此，侧面又如此，背面又如此，每看每异，所谓'山形面面看'也。……山，春夏看如此，秋冬看又如此，所谓'四时之景不同'也。山朝看如此，暮看又如此，阴晴看又如此，所谓'朝暮之变态不同'也。"

上引"山水训"，说尽了视角、距离、阻隔、光线对山之映像的影响。其中，"山形步步移"除了视角影响外，实际上还有阻隔的作用。

阻隔对物象的生成可谓最直接，也最大，可直至无以见之映像。《三国演义》第三十六回：徐庶别去，刘备送了一程又一程……立马于林畔，凝泪而望，却被一树林隔断。刘备以鞭指曰："吾欲尽伐此处树木。"众问何故。刘备曰："因阻吾望徐元直之目也。"

两个次要因素：背景与空气。

因为背景在物象之后，对物象的形成并不会如前四者那么影响直接与影响大。拍证件照的背景为什么规定用一块白板？就是要排除背景对证件照的影响。如果背景是一棵树，照片相比之下会显得模糊，但并不至于模糊到不像是同一个人。如果视角非常偏，距离非常远，光线非常弱，有东西遮住了半边脸，就有可能判若两人了。

空气有两种状态的变化。一是空气的密度，其影响光线与声音的穿透力。笔者对此有一个非常独特的经验。为什么说非常独特？因为只有在笔者所处如此独特的环境与时空中，才会有如此的经验。笔者以前住过一个地方，离火车站不是太远也不是太近。就是这个"不是太远也不是太近"的特定距离，使笔者冬天夜间能够听到火车的汽笛声，夏天则从来没有听到过。冬天能够听到汽笛声，大概是冬天冷空气密度大、声音穿透力强的缘故。如果距离太远，则不论冬天夏天，都不能听到火车汽笛声；如果太近，则不论冬天夏天又都能听到火车汽笛声。现在则再也不能听到了，一是因笔者搬家改变了与火车站的特定距离；二是即使笔者现在还住在那里，也可能听不见火车汽笛声了，因现在的火车不再是蒸汽机，而是内燃机与电力机了，不用汽笛而用风笛了；三是空气的波动。夏天地面空气受到阳光照射时，或者不论什么季节的空气受到火热炙烤时，空气会受热膨胀密度变小，又因受热膨胀密度变小是不均匀的而发生"波动"。视线穿过这样波动的空气时就会看到不同于正常空气状态中的映像——此映像会随空气的波动而有所恍惚。

（三）印象

当我们不再视某物时，所见之某物映像随之消失，让位于别的映像。如同老师将讲过的内容在黑板上擦掉，重新写上新的内容一样。但是，有许多映像，如受强烈刺激与持续刺激的映像，已经内化为大脑中的一个新生成的中枢神经组织，成为人体生理组织的一部分而持久存在。

美国哥伦比亚大学教授埃里克·坎德尔通过研究原始动物海兔的神经细胞，揭示了记忆的秘密：一个特定的外部持续刺激，会引起海兔脑神经细胞"突触"的减少或者增加，即海兔的脑神经组织发生了新的变化，这个新变化形成了一个与此特定的外部持续刺激相应的新的神经组织结构。这个新的神经组织结构，储存着对这个特定的外部持续刺激的记忆。[1]

---

① 选自《追寻记忆的痕迹》，[美] 坎德尔著，罗跃嘉等译校，中国轻工业出版社 2007.1，第147-172 页。

这些新的神经组织结构，笔者将之命名为印象器官。

印象器官储存着还原出生成此印象器官的当初映像之程序。当这个印象器官被某种信息触动时，其程序规定着做出一个特定的中枢神经活动。这个特定的中枢神经活动，与内化成印象器官的那个当初映像的中枢神经活动是相似的。此与留声机盘片上的曲线还原出美妙的歌声原理相同。只要印象器官本身与当初生成时没有变化，以及与特定的中枢神经活动相关的那些中枢神经组织与当初仍然相同，那么，由印象器官还原出的映像与当初映像就是相同的，如同留声机播放歌声时没有失真。

在日常语境中，我们总是这样说："你对这件事是否有印象？"答者曰"我对这件事有印象"，或"我对这件事没有印象"。此处所说的印象，即是还原映像。

印象与印象对象已经没有关系。印象对象在或者不在，都不影响印象可以被印象器官还原出来——如同母亲离开我至今已经九个年头了，但其音容笑貌时常出现在我的脑海中。

映像可以内化成印象器官，印象器官可以还原出映像，这是人们得以进行"裁剪""重组""移植""虚构""联想"审美活动的根本前提。如果没有印象，如同一个裁缝师傅没有布料一样，无法裁剪做出任何衣服来。

笔者从印象生成的源头角度，将印象分为两类：原始印象与衍生印象。何谓原始印象？由对外部事物的映像生成的印象器官还原出的映像，谓之原始印象。何谓衍生印象？由原始印象再生的印象，谓之衍生印象——如画家回到画室后对所见物象即印象进行裁剪或者移植、虚构等审美方法获得的意象，就是衍生印象。

（四）意象

何谓意象？有思想情感附丽于美象的一个印象，谓之意象。

美象是意象的核心印象。如果一个印象中不具有美象，则这个印象不成为美学意义上的意象，而是一般的印象。

从意象指代的对象说，可分为三大类：美的印象（简称为"美象"）、情感的印象与思想的印象。

如上所言，虽然意象不等同于美象，但在美学领域的传统语境中，意象常等同于美象。

从意象与意识的关系角度说，可分为两大类：一是无意识所见之意象，如与美女邂逅所见美女之美象，并非是通过"裁剪""重组""移植"等审美方法获得的，而是触动了美感之性而即刻见之的。二是有意识所成之意象。贾岛《题诗后》："两句三年得，一吟双泪流。知音如不赏，归卧故山秋。"以及"鸟宿池边树，僧敲月下门。"王安石"春风又绿江南岸"，都是有意识且很艰苦地组成美象的著名典故。

其实，还原映像所成之印象，与当初之映像总是有所不同的。除了印象器官本身可能已发生生理性退化，以及还原过程中所涉及的生理组织与当初也可能有所不同外，还和当初与主体映像有关的媒介映像、背景映像有关。

何谓主体映像？如游览苏州虎丘山，观赏世界第二、中国第一斜塔云岩寺塔时，云岩寺塔就是主体映像，视距中间与两侧的景物，以及塔后的背景，都是陪衬映像。主体映像与陪衬映像不是一定的，由视者的关注方向决定。笔者曾经在苏州北寺塔公园东侧名叫北塔东弄的弄堂中居住了十多年，从家中的院子里抬头就能见到北寺塔，太阳西移之时，会有塔影于院中移动。有时陪亲戚去北寺塔上游览，与院中的家人可以"喂""喂"地相互呼应；冬天北风一吹，北寺塔檐上吊着的铃铛，紧一阵慢一阵地发出叮咚叮咚非常清脆的响声……这些很美的场景，现在回忆起来，就更加地美了。夏天傍晚，北寺塔尖四周的天空中飞满了蝙蝠，又是一幅景象。在笔者欣赏以暮色为背景的蝙蝠队形变化时，北寺塔就不再是主体映像，而是蝙蝠之陪衬映像了。

为什么现在回忆起来会更加美了? 因为通过回忆获得的意象, 有些媒介映像与背景映像被剔除了, 突出了主体印象, 而此主体印象, 也非完全是当初之主体映像, 已经在现时情感与审美取向的作用下, 做了一些甚至许多的修饰, 使之能更见之于美。

笔者有篇《云团与云幛》的游记, 正好可为"回忆而成的意象比当初之映像更美"的佐证:

"……坐在九华山的一座山峰上, 看对面的一座山岭。山岭上的树是很密的, 但并不全是绿色, 有红的叶黄的叶, 当然也有灿烂的花和裸露的岩石间杂其间。最奇的有一团一团孤立的云, 毫无来由地悬浮在绿色的树冠上面。有的云团, 竟生了根似的可以长时间一动不动, 我于是想象树盖的下面, 太上老君正在炼丹了。然而, 山的那边, 忽然转出一大片云雾, 慢慢地移过来, 像一张巨大的白纱幛, 将对面的山岭月食般遮掩了。随后又慢慢地移走, 山岭又重现在眼前, 而那些云团, 竟然没有被云幛带走, 仍然孤零零地悬浮在树顶上面……"

游记中的景物, 其实已非当初映像之复现, 许多媒介映像与背景映像, 如山林中有块很刺眼的黄色沙地, 以及路边如织的游人, 都已经隐去, 突出了美的意象。

由此可见, 即使印象器官还原出的映像与生成印象器官的当初之映像完全相同, 也会因回忆时的关注方向不同, 而与当初之映像不同, 如当初映像中的主体映像成为了陪衬印象而模糊, 当初的陪衬映像成了主体印象而清晰。

(五) 艺象

何谓艺象? 意象外化之物象, 谓之艺象。艺象则可谓是意象的符号。

一切文艺作品均是广义意义上的艺象。雕塑《拉奥孔雕像群》是艺象, 油画《蒙娜丽莎》是艺象, 舞蹈《孔雀舞》是艺象, 电影《城南旧事》是艺象,

《红楼梦》是艺象，二胡演奏曲《二泉映月》是艺象。

同一意象，可以外化成不同的艺象。吴贻弓的电影《城南旧事》，改编自林海音的同名小说；《拉奥孔雕像群》源于史诗《伊尼特》；《红楼梦》则被移植成更多文艺形式。

由意象外化而成的艺象，已经脱离意象成为独立的存在。意象与艺象，已是"花开花落两由之"了。即使意象已经不存在，艺象仍然可以存在，如《拉奥孔雕像群》的创作者，早已作古千年，其意象自然也随之消失百世，但《拉奥孔雕像群》依然存在。此与"印象对象已经不在而印象仍然可以存在"同理。反之亦然，意象依然存在，而艺象已经不在。如我当年在写作中篇小说《红薯》时，刚学会用电脑写作，一天写至深夜，不知什么原因，有六千多字写好的内容，无论如何也找不到了！从此就有了心理障碍，总是怕电脑中写的内容忽然掉了，只有打成了纸质的稿子才放心。掉字当时那个急呀！但又无可奈何！只得重写，好在意象仍在脑海之中。

艺象有两重性：对于创作者而言，其意象外化的作品是艺象；对于观赏者而言，艺象是物象。观赏者由此物象引发的意象，与创作者的意象是不完全相同的，甚至很不相同，且不同的观赏者在同一艺象上会生成不同的意象。

附论：易象与艺象之异同

相同点是唯一的：易经之卦象与美学之艺象，均是意象的外化物。

不同点则有四个：

其一，卦象的主旨单纯是寓理，艺象的主旨则是表现美与思想情感。

其二，《易经》之卦象的数量是一定的，仅仅只有六十四卦；艺象的数量则是无限的。

其三，意象与之外化的视觉艺象，在形象上具有相似性。如意象是一棵树，视觉艺象也是一棵树。

任何易象与其外化的任何符号，在形象上根本无相似性可言，是完全不相同的。以"革卦"为例言之。"革卦"的图形是上兑下离。传统解卦词：兑为泽，离为火，泽内有水。水在上而下浇，火在下而升。火旺则水干，水大则火熄。二者相生相克，必然出现变革。但是有"火"有"水"的这个意象，并没有外化成与"水火"相似的艺象，而是外化为几条线段组合形成易象。几条线段的组合，与"水"与"火"的形象毫无相似之处。

其四，除了作者之外，易象中的寓理，无人可以从所见易象上体会出来，必须通过注解也即卦辞才能使他人明白。而艺象则不同，可以直接引发观赏者的美感并体会到作者所要表达的意思，尽管会有差异。

主要参考书目

1.《美的历程》，李泽厚著，文物出版社 1981 年 3 月版

2.《文艺心理学》，朱光潜著，安徽教育出版社 2006 年版

3.《人论》，［德］卡西尔著，李琛译，光明日报出版社 2009 年版

4.《物种起源》，［英］达尔文著，舒德干等译，北京大学出版社 2005 年版

5.《生理心理学》（第六版），［美］卡尔森著，苏彦捷等译，中国轻工业出版社 2007 年版

6.《人类知识原理》，［英］贝克莱著，关文运译，商务印书馆 2010 年版

7.《人类理智新论》（上下册），［德］莱布尼茨著，陈修斋译，商务印书馆 1982 年版

8.《人类的由来》，［英］达尔文著，潘光旦、吴寿文译，商务印书馆 2008 年版

9.《社会生物学——新的综合》，［美］爱德华·O·威尔逊著，毛盛贤、孙港波、刘晓君、刘耳译，北京理工大学出版社 2008 年版

10.《从动物快感到人的美感》，刘骁纯著，山东文艺出版社 1988 年版

11.《认知神经科学》，[美]Michael S·Gazzanga 等著，周晓林、高定国等译，中国轻工业出版社，2011 年版

12.《追寻记忆的痕迹》，[美]Eric R·Kandel 著，罗跃嘉等译校，中国轻工业出版社 2007 年版

13.《格式塔心理学原理》（上下册），[德]库尔特·考夫卡著，黎炜译，浙江教育出版社 1999 年版

14.《人类理智研究》，[英]休谟著，周晓亮译，中国法制出版社 2011 年版

15.《人性论》（上下册），[英]休谟著，贾广来译，陕西师范大学出版社 2008 年版

16.《美学史》，[英]鲍桑葵著，张今译，中国人民大学出版社 2010 年版

17.《美学》，[德]黑格尔著，朱光潜译，商务印书馆 1979 年版

18.《悲剧心理学——各种悲剧快感理论的批判研究》，朱光潜著，人民文学出版社 1983 年版

19.《艺术即体验》，[美]杜威著，程颖译，金城出版社 2011 年版

20.《论优美感和崇高感》，[德]康德著，何兆武译，商务印书馆 2011 年版

21.《人类的知识》，[英]罗素著，张金言译，商务印书馆 2019 年版

22.《人类理解论》（上下册）[英]洛克著，关文运译，商务印书馆 2012 年版

23.《美学与意境》，宗白华著，人民出版社，2009 年版

24.《美学原理》，[意]克罗齐著，朱光潜译，商务印书馆 2012 年版

25.《谈美》，朱光潜著，中国青年出版社 2011 年版

26.《六一诗语　温公续诗话》，[宋]欧阳修，司马光撰，克冰评注，中

华书局 2014 版

27.《美学拾穗集》，朱光潜著，百花文艺出版社 1980 年 10 月版

28.《跨文化美学初探》，王柯平著，北京大学出版社 2014 年版

29.《美学十五讲》（第二版），凌继尧著，北京大学出版社 2014 年版

30.《华夏美学·美学四讲》，李泽厚著，三联书店出版 2008 年版

31.《中国美术史大纲》，叶朗著，上海人民出版社 2014 年版

32.《"美"的探索》，施昌东著，上海文艺出版社 1982 年版

33.《诗论》，朱光潜著，上海古籍出版社 2005 年版

34.《艺境》，宗白华著，商务印书馆 2014 年版

35.《美学与意境》，宗白华著，人民出版社 2012 年版

36.《美之为物》，〔美〕艾科夫著，贵州人民出版社 2010 年版

37.《美学原理》，叶朗著，北京大学出版社 2009 年版

38.《诗学》，〔古希腊〕亚里士多德著，陈中梅译注，商务印书馆 2014 年版

39.《歌德谈话录》，〔德〕歌德著、爱克曼辑录，朱光潜译，人民文学出版社 2001 年版

40.《拉奥孔》，〔德〕莱辛著，朱光潜译，商务印书馆 2015 年版

41.《审美教育书简》，〔德〕席勒著，张玉能译，译林出版社 2012 年版

42.《给青年的十二封信》，朱光潜著，中华书局 2013 年版

43.《谈美书简》，朱光潜著，中华书局 2012 年版

44.《柏拉图文艺对话集》，〔古希腊〕柏拉图著，朱光潜译，商务印书馆 2013 年版

45.《美学的历史》，〔意〕克罗齐著，王天清译，商务印书馆 2015 年版

46.《艺术与现实的审美关系》，〔俄罗斯〕车尔尼雪夫斯基著，周扬译，人民文学出版社 1979 年版

47.《西方美学史》，朱光潜著，人民文学出版社 1979 年版

48.《中国美学史》，陈望衡著，人民文学出版社 2005 年版

49.《中国美学史大纲》，叶朗著，上海人民出版社 1985 年版

50.《西方美学史教程》，李醒尘著，北京大学出版 1994 年版

51.《随园诗话》，［清］袁枚著，雷芳注译，崇文书局 2015 年版

52.《林泉高致》，［北宋］郭熙著，鲁博林编著，江苏凤凰出版社 2015 年版

53.《二十四诗品》，［唐］司空图著，罗仲鼎、蔡乃中注，浙江古籍出版社 2013 年版

54.《中国美学十五讲》，朱良志著，北京大学出版社 2006 年版

55.《人间情味》，丰子恺著，张卉编，北京大学出版社 2010 年版

56.《判断力批判》（上下卷），［德］康德著，宗白华译，商务印书馆 1963 年版

57.《关于我们崇高与美观念之根源的哲学探讨》，［英］伯克著，郭飞译，大象出版社 2010 年版

58.《增订文心雕龙校注》，［南朝梁］刘勰著，黄叔琳注，李详补注，杨明照校注拾遗，中华书局 2012 年版

59.《西方美学史纲》，邓晓芒著，商务印书馆 2018 年 8 月版